Hartmut H. Biesel

Verkaufsaktiver Innendienst

Hartmut H. Biesel

Verkaufsaktiver Innendienst

Vertriebsmitarbeiter als Beziehungsmanager, Projektleiter und Controller

Bibliografische Information der Deutschen Nationalbibliothek
Die Deutsche Nationalbibliothek verzeichnet diese Publikation in der Deutschen Nationalbibliografie. Detaillierte bibliografische Daten sind im Internet über http://dnb.d-nb.de abrufbar.

ISBN 978-3-636-03139-6

© 2009 by mi-Fachverlag, FinanzBuch Verlag GmbH, München
www.mi-fachverlag.de

Redaktion: Renate vom Hofe, Oberhaching
Lektorat: Stephanie Walter, München
Umschlaggestaltung: Jarzina Kommunikations-Design, Holzkirchen
Satz: Jürgen Echter, Landsberg am Lech
Printed in Germany

Alle Rechte, insbesondere das Recht der Vervielfältigung und Verbreitung sowie der Übersetzung, vorbehalten. Kein Teil des Werkes darf in irgendeiner Form (durch Fotokopie, Mikrofilm oder ein anderes Verfahren) ohne schriftliche Genehmigung des Verlages reproduziert oder unter Verwendung elektronischer Systeme gespeichert, verarbeitet, vervielfältigt oder verbreitet werden.

Inhalt

Vorwort 9

1 Herausforderungen für den Vertrieb der Zukunft 13
1.1 Die Vertriebszyklen der Unternehmen 13
1.2 Die vier Triebkräfte erfolgreicher Vertriebsarbeit 16
1.3 Die Entwicklung eines Zielkonzepts 18
1.4 Der Reifegrad von Vertriebsorganisationen 20
1.5 Die erfolgreiche Zielkonzepterstellung 21
1.6 Die Neuausrichtung des Innendienstes 23

2 Grundlagen des Veränderungsmanagements 27
2.1 Die Wachstumsphasen 27
2.2 Die Alterungsphasen 31
2.3 Faktoren zur Bestimmung des Reifegrads 33
2.4 Der Sinn einer Reifephasenbestimmung 38

3 Ausrichtung eines verkaufsaktiven Innendienstes 39
3.1 Benchmarking mit anderen Innendienstorganisationen 39
3.2 Faktenorientierte Entscheidungen statt Annahmen 41
3.3 Die Vergangenheit wertschätzen 43

4 Der verkaufsaktive Innendienst der Zukunft 45
4.1 Die veränderte Rolle des Innendienstes in einem
    Multi-Channel-Vertrieb 45
4.2 Aufgabenverteilung im Vertrieb 46
4.3 Die Zusammenarbeit zwischen Innen- und Außendienst 49

5 Grundlagen der Mitarbeiterführung 55
5.1 Authentizität von Mitarbeitern fördern 55
5.2 Mitarbeiter arbeiten nicht nur für Geld 57
5.3 Schaffen Sie Loyalität durch Integration 58
5.4 Mitarbeiter auf ein gemeinsames Ziel ausrichten 61

6 Gestaltung von erfolgreichen Innendienstteams 67
6.1 Die Auswahl von verkaufsaktiven und administrativen
    Innendienstmitarbeitern 70
6.2 Mitarbeitertypen im Innendienst 74

6.3	Die Teambildung im Innendienst	77
6.4	Die emotionalen Grundlagen der Teamarbeit	78
6.5	Delegation an Selling-Teams schafft Entlastung	80
6.6	Die Entwicklung eines Teamgeistes	81
7	Die Führungsaufgaben des Innendienstleiters	83
7.1	Innendienstleiter sind keine Obersachbearbeiter	83
7.2	Die Definition des Führungsrahmens	84
7.3	Der Einsatz der situativen Führung	86
7.4	Führung versus Management	87
7.5	Das Prinzip »minimale Führung«	88
8	Die Selbststeuerung der Innendienstleiter	91
8.1	Verantwortungsbereiche identifizieren	91
8.2	Zeitmanagement für Innendienstleiter	92
8.3	Führung fängt bei der eigenen Person an	93
9	Der Innendienstleiter als Coach	95
9.1	Was ist Coaching?	95
9.2	Coaching als ganzheitlicher Ansatz	97
9.3	Der Coaching-Prozess	97
10	Ziele setzen mit der SMART- und BSC-Methodik	101
10.1	Das SMART-Modell	101
10.2	Ohne Bestimmung des Ausgangspunkts keine Zielformulierung	102
10.3	Einsatz einer Balanced Scorecard im Innendienst	103
11	Die »gehirngerechte« Vermittlung von Zielen	109
11.1	Mitarbeiter »gehirngerecht« ansprechen	109
11.2	Am Anfang steht eine Idee	112
12	Das Mitarbeiterprofil des verkaufsaktiven Innendienstes	115
12.1	Analyseverfahren zur Persönlichkeitsbestimmung	116
12.2	Grundtendenzen der Persönlichkeit	117
12.3	Aufgabenprofil des verkaufsaktiven Innendienstes	119
12.4	Schnittstellen zwischen Innen- und Außendienst bestimmen	123
12.5	Aufgabenprofile der Zukunft	124
13	Die Mitarbeiter für die neuen Aufgaben fit machen	127
13.1	Mitarbeitermotive erkennen und ansprechen	127
13.2	Die Angst der Innendienstmitarbeiter vor Neuerungen	130
13.3	Die Phasen des Wandels	132
13.4	Umgang mit »Veränderungsverweigerern«	135

14	Spielregeln für Innendienstteams.	139
14.1	Vereinbarung von Maßnahmen	140
14.2	Die Rolle der Teammitglieder.	140
14.3	Die Entwicklung von Innendienstteams	141
14.4	Die Zusammensetzung und das Verhalten von Teams.	142
15	Innendienstteams durch Zielvereinbarungen führen.	147
15.1	Merkmale von Zielvereinbarungen	148
15.2	Ziele realistisch formulieren	151
15.3	Die Durchführung von Zielvereinbarungsgesprächen	153
15.4	Der Einsatz von Feedback	156
15.5	Der Umgang mit Konflikten	158
15.6	Zielvereinbarungen einvernehmlich »leben«	161
16	Incentives und variable Entlohnung	165
16.1	Incentives – Leistungstreiber oder Erziehung zur Unmündigkeit?.	165
16.2	Variable Entlohnung – Zukunft oder Irrweg?	167
16.3	Optionen in der variablen Entlohnung	172
16.4	Variable Entlohnung von Teams.	173
16.5	Richtlinien für den Einsatz von Anreizsystemen	174
16.6	Einführung eines variablen Anreizsystems	176
16.7	Risiken durch nicht akzeptierte Anreizsysteme	178
17	Die Arbeitsbelastung im Innendienst messen.	181
17.1	Mitarbeiter für die Erfassung von Arbeitsbelastungen gewinnen.	182
17.2	Verlagerung von Außendienstaufgaben an den Innendienst . .	185
17.3	Automatisierung und Standardisierung von administrativen Tätigkeiten	189
18	Arbeiten mit Kennzahlen im Innendienst.	195
18.1	Konzentration auf wichtige Daten	195
18.2	Ermittlung von internen und externen Kennzahlen.	196
18.3	Wichtige Daten im Überblick.	197
18.4	Durch CRM das Kundenverständnis erhöhen	201
19	Werkzeuge des verkaufsaktiven Innendienstes	205
19.1	Durchführung von SWOT-Analysen	206
19.2	Kompetenzfeldanalyse und Polaritätenanalyse	209
19.3	Nachlass-Mehrverkaufs-Rechner.	211
19.4	Kunden bewerten und zuordnen	214
19.5	Die Wettbewerbsanalyse.	221
19.6	Die Bewertung der Kundenbindungsquote	222

20	Aufbau eines aktiven Telefonverkaufs	229
20.1	Die Telefonverkäufer qualifizieren	230
20.2	Elektronische Unterstützung des Telefonverkaufs	232
21	Kundenbeziehungen konsequent stärken	235
21.1	Der Innendienst als Kundenbindungsmanager	236
21.2	Der Innendienst als Reklamationsmanager	237
21.3	Service-Exzellenz im Innendienst	238
22	Die Kommunikation zwischen Innen- und Außendienst	241
22.1	Der Einsatz von Extranet-Systemen	242
22.2	»Steuerung« des Außendienstes durch den Innendienst	243
23	Die Umsetzung einer Neuausrichtung des Innendienstes	245
23.1	Mitarbeiter in den Umsetzungsprozess einbinden	245
23.2	Das Scheitern einer Neuorientierung vermeiden	247
23.3	Werkzeuge des Veränderungsprozesses	249
23.4	Durch Workshops die Neuorientierung unterstützen	252
24	Lohnen sich Veränderungen?	261
24.1	Sollen Trends umgesetzt werden?	261
24.2	Mut zu Veränderungen	265
Ausblick		269
Register		271
Autoreninformation		272

Vorwort

Vor einigen Jahren fragte mich ein Seminaranbieter, ob ich ein Seminar zum Thema »Der verkaufsaktive Innendienst« anbieten könne. Bei der Recherche im Internet und Durchsicht der damaligen Seminarangebote für Innendienstmitarbeiter fiel mir auf, dass sich die Weiterbildungsangebote meist auf Tagesthemen des Innendienstes reduzierten. Wie steuere ich meine Tagesaufgaben, wie optimiere ich meine telefonischen Kundenkontakte et cetera? Mir wurde bewusst, dass über die Rolle und Aufgaben des Innendienstes innerhalb eines Multi-Channel-Vertriebs kaum reflektiert wurde. Mein Eindruck war: Die grundsätzliche Ausrichtung des Innendienstes soll sich nicht verändern, die Sachbearbeiterrolle nicht aufgegeben werden.

Meine Beobachtungen veranlassten mich dazu, ein Seminarangebot zu unterbreiten, das sich mit der grundsätzlichen Ausrichtung des Innendienstes, den zukünftigen Aufgaben der Innendienstmitarbeiter und der Zusammenarbeit mit den anderen kundennahen Bereichen beschäftigen sollte. Seitdem habe ich Hunderte Teilnehmer in diesem Seminar begrüßt. Der überwiegende Tenor der Teilnehmer bezüglich der Situation der Innendienstmitarbeiter lautete wie folgt:

Der Innendienst ist immer noch ein Vertrieb zweiter Klasse. Er erstickt teilweise in Bürokratismus und kann einer gezielten Verkaufstätigkeit kaum nachgehen. Die Transparenz bezüglich Aufgaben, Erfolgsmessungen und Vertriebszielen ist zu gering. Zwischen den unterschiedlichen Vertriebsbereichen wird das Wissen nicht konsequent geteilt. Die Kontrolle der Innendienstmitarbeiter ist nicht selten stärker ausgeprägt als die Zielsetzung, die Mitarbeiter für zukünftige Aufgaben zu befähigen. Die Mitarbeiter dürfen nur bedingt selbst entscheiden, wie und wann sie ihre Aufgaben im Sinne der Zielerfüllung erledigen. Unterstützende Werkzeuge, zum Beispiel IT-Systeme, sind nicht immer im erforderlichen Maße präsent beziehungsweise behindern in ihrer Komplexität die Aufgabenerfüllung.

In den Unternehmen bestehen meist klare Vorstellungen von den Aufgaben – beispielsweise der Bereiche »Logistik« und »Verwaltung«. Doch was verbirgt sich hinter dem Begriff »Innendienst«? Oftmals eine Auflistung all der Aufgaben, die andere Unternehmensbereiche nicht erledigen. Und wie steht es um die Wertschätzung des Innendienstes innerhalb eines Unternehmens? Sehr häufig nicht besonders gut, denn der Innendienst wird leider als Abladeplatz aller ungeliebten Tätigkeiten begriffen.

Alarmierend für die Situation des Innendienstes ist auch das Ergebnis einer Umfrage der Deutschen Verkaufsleiter-Schule München aus dem Jahre 2008. Danach trauen nur 31 Prozent der befragten Verkaufsleiter den Innendienstmitarbeitern die Fähigkeit zu, aktiv zu verkaufen. Bei den meisten Vertriebsverantwortlichen herrschen dagegen immer noch die tradierten Rollenbilder vor.

Die Rolle des Innendienstes befindet sich aber in einem Umbruch. Aufgaben, die in der Vergangenheit von verschiedenen Unternehmensbereichen verantwortet wurden, werden zukünftig durch den Innendienst gesteuert. Dies hat allerdings in vielen Unternehmen zu einer unklaren Positionierung des Innendienstes und zu einem Wirrwarr bei den Aufgaben geführt.

Meine Erfahrungen haben mich angeleitet, das vorliegende Buch als einen Leitfaden zur Umsetzung eines Veränderungskonzeptes zu verfassen, um die heutigen »Stapelbearbeiter« stärker auf den verkaufsaktiven Part auszurichten. Dieses Buch bietet Ihnen Ideen, wie Sie gezielt und strukturiert den Innendienst weiterentwickeln und ihn zu einem wichtigen Baustein eines Vertriebskonzeptes machen können. Werkzeuge, Checklisten und Arbeitsblätter unterstützen Sie bei der Umsetzung.

Die zentrale Aufgabe besteht darin, den verkaufsaktiven Innendienst mit anderen Vertriebseinheiten gezielt zu vernetzen. Aus dieser Zielsetzung ergeben sich die folgenden Fragen:

- Warum ist es wichtig, über den Einsatz eines verkaufsaktiven Innendienstes nachzudenken?
- In welchen Unternehmen ist der Einsatz eines verkaufsaktiven Innendienstes sinnvoll?
- Welche Strukturen und Organisationsformen eignen sich dazu, die jetzigen Vertriebsaktivitäten des Innendienstes zu verstärken?
- Wie können die Mitarbeiter des Innendienstes erfolgreich in einen Veränderungsprozess eingebunden werden?
- Wie verändern sich die Führungsaufgaben der Innendienstverantwortlichen?
- Welche Werkzeuge und Methoden benötigt der verkaufsaktive Innendienst, um seine Aufgaben erfüllen zu können?
- Welches Mitarbeiterprofil und welche persönlichen Fähigkeiten der Mitarbeiter sind erforderlich, um die veränderte Rolle auszufüllen?

Die in diesem Buch präsentierten Ideen und Vorschläge sind auf der Basis meiner langjährigen Tätigkeit in Unternehmen und der vielseitigen Erfahrungen aus meinem Beratungs- und Seminargeschäft entstanden. Sollten Sie Elemente vermissen, nehmen Sie gern Kontakt mit mir auf unter h.biesel@apricot-partner.eu und senden mir Ihre Anregungen zu. Ebenfalls freue ich mich über ein Feedback zu diesem Buch. Eine Antwort wird versprochen.

Noch ein wichtiger Hinweis: Ich schreibe im vorliegenden Buch aus Vereinfachungsgründen immer über »Mitarbeiter«. Selbstverständlich sind damit auch Mitarbeiterinnen gemeint.

Ich wünsche Ihnen viele Erkenntnisse bei der Lektüre meines Buches.

Hartmut H. Biesel
Östringen, November 2008

1 Herausforderungen für den Vertrieb der Zukunft

Der Vertrieb hat in den vergangenen Jahrzehnten verschiedene Entwicklungszyklen durchlaufen, die je nach Branche sehr unterschiedlich ausgefallen sind. Während zum Beispiel die Konsumgüterindustrie schon seit Anfang der achtziger Jahre einem harten Verdrängungswettbewerb unterliegt und diese Entwicklung seit den neunziger Jahren die Automobilindustrie prägt, gelten jetzt auch in bisher eher »geschützten« Branchen wie der pharmazeutischen Industrie oder der Energiewirtschaft veränderte Spielregeln. Die Vertriebsorientierung ist heute in nahezu allen Branchen unabdingbar geworden. Generell lassen sich drei verschiedene Entwicklungszyklen identifizieren, die nachfolgend näher erläutert werden.

1.1 Die Vertriebszyklen der Unternehmen

Die Boomzeiten

Viele Unternehmen erlebten (beziehungsweisen erleben auch heute noch) Boomzeiten, in denen Umsatz- und Ertragsentwicklung nur eine Richtung hatten: nach oben. Fälschlicherweise schrieben sich in vielen Fällen Führung und Mitarbeiter die Erfolge auf die eigenen Fahnen. Ein Beispiel: Erinnern Sie sich noch an den Mobilmarkt der neunziger Jahre? Ob Mobiltelefone oder Mobilfunkanbieter, die Mitarbeiter berauschten sich an ihren eigenen Erfolgen. In vielen Unternehmen entwickelte sich ein unkontrolliertes Wachstum. Strategische Ansätze waren nicht unbedingt erforderlich, um Vertriebserfolge zu erzielen. Diese Wachstumsorientierung führte zu einigen wichtigen Folgen:

- Es wurden ungestraft komplexe und teilweise wenig kundenorientierte Hierarchien aufgebaut.
- Die Zahl der Vertriebsmitarbeiter wurde bei Umsatzerfolgen ständig erhöht.
- Ablaufprozesse wurden nur bedingt optimiert.
- Wachstum wurde zum Maßstab.

In der Konsequenz ergab sich für den Innendienst die Aufgabe, die Kundenaufträge reaktiv abzuarbeiten und die Ablaufprozesse situativ in den Griff zu bekommen.

Die Selektionszeiten

Nach der Phase des Verteilens kommt für die meisten Unternehmen die Phase der Neuausrichtung hin zu Markt und Kunden. Die Wettbewerbsbedingungen haben sich in den meisten Branchen gravierend verändert. Heute befinden sich viele Unternehmen in einem Selektionsprozess, der harte Marktwettbewerb trennt die »Spreu vom Weizen«. Anbieter aus Schwellenländern drängen in reife Volkswirtschaften, Kunden trennen sich zunehmend von C-Lieferanten, Produktzyklen werden immer kürzer, Leistungen und Produktangebote von Anbietern immer vergleichbarer. Dies bleibt nicht ohne Folgen, von denen nur ein paar Beispiele genannt seien:

- Quantitatives Wachstum ist in vielen Branchen nur noch durch Verdrängung anderer Anbieter möglich.
- Qualitatives Wachstum wird wichtiger, um den Erhalt von Unternehmen zu sichern.
- Manager verschreiben ihren Unternehmen Abmagerungskuren und trennen sich von Unternehmensteilen, Mitarbeitern und Marktaktivitäten.
- Unternehmen starten Fitnesskuren und überprüfen die vorhandene Effektivität und Effizienz der Vertriebsprozesse.
- Marktanteil *und* Ertrag werden gleichermaßen als wichtig angesehen.

Gut geführte Unternehmen wissen, dass es nicht ausreicht, Leistungen und Mitarbeiter »abzuspecken«. Gleichzeitig wird es wichtig, alle Unternehmensbereiche, besonders den Vertrieb, fit zu trimmen. Für viele Unternehmen gilt schon längst nicht mehr die Aussage: »Das Geld wird im Vertrieb verdient.« In manchem Unternehmen wird inzwischen aufgrund der harten Marktbedingungen, das Geld durch Verbesserung der Produktivität erarbeitet. Das hat Konsequenzen für die Vertriebsaktivitäten.

Einem Vertriebsaufwand steht der Vertriebserfolg gegenüber. Durch eine zu geringe Prozessorientierung und meist fehlende Prozesskostenrechnung ist die Leistung des Vertriebs in vielen Unternehmen nur begrenzt messbar. Vorhandene Kennzahlen sind durch die Anwendung der Gemeinkostenrechnung nur bedingt aussagefähig. Denn durch Gemeinkostenschlüssel werden Erfolgs- und Kostentreiber nicht ausreichend identifiziert. Dadurch kann in vielen Unternehmen der Erfolg eines Vertriebsmitarbeiters oder der Ertragsbeitrag eines Kunden zum Vertriebsgesamterfolg nur unzureichend herausgefiltert werden. Der Vertrieb ist immer noch eine Blackbox – doch das geht in Zukunft nicht mehr.

Eines ist klar: Um die Vertriebsproduktivität zu steigern, muss es zu quantitativen und qualitativen Veränderungen im Vertrieb kommen. Eine Konsequenz wird sicherlich sein, dass der Innendienst zukünftig Aufgaben anderer Unternehmensbereiche übernimmt. Diese Überlegungen sind zukunftsorientiert. Unternehmen müssen allerdings bereit sein, bei der Neuausrichtung der Vertriebsprozesse gleichzeitig die Organisationsstrukturen, Mitarbeiterkompetenzen und die Mitarbeiterförderung auf den Prüfstand zu stellen beziehungsweise gezielt weiterzuentwickeln.

Die Konsolidierungszeiten

Es ist absehbar, dass viele Branchen in Zukunft durch die weiterhin ungebremsten Konzentrationsprozesse weniger Marktteilnehmer aufweisen werden. Heute schon bekannte Unternehmen, aber auch schnelle und flexible Newcomer werden die Markttrends setzen und die Branchenspielregeln bestimmen. Zwei Erfolgsvoraussetzungen werden dabei ausschlaggebend sein: Diese Unternehmen sind einerseits Leistungsführer, das heißt, sie definieren Zielgruppen, haben eine sehr genaue Vorstellung von den Wünschen und Träumen ihrer Kunden und erfüllen diese mit hoher Professionalität, und andererseits Kostenführer – sie akzeptieren nur die Kosten, die zur Erfüllung der definierten Kundenwünsche unbedingt notwendig sind.

Konsolidierungszeiten haben ebenfalls gravierende Folgen:

- Die kundenorientierte Ausrichtung der Vertriebsorganisationen erhält einen sehr hohen Stellenwert.
- Qualität, Innovationskraft und Flexibilität werden in den Kundenmanagementprozessen zu *den* Erfolgsfaktoren.
- die Vertriebsorganisationen bauen einen Multi-Channel-Vertrieb auf.

Konsolidierungszeiten verändern nachhaltig die Vertriebsarbeit im Innen- und im Außendienst. Die Aktivitäten des Außendienstes werden neu ausgerichtet, weg von der alleinigen Verantwortung über das Kundenmanagement hin zur Erfüllung wichtiger Zukunftsaufgaben. Für die zukünftige Innendienstausrichtung bedeutet dies, dass der Innendienst zu einem wichtigen und gleichwertigen Baustein innerhalb eines Multi-Channel-Vertriebs wird und teilweise Aufgaben übernimmt, die früher durch den Außendienst erfüllt wurden. Der Innendienstmitarbeiter wird zunehmend zu einem verkaufsaktiven Markt- und Kundenmanager, ausgestattet mit den notwendigen fachlichen Fähigkeiten und hierarchischen Kompetenzen.

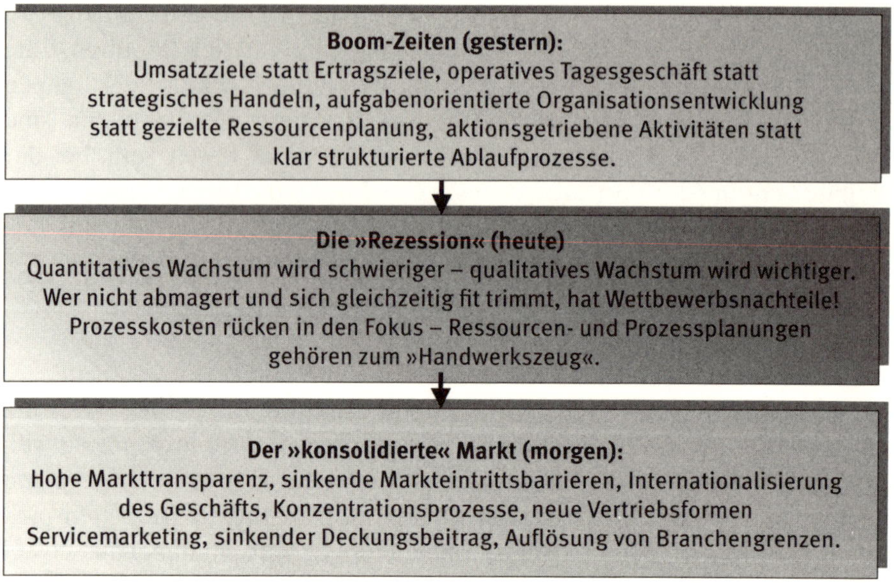

Boom-Zeiten (gestern):
Umsatzziele statt Ertragsziele, operatives Tagesgeschäft statt strategisches Handeln, aufgabenorientierte Organisationsentwicklung statt gezielte Ressourcenplanung, aktionsgetriebene Aktivitäten statt klar strukturierte Ablaufprozesse.

↓

Die »Rezession« (heute)
Quantitatives Wachstum wird schwieriger – qualitatives Wachstum wird wichtiger. Wer nicht abmagert und sich gleichzeitig fit trimmt, hat Wettbewerbsnachteile! Prozesskosten rücken in den Fokus – Ressourcen- und Prozessplanungen gehören zum »Handwerkszeug«.

↓

Der »konsolidierte« Markt (morgen):
Hohe Markttransparenz, sinkende Markteintrittsbarrieren, Internationalisierung des Geschäfts, Konzentrationsprozesse, neue Vertriebsformen Servicemarketing, sinkender Deckungsbeitrag, Auflösung von Branchengrenzen.

Abbildung 1: Die Vertriebszyklen der Unternehmen

1.2 Die vier Triebkräfte erfolgreicher Vertriebsarbeit

In der Vergangenheit wurden viele Unternehmensbereiche durchleuchtet – Produktion, Forschung und Entwicklung, Verwaltung et cetera –, es wurden Prozesse optimiert und dadurch die Leistungsfähigkeit gesteigert. Vielen Vertriebsorganisationen ist es dagegen bis heute gelungen, mit Verweis auf ihre Einzigartigkeit und den davon abgeleiteten Anspruch der bedingten Messbarkeit sich einer Messung ihrer Produktivität zu widersetzen. Ein Indiz als Beispiel: Der größte Anteil deutscher Unternehmen bewertet den Kundenwert immer noch nach Umsatz. Die anfallenden Kosten der Kundengewinnung beziehungsweise Kundenbindung werden kaum erfasst. Doch was nützt ein Kunde, mit dem zwar ein guter Umsatz getätigt wird, aber Erlösschmälerungen, Herstellkosten und Kundenbeziehungskosten den Ertrag so stark schmälern, dass der Kunde einen Verlust für das Unternehmen bedeutet? Bei meinen vielen Beratungsaufträgen in diversen Unternehmen habe ich festgestellt, dass dort im Mittel 30 bis 40 Prozent der Kunden nach Abzug der Erlösschmälerungen, Herstellkosten und Kundenbeziehungskosten gerade kostendeckend bis »rot« waren. Die

Unternehmen wussten meist nicht, um welche Kunden es sich handelte. Gemeinkosten vereiteln eine dezidierte Betrachtung des Kundenwerts. Erst langsam, aufgrund von wirtschaftlichen Zwängen, nähert sich der Vertrieb dem Thema Prozesskostenrechnung.

Der Außendienst besaß in der Vergangenheit das »Hoheitsrecht« über die Kunden. Er beeinflusste erheblich die Art der Marktbearbeitung, die Verteilung von Aufgaben innerhalb der Vertriebsprozesse oder die Entscheidung über das Herangehen an potenzielle Neukunden. Der Verkaufssinnendienst war überwiegend ein Vertrieb zweiter Klasse, mehr »Stapelbearbeiter« als aktiver Verkaufsrepräsentant.

Vier Treiber zwingen in Zukunft die Vertriebsverantwortlichen in vielen Branchen dazu, sich mit der Neuausrichtung des Vertriebs und damit auch mit der Neuausrichtung des Innendienstes zu beschäftigen. Die vier Triebkräfte sind:

1. *Reduktion des Faktors »Prozesskosten«:* Die Beurteilung des Kunden- und Lieferantenwerts bekommt für Anbieter *und* Kunden eine immer größere Bedeutung. Einkäufer beurteilen Lieferanten verstärkt nach den Gesamtkosten des Gesamteinkaufsprozesses, zum Beispiel Verhandlungskosten, Kapitalbindung, Listungskosten, und den Nachfolgekosten eines Produktes oder einer Dienstleistung. Verkäufer beurteilen Kunden zunehmend nach dem Kundennettoertrag und nicht mehr einseitig nach Umsatz. Kundenbeziehungskosten werden sukzessive in den Unternehmen erfasst, zum Beispiel Angebotskosten, Betreuungskosten, Werbung und Verkaufsunterstützung, Kosten für Produktmodifikationen oder Sonderentwicklungen. *Konsequenz:* »Total cost of ownership« – die Prozesskosten aus den Transaktionen – werden wichtiger als »nackte« Verkaufs- oder Einkaufspreise. Damit gehören alle Transaktionskosten auf den Prüfstand bezüglich Produktivität und Kundenorientierung.
2. *Neubewertung des Faktors »Zeit«:* Die Kundenanforderungen bezüglich Prozesseinfachheit und schneller Erreichbarkeit steigen. Die Kunden wünschen sich bei Basisvertriebsprozessen – Regularien, Rahmenbedingungen und Preise sind verhandelt und klar – immer weniger eine Betreuung durch den Außendienst. Sie fordern bei Fragen, Reklamationen oder Erstinformationen zügige Beratungsleistungen durch fachkompetente Mitarbeiter oder informative Online-Angebote. *Konsequenz:* Es wird immer wichtiger, Kundenwünsche zu erfragen und die internen Prozesse auf Kompatibilität hin zu überprüfen. Basisvertriebsprozesse müssen – wo immer möglich und von den definierten Kunden gewünscht – standardisiert und automatisiert werden.

3. *Verknappung des Faktors »Geld«:* Verdrängungswettbewerb und kontinuierlich sinkende Kundenzahlen führen zu einer Verschlechterung der Gewinnsituation. Bei Besuchskosten des Außendienstes von 150 bis 250 Euro pro Besuch ist eine Pflege von C-Kunden unter Kundenertragsgesichtspunkten in vielen Fällen unrentabel. Die Gewinnung von Neukunden ohne vorherige Kundenpotenzialanalysen durch den Vertrieb – Außen- und Innendienst – ist wenig sinnvoll. Die Ressource Außendienst wird aus Kostengründen immer wertvoller und sollte überwiegend Zukunftsprojekten zur Verfügung stehen und weniger den Abwicklungsprojekten. *Konsequenz:* Ein Vertriebseinsatz nach dem »Gießkannenprinzip« ist weder sinnvoll noch unter Produktivitätsgesichtspunkten bezahlbar.
4. *Erhöhung des Faktors »Komplexität«:* Wichtige Kunden werden durch Konzentrationsprozesse, Internationalisierung oder vielschichtige Kundenstrukturen immer komplexer. Eine höhere Kundenkomplexität erfordert oftmals eine stärkere Verzahnung zwischen Kunden und eigenem Unternehmen. Das Wissensmanagement zwischen den einzelnen Vertriebsaktivitäten muss bei höherer Komplexität verstärkt werden. »One face to the customer« wird abgelöst durch »One team to the customer« und erfordert ein Umdenken in Richtung Vernetzung. *Konsequenz:* Die Individualisierung des Kundenmanagements erfordert die Optimierung eines strategisch ausgerichteten Vertriebseinsatzes.

1.3 Die Entwicklung eines Zielkonzepts

Viele Vertriebsmanager versuchen, die Treppe von unten nach oben statt von oben nach unten zu fegen. Sie sind zu sehr auf das »Wie« und zu wenig auf das »Was« und »Warum« fixiert. Doch was hat dies mit dem Thema Innendienst zu tun? Sehr viel, denn die Neuausrichtung des Innendienstes ist auch immer eine Einbettung in ein Gesamtzielkonzept. Beantworten Sie sich beispielsweise selbst die nachstehenden Fragen:

- Welche Strategie verfolgt Ihr Unternehmen in den kommenden Jahren?
- Welche Rolle wird die Vertriebsorganisation dabei spielen?
- Wie werden der Außen- und der Innendienst organisatorisch ausgerichtet?
- Welche Mitarbeiterfähigkeiten sind zur Zielerreichung notwendig?
- Welche Ressourcen müssen zur Zielerfüllung bereitgestellt werden?

- Welche vernetzten Unternehmensprozesse helfen, den Markt erfolgreich zu bearbeiten?

Zahlreiche Unternehmen verlassen sich immer noch auf eine Mischung aus Neurolinguistischem Programmieren (NLP), Visionsdenken und totaler Begeisterung und erreichen damit trotzdem nicht die gewünschten Erfolge. Gemeinsam erarbeitete Visionen und Werte sind grundsätzlich nicht negativ in einer auseinanderdriftenden Wertewelt, in der Egoismus das Wir zunehmend ersetzt. Es sind aber erhebliche Zweifel angesagt, wenn Visionen und Werte allein für eine vertriebsstrategische Ausrichtung im harten Wettbewerb ausreichen sollen.

Im Vordergrund steht immer die erfolgreiche, konkrete und stets zu optimierende Auseinandersetzung mit dem Wettbewerb bei kritischer Begutachtung durch die Kunden. Eine Strategie legt nach bestem Wissen eine ideale Route fest und bestimmt Punkte, an denen die Ist-Situation überprüft wird und bei Änderungen der Rahmenbedingungen Justierungen vorgenommen werden.

Jede Organisation unterliegt einem Reifezyklus – von der Idee einer Unternehmensgründung bis zur Aufgabe der Geschäftstätigkeit. Der Wandel am Markt erfordert ein ausgeprägtes Veränderungsmanagement. Unternehmen neigen dazu, Veränderungen losgelöst von dem Reifegrad einer Organisation vorzunehmen.

Die folgenden Beispiele verdeutlichen, welche Diskrepanzen zwischen Wunschvorstellung und Umsetzung bestehen können:

- Der Innendienst soll zukünftig eigenverantwortlich für definierte Kundengruppen das Kundenmanagement betreiben. Der Außendienst ist allerdings nicht bereit, sich Entscheidungen aus der Hand nehmen zu lassen. *Konsequenz:* Wenn jetzt nicht das Management für klare Spielregeln sorgt, sind die Spannungen innerhalb der Organisation programmiert.
- Der Innendienst erstickt seit vielen Jahren an Regelungen und Vorgaben. Um die Flexibilität zu erhöhen, werden zusätzliche Kompetenzen vergeben. Die Innendienstmitarbeiter haben aber nicht gelernt, Eigenverantwortung zu übernehmen, und lehnen diese auch aus Bequemlichkeitsgründen ab. *Konsequenz:* Wenn nicht ein Weg gefunden wird, das Team auf dem Weg zu mehr Eigensteuerung mitzunehmen, und wenn das Unternehmen nicht bereit ist, sich von nicht änderungswilligen Mitarbeitern zu trennen, sind dauerhafte Grundsatzdiskussionen programmiert.

- Das Unternehmen hat sich in den letzten Jahren erfolgreich am Markt behauptet. Um das Wachstum zu sichern, ist eine gezielte Aufgabenverteilung zwischen Innen- und Außendienst notwendig. *Konsequenz:* Wenn das Team nicht bereit ist, den Veränderungsprozess zu akzeptieren, wird es versuchen, diesen mit Argumenten und trickreichen Spielchen zu umgehen, und ein Kampf zwischen Innen- und Außendienst beginnt.

1.4 Der Reifegrad von Vertriebsorganisationen

In der Unternehmensentwicklung wird zwischen Wachstums- und Alterungsphasen unterschieden. Die Bestimmung des Reifegrads der Vertriebsorganisation kann an zwei Parametern festgemacht werden: Wie viel Flexibilität und Dynamik herrscht in einem Unternehmen? Welche Regeln und Strukturen bestehen in einem Unternehmen?

Vorgehensweisen in Wachstumsphasen

Vertriebsteams in Wachstumsphasen zeichnen sich durch ein hohes Maß an Dynamik aus, vernachlässigen aber sehr häufig die Steuerungsoptionen »Strukturen und Regeln«. Teams in Unternehmen mit hohem Wachstum zeichnen sich meist durch die Fähigkeit aus, sich den Kunden und Märkten schnell und unkonventionell anzupassen. Das Tun und die Umsetzung von Ideen stehen im Vordergrund. Gehandelt wird auf dem »kleinen Dienstweg«, Regeln und Strukturen werden eher als »Bedrohung« empfunden. Der Nachteil dieser Vorgehensweise besteht allerdings darin, dass durch unstrukturiertes Handeln und Aktionismus langfristig die Flexibilität und Dynamik leiden. Da jedes Unternehmen limitierte Ressourcen zur Verfügung hat, muss immer wieder überprüft werden, welchen Aktivitäten welche Ressourcen zugeteilt werden, um proaktiv dauerhaften Markterfolg zu erringen. Dies erfordert eine konsequente Einführung von Spielregeln und Strukturen.

Vorgehensweisen in Alterungsphasen

Vertriebsteams in Alterungsphasen arbeiten in zu umfassenden Strukturen, alles ist durchgeplant und bürokratisiert. Dies lässt sich zum Beispiel an der Zahl der Meetings und Protokollerstellungen ablesen. Die Unternehmen beschäftigen sich zu viel mit sich selbst und zu wenig mit dem Markt und den Kunden. In der Alterungsphase stehen die Strukturen im

Vordergrund, die Bestimmung und Einhaltung der Ablaufprozesse machen den Alltag aus, alles soll möglichst reproduzierbar sein.

Erreichung einer Balance zwischen »Struktur« und »Flexibilität«

Ob Wachstums- oder Alterungsphase, für jeden dieser Bereiche sind bestimmte »Probleme« vollkommen normal. Wenn man sich diesen Problemen allerdings nicht stellt, können sie pathologisch werden, dass heißt, es ist Hilfe von außen vonnöten. Normale Probleme gehören zur Entwicklung einer Vertriebsorganisation, solange sie in einem akzeptablen Zeitrahmen gelöst werden können. Wenn Unternehmen einen Veränderungsprozess nicht in den Griff bekommen, haben sie grundsätzliche Probleme, die eine Weiterentwicklung blockieren oder behindern.

Das Ziel für die Vertriebsorganisation muss sein, die Flexibilität und Dynamik zu erhöhen und gleichzeitig adäquate Strukturen und Regeln zu schaffen. In Wachstumsphasen sind Regeln und Strukturen eher unterentwickelt, Flexibilität und Dynamik beherrschen den Vertriebsalltag. In Alterungsphasen dominieren Strukturen und Regeln den Vertriebsalltag, darunter leiden dann Flexibilität und Dynamik. Das Motto muss deshalb lauten: So viel Flexibilität und Dynamik wie möglich, so viel Strukturen und Regeln wie nötig.

Für beide Phasen, Wachstum und Alterung, ist eine Verlagerung von Aufgaben vom Außen- auf den Innendienst aus Produktivitätsgründen anzuraten, um komplexere Herausforderungen durch die Kunden lösen zu können.

1.5 Die erfolgreiche Zielkonzepterstellung

Die Balance zu finden zwischen Flexibilität und Struktur zur Neuausrichtung des Innen- und Außendienstes ist eine hohe Kunst. Als Basis für die Formulierung einer kundenorientierten Vertriebsstrategie bieten sich die »primären« und »sekundären« Managementdisziplinen an. Welche Elemente daraus können Sie sich bei Ihren Gedanken für eine Neuausrichtung des Innen- und Außendienstes zunutze machen?

Primäre Managementdisziplinen

- *Unternehmensstrategie:* Unternehmen erreichen oder sichern sich dann dauerhaften Erfolg, wenn sie eine klare Strategie formulieren und diese langfristig verfolgen.

- *Unternehmensstruktur:* Erfolgreiche Unternehmen bauen, wo immer möglich, Bürokratie ab, um ihre Mitarbeiter und Kunden nicht zu verprellen und den Fortschritt nicht zu behindern.
- *Unternehmenskultur:* Unternehmen arbeiten dann auf höchstem Niveau, wenn die Mitarbeiter klare Werte und Ziele kompromisslos verfolgen und nicht nach »Befehl und Kontrolle« agieren.
- *Strategieumsetzung:* Gewinnerunternehmen setzen ihre Strategie durch den Einsatz professioneller Methoden und Werkzeuge unter Beachtung des Kundenwerts und eigener Ressourcen konsequent um.

Sekundäre Managementdisziplinen

- *Innovationen:* Innovative Unternehmen erkennen Trends frühzeitig, richten ihre gesamten Unternehmensleistungen darauf aus und konzentrieren sich ausschließlich auf erfolgversprechende Bereiche.
- *Partnerschaften:* Gewinner nutzen gezielt Fusionen und Partnerschaften, um sich auf ihr Kerngeschäft zu konzentrieren.
- *Talentförderung:* Top-Unternehmen sorgen für eine gezielte Mitarbeiterförderung und Investition in die Personalentwicklung.
- *Führungsstärke:* Erfolgreiche Unternehmen schaffen Freiräume für ihre Mitarbeiter und fördern die Kreativität zur Gestaltung neuer Ideen.

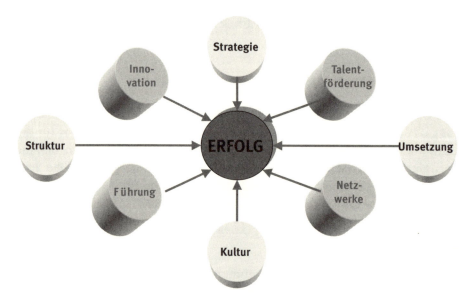

Abbildung 2: Primäre und sekundäre Managementdisziplinen

Hinterfragen Sie, für welche Bereiche der verkaufsaktive Innendienst welche Aufgaben übernehmen wird. Die folgenden Fragen bieten Ihnen dazu einige Gedankenanstöße:

- Bei welchen Kunden soll der Innendienst durch Cross-Selling weiteres Kundenpotenzial generieren?
- Wie kann der Innendienst dazu beitragen, dass Innovationen schneller im Markt platziert werden?
- Mit welchen Aktivitäten kann der Innendienst die Marktdurchdringung beschleunigen?
- Können durch den Innendienst die Bereiche Beratung und Service weiter ausgebaut werden und Kunden an das eigene Unternehmen gebunden werden?
- Kann der Innendienst durch Optimierung der Ablaufprozesse dazu beitragen, dass die Produktivität des Vertriebs erhöht wird?
- Wie kann der Innendienst durch Produktberatung auf hohem Niveau das Serviceimage des Unternehmens verbessern?
- Auf welche Kundensegmente wird sich der Innendienst konzentrieren?
- Wie kann der Innendienst dazu beitragen, dass sich der Außendienst und das Key-Account-Management auf das Wesentliche konzentrieren können?
- In welchen Punkten kann der Innendienst die Kundenbetreuung verbessern beziehungsweise intensivieren?
- In welcher Form wird der Innendienst in ein Beziehungsnetzwerk mit Top-Kunden eingebunden?
- Wie kann der Innendienst zu einer Steigerung der Abschlussrate beitragen?
- Wie kann der Innendienst zu einer Erweiterung des Marktwissens beitragen?

1.6 Die Neuausrichtung des Innendienstes

Mit welcher Geschwindigkeit die Neuausrichtung des Innendienstes betrieben werden kann, hat auch mit dem Reifegrad des Unternehmens und der Mitarbeiter zu tun. Dabei gilt die Faustformel: Nicht was theoretisch machbar ist, ist erfolgreich, sondern in welchem Maße sich die Mitarbeiter auf freiwilliger Basis für Veränderungen einsetzen und diese zu ihrer Angelegenheit machen. Einige Fragen zu diesem Punkt schließen sich an.

- *Risikobereitschaft:* Wie risikobereit und offen für neue Ideen sind die Innendienstmitarbeiter? In welchem Maße ist der Innendienst zu einem offenen Erfahrungsaustausch bereit? Werden Erfolge gemeinsam gefeiert und »Niederlagen« als Chancen für die Weiterentwicklung empfunden? Werden die Ergebnisse gemeinsam analysiert und dahingehend überprüft, wie sich Gewinne steigern und Verluste vermeiden lassen? Welchen Stellenwert haben Sicherheitsaspekte für die Mitarbeiter? Wie sehr ist eine Absicherungsmentalität im Team ausgeprägt?

- *Leistungsbewertung:* Klinken sich Teammitglieder flexibel und unbürokratisch in alle zu erledigenden Aufgaben ein, ohne lange zu fragen, wer wofür zuständig ist? Sind die Mitarbeiter bereit, sich durch Zielvereinbarungen steuern zu lassen? Sind die Mitarbeiter bereit, Steuerungssysteme und Budgets zu akzeptieren? Werden Spielregeln für die Entwicklung neuer Ideen und deren Umsetzung positiv gesehen und mitgetragen? Sind variable Belohnungssysteme auf Basis von Erfolg und Misserfolg im Innendienst denkbar und zielführend? Haben die Mitarbeiter Probleme damit, sich durch Planzahlen steuern zu lassen?
- *Gewinnziele:* Welche Gewinnziele – Umsatz, Gewinnung von Marktanteilen, Ertrag – bieten sich zur Bewertung der Mitarbeiterleistungen besonders an? Wollen die Mitarbeiter eher »die Dinge richtig machen« oder eher »die richtigen Dinge richtig machen«? Sind die Mitarbeiter fähig und bereit, Kosten- und Leistungsreduktionen am Markt durchzuboxen?
- *Organisation:* Ist die Sache wichtiger als die Form? Welchen Stellenwert hat die Einhaltung von Budgets und Zielvereinbarungen? In welchem Maße werden Kreativität, Flexibilität und Wandlungsfähigkeit wertgeschätzt?

Bevor Sie sich mit der Gestaltung Ihrer zukünftigen Innendienstorganisation intensiv auseinandersetzen, beschäftigen Sie sich zunächst mit der Ausrichtung Ihrer Vertriebsstrategie für die kommenden Jahre. Prüfen Sie, welche Ressourcen Ihnen hierfür zur Verfügung stehen und welche generellen Fähigkeiten im Unternehmen vorhanden sein müssen, um die angepeilten Ziele zu erreichen.

Analysieren Sie erst dann, welche Mitarbeiter Ihnen zur Verfügung stehen, und prüfen Sie, ob diese personellen Ressourcen und Fähigkeiten zukünftig ausreichen oder dahin entwickelt werden können beziehungsweise müssen. Denken Sie immer daran: Sie haben nur dieses Team heute zur Verfügung. Begehen Sie auch nicht den Fehler, die Organisation auf einzelne Personen zu fokussieren beziehungsweise um diese herum zu bauen.

Wenn Sie sich grundsätzlich für die Einführung eines verkaufsaktiven Innendienstes entschieden haben, beachten Sie immer folgende Fragestellungen:

- Wie lautet mein Ziel?
- Welches sind meine Limits und Ressourcen?
- Zu welchen Konsequenzen bin ich bereit?
- In welchem Zeitraum traue ich mir den Umbau meiner Vertriebsorganisation zu?
- Wie gehe ich mit kritischen Situationen um?

Fegen Sie die Treppe immer von oben nach unten – erst das Zielkonzept, dann die Details. Berücksichtigen Sie dabei die folgenden Punkte:

Welche Unternehmensziele verfolgen Sie für die kommenden Jahre? Welche Vertriebsziele leiten Sie daraus ab? Auf welche Potenziale am Markt und bei den Kunden zielen Sie mit Ihren Aktivitäten? Welche Marktkennzahlen unterstützen die Zielverfolgung? Welche Chancen oder Risiken sind innerhalb des Zielerreichungsprozesses erkennbar? Welche Wettbewerber gilt es aus dem Feld zu schlagen? Welche Einzigartigkeit vermitteln Sie den Kunden, damit diese Ihnen ihre Aufträge geben? Welche Aufgaben zur Erreichung der Vertriebsziele übernimmt der Außendienst, welche Aufgaben der verkaufsaktive Innendienst? Wie gestalten Sie für beide Bereiche das operative Tagesgeschäft? Wie sorgen Sie dafür, dass beide Bereiche die gleiche Stoßrichtung verfolgen und vernetzt am gleichen Ziel arbeiten?

Fazit

✔ Der Vertrieb verändert sich dramatisch. Viele Branchen befinden sich in einem Selektionsprozess und werden es in Zukunft mit weniger Marktteilnehmern zu tun haben.
✔ Die vier Treiber »Prozesskosten«, »Zeit«, »Geld« und »Komplexität« werden dazu führen, dass Unternehmen ihre Vertriebsprozesse hinsichtlich Kundenorientierung auf den Prüfstand stellen müssen.
✔ Ohne ein klares Zielkonzept besteht die Gefahr, dass Vertriebsorganisationen unter Umständen an nicht zielführenden Stellschrauben drehen.
✔ Bei der Entwicklung eines Zielkonzepts ist der Reifegrad eines Unternehmens – befindet es sich in einer Wachstums- oder einer Alterungsphase – unbedingt zu berücksichtigen.
✔ Zur Ausrichtung des Innen- und Außendienstes sind Mitarbeiterziele unter Beachtung von Risikobereitschaft, Leistungsvermögen, Gewinnorientierung und Organisationsstrukturen zu formulieren.

2 Grundlagen des Veränderungsmanagements

Im Kapitel »Herausforderungen für den Vertrieb der Zukunft« haben Sie schon einige Informationen zum Reifegrad von Unternehmen gelesen. Für ein besseres Verständnis soll dieser Punkt nachfolgend etwas vertieft werden.

Die Aufgabe, eine administrativ ausgerichtete Innendienstorganisation umzuwandeln in ein verkaufsaktives Team, ist immer verbunden mit der Frage nach dem »Reifegrad« der Organisation und der Mitarbeiter. Außerdem ist zu klären, welche Zielsetzung mit der Neuausrichtung erreicht werden soll. Betrachten Sie hierzu die verschiedenen Reifephasen einer Organisation.

2.1 Die Wachstumsphasen

Die Gründungsphase

Kapitalertrag oder Return on Investment stehen während der Gründungsphase nicht im Vordergrund, vielmehr ist es der Glaube an eine Idee. Der Inhaber will alles bestimmen und sucht als Mitarbeiter eher loyale Mitläufer als positiv kritische Leistungsträger. Er neigt dazu, überall mitreden und mitentscheiden zu wollen, und besteht auf Kontrolle und Machtausübung.

Die Startphase

Unternehmen in der Startphase leisten sich kaum Spielregeln, Vertriebssysteme oder allgemeingültige Verhaltensrichtlinien. Die Mitarbeiter werden danach beurteilt, was sie an Aufträgen hereinbringen; längerfristige Vertriebsziele sind nur bedingt vorhanden. Das vorhandene Organigramm kann problemlos auf einem Notizzettel aufgemalt werden. Stellenbeschreibungen sind kaum vorhanden, die Liquidität beeinflusst das zu verteilende Gehalt. Leistungsbeurteilungen werden nach Gutsherrenart vorgenommen.

In der Startphase arbeiten eher aufgabenorientierte Macher im Vertrieb. Die Inhaber suchen Adjutanten und aufgabengesteuerte Umsetzer. Planungen und aufwendige Verkaufskonzepte stören, notwendig sind Kurzzeitwerkzeuge zur Umsetzung der Gründungsideen.

Die Delegation von Aufgaben und Verantwortung kann in der Startphase gefährlich für das Unternehmen werden; das Gleiche gilt für zu viele Spielregeln und ausformulierte Verhaltensanweisungen. Der Inhaber lässt aus gutem Grund nur bedingt Delegation zu.

Merkmale der Startphase sind: das Fehlen einer Führungskultur und -tiefe; Vertriebssysteme sind nicht oder nur bedingt vorhanden; Verantwortung und Kompetenzen werden nicht delegiert; der Inhaber lässt »Fehler« zu und betrachtet diese als Beitrag zur Verbesserung.

Die Expansionsphase

Die Unternehmensgrundlagen sind solide, der Markterfolg steigt. Die Mitarbeiter sind überzeugt, dass sie für den Erfolg stehen. Sie sehen mehrheitlich Chancen statt Risiken. Das Leistungsportfolio wird stark ausgeweitet, neue Geschäftsfelder werden angegangen, Wettbewerber aufgekauft, die Anzahl der Mitarbeiter erheblich erhöht et cetera.

Die Umsatzorientierung bekommt suchtähnliche Züge, es werden Kunden unabhängig vom Kundenwert mit gleichen Leistungen bearbeitet, immer neue Service- und Dienstleistungen bereitgestellt und die Kunden kontinuierlich an diese »Wohltaten« gewöhnt.

Die Mitarbeiterführung der Startphase wird in der Expansionsphase zur Bedrohung. Die Teams sind inzwischen stark angewachsen und es sind Mitarbeiter mit unterschiedlichen Merkmalen und Fähigkeiten dazugekommen. Das Vertragssystem ist durch die neu ausgestellten und individuell gestalteten Verträge uneinheitlich und Spielregeln sind noch immer nicht verbindlich fixiert.

Der vorhandene Erfolg und die fehlende Sensibilität für die Zukunftsanforderungen führen dazu, dass die Mitarbeiter von einer Aufgabe zur nächsten springen und jeder versucht, die entstehenden Lücken zu füllen. Ergebnis: Nach und nach gehen die Prioritäten verloren, es fehlen die Anker für die Führung der Mitarbeiter.

Da immer weitere Aufgaben hinzugekommen sind, die nur noch bedingt durch die vorhandenen Ressourcen abgedeckt werden können, wird das Verhalten zunehmend reaktiv und Aufgaben werden nach dem Motto verteilt: »Nicht wer fähig ist, erhält die Aufgabe, sondern wer gerade frei ist.«

Die Rolle des Firmeninhabers definierte sich bis dahin aus seiner Gründerfunktion. In der Expansionsphase bilden sich erste administrative und organisatorische Systeme, die Rolle des Inhabers wird institutionalisiert. Erste Ansätze, Verantwortung und Kompetenzen ernsthaft zu delegieren, werden unternommen.

Merkmale der Expansionsphase sind: Spielregeln werden aufgestellt, aber nur bedingt eingehalten; die Mitarbeiter werden zu selbstständigen Entscheidungen aufgefordert, die Führung konterkariert aber diese Entscheidungen durch ständigen Eingriff in die Tagesarbeit; die Mitarbeiter überlegen, welche Entscheidungen die Führung wohl treffen wird, sichern sich dann mehrmals ab und entscheiden sich für eine 50-Prozent-Lösung; der Inhaber sucht immer noch eher »Adjutanten« ohne eigenen Kontrollverlust. Es wird zwar der beste Innendienstleiter gesucht und es werden ausdrücklich Verantwortung und Kompetenz an diesen delegiert. Aber wehe, wenn der Innendienstleiter anders entscheidet als der Inhaber! Dann gibt es Emotionsausbrüche, rationale Verordnungen und kleine Rachegefechte. Das Resultat ist Lähmung.

Die Konsolidierungsphase

Der amerikanische Professor Ichak Adizes nannte diese Phase »die Wiedergeburt einer Organisation«. Der Vertrieb wird erwachsen. Damit verbunden ist aber ein Ablösungsprozess von althergebrachten Verhaltensweisen und Spielregeln. In dieser Übergangszeit treibt die Besprechungskultur wundersame Blüten. Alte und neue Systeme konkurrieren nebeneinander, alte und neue Mitarbeiter kämpfen um Machtpositionen. Beispielsweise versuchen langjährige Mitarbeiter mit aller Macht, ihre Positionen zu verteidigen. Unternehmensziele werden nach dem »Das haben wir schon immer so gemacht« von den langjährigen Mitarbeitern weitergelebt, während neue Mitarbeiter versuchen, Gewohntes auszuhebeln. Es gelten alte und neue Arbeitsverträge und die variable Entlohnung wird je nach Vertragsdatum unterschiedlich gehandhabt.

In der Konsolidierungsphase werden Führungsverantwortliche und Mitarbeiter benötigt, die sich an Ergebnissen orientieren und den Veränderungsprozess als positive Herausforderung begreifen. Sie müssen bereit sein, die alten Vorgehensweisen auf Effektivität und Effizienz hin zu überprüfen und Leistungen auf den Prüfstand zu stellen. Und sie müssen offen sein gegenüber der Notwendigkeit, gegebenenfalls Veränderungsverweigerer auszutauschen.

Ich persönlich glaube nicht, dass Sie alle Mitarbeiter bei diesen Veränderungen mitnehmen können. Denn der Sprung von »mehr ist besser« zu »besser ist mehr« stößt bei manchem Mitarbeiter an intellektuelle Grenzen. Die Stimmung und Moral im Vertrieb sind dann manchmal nicht die besten. Aber zum Nulltarif bekommen Sie den Wandel nicht. Einen Preis müssen Sie bezahlen: Entweder Sie bleiben im alten System, verhaftet mit dem Risiko, sich auf Sicht im Marktwettbewerb zu verlieren. Oder Sie nutzen die Chancen der Neuausrichtung und stellen sich auf die Herausforderungen von morgen ein.

Merkmale der Konsolidierungsphase sind: Auseinandersetzungen zwischen alten und neuen Mitarbeitern; Spiel- und Verhaltensregeln sind nicht eindeutig geklärt; Vereinbarungen werden getroffen, aber nicht eingehalten; der Inhaber versucht, eine Kontrollfunktion für sich zu sichern; Auseinandersetzungen können nicht gelöst werden und führen zurück in die Expansionsphase; das Team ist nicht in der Lage, sich auf einvernehmliche Ziele zu einigen und diese umzusetzen; es herrschen nur bedingt Vertrauen und Respekt unter den Mitarbeitern.

Die Reifephase

Das Unternehmen zeichnet sich durch eine Balance hinsichtlich Flexibilität und Eigensteuerung aus. Die Vertriebssysteme funktionieren, die Organisation wird kontinuierlich den Marktanforderungen angepasst. Die Unternehmensziele sind den Mitarbeitern bekannt und werden konsequent umgesetzt. Neue Aktivitäten werden als Profitcenter geführt und belasten damit nicht die Kernaktivitäten. Die Eigensteuerung und eingeführte Spielregeln aus der Konsolidierungsphase haben sich bewährt und geben ein stabiles Gerüst zur Vernetzung der verschiedenen internen und externen Schnittstellen.

In der Expansionsphase wird über zu viel Arbeit, wenig Delegation, interne Kämpfe und rein aufgabenorientiertes Personal geklagt. In der Konsolidierungsphase belasten interne Machtkämpfe, Führungsgerangel, Neuausrichtung am Markt und nicht ausreichend qualifiziertes Personal die Organisation. In der Reifephase bleiben als Herausforderung das fehlende Know-how der Mitarbeiter und erste Zeichen der Selbstzufriedenheit. Gerade in schwierigen oder erfolgreichen Zeiten neigen Unternehmen dazu, Personalentwicklungspläne herunterzufahren. Gerade jetzt ist es aber nötig, Wissen und mentale Ausrichtung in einem ständigen Spannungsfeld zu halten. Wenn Ihnen Mitarbeiter zu häufig sagen, dass sie mit den Ergebnissen sehr zufrieden sind, wird es Zeit, die Notbremse zu ziehen.

Merkmale der Reifephase sind: Es werden ehrgeizige Vertriebsziele verhandelt – meist nach unten; Statussymbole spielen erstmals eine größere Rolle; das vorhandene Wissen reicht nicht mehr für die Bewältigung der vorhandenen Komplexität aus; es wird kein Druck bezüglich der Weiterbildung ausgeübt.

2.2 Die Alterungsphasen

Die Establishment-Phase

In dieser Phase ist die Flexibilität stark zurückgegangen und Ergebnisse stellen sich nicht mehr wie gewünscht problemlos ein. Es werden kurzfristige Ziele mit sicherem Ausgang angepeilt. Gleichzeitig ändern sich Organisationsspielregeln: Nicht *was* der Vertrieb geleistet hat, steht im Fokus, sondern *wie* er es bewerkstelligt. Absicherung und Gruppenentscheidungen werden zum neuen Verhaltenskodex.

Gut erkennen können Sie die Veränderungen unter anderem an folgenden Merkmalen: Es wird Wert auf gepflegte Businesskleidung gelegt; die Anrede untereinander wird förmlicher; Diskussionen finden nur noch selten auf Fluren, in der Kaffeeküche oder während des Mittagessens in der Kantine statt, sondern institutionalisiert in durchstrukturierten Meetings in gut ausgestatteten Besprechungs- und Konferenzräumen; die Größe und Ausstattung der Büros wird exklusiver und damit einhergehend auch die Anspruchshaltung der Mitarbeiter; die Präsentationen von Konzeptideen werden zur Selbstdarstellung: wohl gewählte Worte, viel Fachchinesisch, Einsatz modernster Medien und eine Absicherungsmentalität durch eine Sowohl-als-auch-Argumentation.

Konflikte und Krisen werden gerne ausgeblendet. Es wird eine heile Welt geschaffen, die fast keine Störungen mehr verträgt. Man tut sich schwer zuzugeben, dass es nicht mehr rund läuft, denn dann würde der Änderungsbedarf die Organisation zu schmerzhaften Prozessen zwingen und die Cocooning-Situation wäre nicht länger haltbar. Es scheint leichter zu sein, die Fassade aufrechtzuerhalten, selbst um den Preis, dass man die Gesamtorganisation in arge Nöte bringt.

In dieser Phase wird viel Geld für Kontrollsysteme ausgegeben und für jeden kleinen Prozess wird ein Ablaufdiagramm entworfen. Die Frage »Was können wir besser/anders machen, damit unsere Kunden noch zufriedener sind?« wird abgelöst durch die Frage »Bin ich laut Regel dafür zuständig?«.

Der Vertrieb versucht in dieser Situation, »Bewährtes« zu perfektionieren nach der Devise: »Was in der Vergangenheit geklappt hat, muss auch in der Zukunft funktionieren.« Belohnungen für besseres Verhalten werden ausgelobt und die Mitarbeiter kassieren Incentives und Gratifikationen für Leistungen, für die sie eingestellt wurden und bezahlt werden.

Dem Team fehlt das Ziel. Wofür lohnt sich der überproportionale Einsatz, der zum Rückrudern notwendig ist? Welche sachlichen und emotionalen Motive aus der Aufgabe heraus können das einzelne Teammitglied befriedigen? Wer das Ziel nicht kennt, wird den Weg nicht finden.

In der Establishment-Phase soll möglichst alles beim Alten bleiben. Es soll sich vieles ändern, ohne etwas zu ändern. Unternehmen haben nicht den Mut, sich von unrentablen Kunden, Prozessen, Produkten und Mitarbeitern zu trennen.

Eine Parabel verdeutlicht die Situation: »Zwei Diebe werden zum Tode verurteilt. Der eine Dieb schreibt an den Fürsten, dass er drei Jahre bräuchte, dem Lieblingspferd des Fürsten das Sprechen beizubringen. ›Wie kannst Du das versprechen?‹, fragt der andere Dieb, ›Pferde können nicht sprechen.‹. ›Ich weiß, aber vielleicht ist der Fürst oder das Pferd in drei Jahren tot oder es kann tatsächlich sprechen.‹ «

Die Mitarbeiter hoffen, dass sich das wirtschaftliche Umfeld wieder beruhigt, natürlich zum eigenen Vorteil. Doch häufig werden Mitarbeiter freigesetzt, Aufgabengebiete vergrößert, Kernleistungen ausgegliedert.

Die Establishment-Phase ist durch folgende Merkmale gekennzeichnet: Zusätzliche Kontrollsysteme und variable Entlohnungssysteme werden im Vertrieb eingeführt; die Etikette verändert den internen Alltag, der Umgang untereinander wird »friedlicher«, Kompromisse werden gesucht; es werden nur noch kurzfristige Erfolgsziele bewertet; im Umgang miteinander verhält sich das Team wie ein alt gewordenes Ehepaar nach 60 Jahren Ehe.

Die Administrationsphase

Konflikte beherrschen den Alltag, das Wort Abteilung bekommt seine Bedeutung im wahrsten Sinne wieder. Meistens geht es um die Frage, wer für ein spezielles Problem verantwortlich ist, und nicht, wie eine Situation optimiert werden kann.

Es wird nach unten durchgetreten. Die Mitarbeiter erklären unisono, dass sie seit Jahren auf Missstände hingewiesen und keine Antworten erhaltten haben. Es werden Systeme gepflegt der Systeme wegen. Große Bewegung findet kaum noch statt, alles wird am liebsten schriftlich fixiert. Doch was nach außen gut organisiert aussieht, ist in Wirklichkeit nicht selten Management by Chaos. »Lochen und abheften« ist die Devise. Informationen kommen in homöopathischen Dosen, die Bringschuld wandelt sich zu einer Holschuld. Jeder Mitarbeiter grenzt nach Möglichkeit sein Arbeitsgebiet ab. Bürokratie wird zum Ritual.

Der Vertrieb schottet sich gegenüber Kunden ab, ein Callcenter ist die erste Abwehrdivision, dann E-Mail oder Internet. Kunden müssen es sich nun »verdienen«, persönlich angesprochen zu werden. Reklamationen werden unbefriedigend bearbeitet, versprochene Reaktionen auf Fragen erfolgen nicht et cetera. Der Kunde muss sich seinen Weg durch die Lieferantenorganisationen bahnen und bekommt ständig andere Informationen.

Der Unternehmenstod kann langsam, aber auch abrupt eintreten. Die Übergangszeit ist wie das Liegen auf der Intensivstation. Viele Institutionen und Personen doktern am Unternehmen herum.

Merkmale in der Administrationsphase sind: harte und unfaire persönliche Auseinandersetzungen; Konflikte stehen im Vordergrund des Alltagsgeschehens; das Unternehmen arbeitet reaktiv und wartet auf die Kunden; die Eigensteuerung erfolgt nach dem Zufallsprinzip; das Abteilungsdenken steht im Vordergrund; man hat sich mit der herrschenden Situation abgefunden.

2.3 Faktoren zur Bestimmung des Reifegrads

Die vorgenannten Phasen durchlaufen keine schrittweise Entwicklung von Punkt zu Punkt, sondern sind ein fließender Veränderungsprozess. Dieser wird auch nicht unternehmenseinheitlich vollzogen, sondern einzelne Bereiche können mit unterschiedlicher Geschwindigkeit den Wandel initiieren und umsetzen.

Zur Beurteilung der jeweiligen Position können Sie einige signifikante Veränderungen im Verhalten im Unternehmen während der angesprochenen Entwicklungszyklen entdecken, zum Beispiel:

Risikobereitschaft

- *Expansionsphase:* Die Risikobereitschaft ist stark ausgeprägt; der Vertrieb ist schnell und offen gegenüber neuen Ideen; Verluste auf der einen Seite werden durch Gewinne auf der anderen Seite kompensiert; das Vertriebsteam ist zu einem umfassenden Erfahrungsaustausch bereit; Erfolge werden gemeinsam gefeiert und »Niederlagen« als Chance für die Weiterentwicklung empfunden; das Tagesgeschäft regiert das Handeln.
- *Reifephase:* Der Erfolg wird als selbstverständlich empfunden und Negativergebnisse werden nicht mehr ohne Konsequenzen hingenom-

men; jedes Ergebnis wird analysiert und dahingehend überprüft, wie sich Gewinne steigern und Verluste vermeiden lassen; für Entscheidungen gibt es akzeptierte Ablaufprozesse.
- *Administrationsphase:* Sicherheitsaspekte bekommen einen ständig steigenden Stellenwert; alles wird durchgerechnet und vom Controlling geprüft; Budgets sind zu erstellen, ehe das Management den Daumen hebt oder senkt; es werden im Unternehmen verstärkt Worst-Case-Szenarien durchgespielt, um jeden Fehler zu vermeiden; es herrscht eine ausgeprägte Absicherungsmentalität und die Vertrauenskultur wird abgelöst durch eine Misstrauenskultur.

Leistungsbewertung

- *Startphase:* Die Mitarbeiter kämpfen um die Existenzsicherung des Unternehmens; es wird nicht lange gefragt, wer wofür zuständig ist, sondern die Mitarbeiter klinken sich flexibel und unbürokratisch in alle zu erledigenden Aufgaben ein; das Team vertraut untereinander und unterschiedliche Sichtweisen werden direkt diskutiert.
- *Expansionsphase:* Zielvereinbarungen zur vermeintlich besseren Steuerung der Mitarbeiter werden in die Vertriebsorganisation eingeführt; neue Vertriebs- und Produktideen werden mit Planzahlen verknüpft, diese sind aber eher geschätzt, da das genaue Marktpotenzial noch nicht exakt definiert ist; das Vertrauen in die Mitarbeiter, das Beste zu geben, ist noch sehr gut ausgeprägt.
- *Konsolidierungsphase:* Umfassende Kontrollsysteme werden installiert und Planzahlen budgetiert; Spielregeln für die Entwicklung neuer Ideen und deren Umsetzung werden eingeführt; weitere Funktionen werden geschaffen bei gleichzeitiger Ausweitung der bürokratischen Abläufe; es gibt Leistungswettbewerbe für Mitarbeiter; das Management vertraut noch den Mitarbeitern, möchte aber nicht mehr auf Kontrolle verzichten.
- *Reifephase:* Systeme werden perfektioniert und Entlohnungssysteme auf Basis von Erfolg und Misserfolg verfeinert; Leistungsabweichungen nach oben und unten werden unterschiedlich bewertet; Erfolg wird bonifiziert, Misserfolg aber nicht konsequent geahndet.
- *Alterungsphase:* Die Kontrollmechanismen werden immer feiner; alles wird dokumentiert und die Absicherungsmentalität der Mitarbeiter wird ausgeprägter; die Mitarbeiter versuchen, die Spielregeln zu ihren Gunsten zu verändern; Bewertungen spiegeln nicht mehr unbedingt das vorhandene Marktpotenzial wider, sondern die internen Budgets und Erwartungshaltungen.

Planzahlen

- *Startphase:* Die Planzahl lautet: »So viel Gewinn wie möglich zur Bezahlung der Startinvestitionen«.
- *Expansionsphase:* Weitergehende Planzahlen zur Steuerung des Wachstums werden aufgestellt; positive Abweichungen werden erfreut hingenommen, negative Abweichungen versucht man durch verstärkte Aktivitäten auszugleichen.
- *Konsolidierungsphase:* Zahlengerüste gehören inzwischen zum Alltag; die Mitarbeiter lernen, mit Planzahlen zu leben, sie beschäftigen sich aber auch damit, wie diese in ihrem Sinne beeinflusst werden können.
- *Reifephase:* Budgets und Planzahlen werden zu einer festen Größe. Im Irrglauben, dass Planzahlen die Realität widerspiegeln, verlieren viele dieser Budgets aber ihren tatsächlichen Sinn als Basis für eine Geschäftsplanung; Abweichungen werden nur noch bedingt als normal angesehen und flexibel und schnell durch Maßnahmen ausgeglichen.
- *Alterungsphase:* Planzahlen werden zum Ritual; das Vertriebsteam ist wochenlang damit beschäftigt, die angeforderten Planzahlen so zu formen, dass das Management einerseits zufrieden ist und andererseits der Druck auf das Team minimiert wird. Die Mitarbeiter versuchen oftmals, ehrgeizige Ziele zu vermeiden; es werden nur noch Ziele angepeilt, die unbedenklich erreicht werden können; die vereinbarten Budgets spiegeln nicht mehr vorhandene Marktpotenziale wider.

Gewinnziele

- *Startphase:* Der Vertrieb hat sich den Markteintritt auf seine Fahnen geschrieben, Umsatz, Absatz und Gewinnung von Marktanteilen stehen im Vordergrund.
- *Expansionsphase:* Gewinne ergeben sich aus Umsatz- und Marktanteilssteigerungen; das Hauptaugenmerk liegt immer noch auf der Gewinnung von Marktanteilen und der Steigerung der Marktreputation.
- *Konsolidierungsphase:* Der Vertrieb beginnt, sein Hauptaugenmerk auf die Aktivitäten zu legen, mit denen man gutes Geld verdienen kann. Die »Dinge richtig machen« wird abgelöst durch »die richtigen Dinge richtig machen«.
- *Reifephase:* Es wird alles darangesetzt, Umsatz und Ertrag in eine gute Balance zu bringen; Kostenreduktionen spielen eine immer wichtigere Rolle.

- *Establishment-Phase:* Der Gewinn steht im Vordergrund.
- *Administrationsphase:* Wo immer möglich werden Kosten reduziert, um eventuellen Ertragsverlusten zu begegnen.

Organisation

- *Start- und Expansionsphase:* Die Funktionen bestimmen die Organisationsaktivitäten.
- *Konsolidierungsphase:* Die Einhaltung von Spielregeln wird wichtiger.
- *Reifephase:* Es herrscht eine Balance zwischen Flexibilität und Spielregeln.
- *Administrationsphase:* Spielregeln erhalten einen immer höheren Stellenwert, ebenso die Einhaltung von Budgets und Zielvereinbarungen.

Marktorientierung

Eine kundenorientierte Teamausrichtung verlangt Kreativität, Flexibilität und Wandlungsfähigkeit. Die hierarchische Ausrichtung dagegen ist statisch, Rituale werden gebetsmühlenartig wiederholt. Fragestellungen können sich während der Entwicklungszyklen gravierend verändern, wie das folgende Beispiel zeigt:

- *Gründungsphase:* »Warum haben wir eine Chance, am Markt zu bestehen?«
- *Startphase:* »Was können wir dem Markt anbieten, um wahrgenommen zu werden?«
- *Expansionsphase:* »Wie können wir unseren Erfolg steigern?«
- *Konsolidierungsphase:* »Wie werden wir unseren Markterfolg stabilisieren?«
- *Reifephase:* »Wer ist am besten geeignet, die jeweilige Aufgabe in hoher Qualität zu erfüllen, und welche Regeln müssen geschaffen werden, um den Erfolg reproduzierbar zu gestalten?«
- *Establishment-Phase:* »Was muss geregelt und festgeschrieben werden, damit die Vertriebsorganisation einheitlich verwaltet werden kann?«
- *Administrationsphase:* »Wie kann ich verhindern, dass ich nicht für Abweichungen verantwortlich gemacht werde?«
- *Späte Administrationsphase:* »Warum sind wir eigentlich noch am Markt?«
- *Ruhe-Sanft-Phase:* »Nur noch 10 Jahre, dann bin ich in Rente.«

Vertriebsziele

In der Wachstumszeit spielen nur die tatsächlich erzielten Ergebnisse eine Rolle, während es in der Alterungsphase immer schwieriger wird, den Leistungserfolg für die Kunden und das eigene Unternehmen neutral zu bewerten. Irgendwann bestimmen die Regeln über die Flexibilität. In einer formalen Vertriebsorganisation haben Sie es häufig mit Skeptikern, Analysten und gemütlichen Beziehungsmenschen zu tun. Das Gegenteil finden Sie in einer flexiblen Organisation: Hier werden Ziele gepflegt, Ideen gewagt und es wird quergedacht. Bei der einen Seite ist dieses Verhalten Luxus, in jungen Teams dagegen Erfolgsvoraussetzung.

Interessant ist auch, welche Vertriebsziele in welcher Reifephase im Fokus stehen. Undifferenziert können die folgenden Einzelziele genannt werden:

- *Gründerphase:* Etablierung der Geschäftsidee im Markt.
- *Startphase:* Gewinnung von Marktanteilen.
- *Expansionsphase:* Steigerung der Verkaufszahlen.
- *Konsolidierungsphase:* Verstärkung des Ertrags.
- *Reifephase:* Balance zwischen Umsatz und Ertrag.
- *Establishment-Phase:* Steigerung des Kapitalertrags.
- *Administrationsphase:* Festigung der eigenen Funktion im Unternehmen.
- *Ruhe-Sanft-Phase:* Kämpfen ums Überleben.

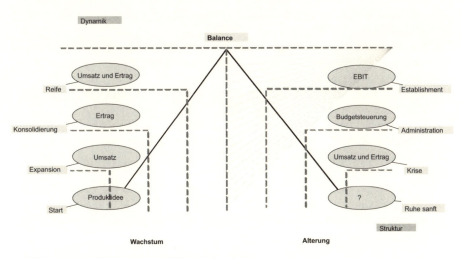

Abbildung 3: Reifephasen und Vertriebsziele

2.4 Der Sinn einer Reifephasenbestimmung

Warum diese Ausführungen über Reifephasen von Organisationen? Wenn Sie den Wandel zu einem verkaufsaktiven Innendienst wagen wollen, ist die Bestimmung der Reifephase bedeutend. Denn jede Phase benötigt andere Mitarbeitertypen, andere Organisationsausrichtungen und unterschiedliche Systeme. Die richtige Organisationsausrichtung und die geeigneten Mitarbeiter gibt es nicht. Das macht den Wandel so schwierig, denn es geht nicht nur um das Drehen an Stellschrauben, sondern in erster Linie um die Beachtung des Reifegrades Ihrer Organisation zum jetzigen Zeitpunkt. Für jede Phase bieten sich bestimmte Organisationsformen besonders an. Insbesondere die Frage der Mitarbeiterqualitäten spielt hier eine große Rolle. In der Expansionsphase benötigen Sie zum Beispiel im Innendienst Mitarbeiter, welche die Ärmel hochkrempeln, nicht auf die Uhr schauen, die Dinge vorantreiben und zunehmend auf Regeln eingeschworen werden können; in der Establishment-Phase brauchen Sie dagegen Mitarbeiter, die sich trotz Spielregeln und analytischer Kontrollwerkzeuge noch ihre Flexibilität und Kundenorientierung bewahren.

Fazit

✔ Eine administrativ ausgerichtete Innendienstorganisation umzuwandeln in ein verkaufsaktives Team ist immer verbunden mit der Frage nach dem »Reifegrad« der Organisation und der Mitarbeiter.
✔ Wachstums- und Alterungsphasen von Unternehmen durchlaufen keine schrittweise Entwicklung von Punkt zu Punkt, sondern sie sind ein fließender Veränderungsprozess.
✔ Zur Beurteilung der jeweiligen Position können Sie einige signifikante Veränderungen im Verhalten im Unternehmen während der angesprochenen Entwicklungszyklen entdecken.
✔ Eine kundenorientierte Teamausrichtung verlangt Kreativität, Flexibilität und Wandlungsfähigkeit.
✔ In der Wachstumszeit spielen nur die tatsächlich erzielten Ergebnisse eine Rolle, während es in der Alterungsphase immer schwieriger wird, den Leistungserfolg für die Kunden und das eigene Unternehmen neutral zu bewerten.
✔ Wenn Sie den Wandel zu einem verkaufsaktiven Innendienst wagen wollen, ist die Bestimmung der Reifephase bedeutend. Denn jede Phase benötigt andere Mitarbeitertypen, andere Organisationsausrichtungen und unterschiedliche Systeme.

3 Ausrichtung eines verkaufsaktiven Innendienstes

Entscheidungen im Unternehmen, zum Beispiel die Einführung eines verkaufsaktiven Innendienstes, basieren häufig entweder auf dem Prinzip Hoffnung oder auf dem Prinzip Angst. Es wird danach geschielt, was andere Unternehmen initiieren oder was gerade in Mode ist. Berater, Kongresse oder Fachpresse schaffen dann zusätzlichen Druck und pushen angebliche Trends nach oben. In den letzten 20 Jahren wurden nach meiner Kenntnis mindestens 13 neue Managementmethoden beschrieben. Von den meisten ist heute keine Rede mehr. Wenn Sie sich an viele Themen nicht mehr erinnern, ist es nicht schlimm, denn die nächste Welle kommt unweigerlich. Und was sagen die Mitarbeiter? Möglichst lange ducken und abwarten, was als Nächstes kommt. Dann brauchen wir uns nicht mehr mit der jetzigen Mode auseinanderzusetzen. Ideologien ersetzen dann ein faktenbasiertes Management.

Der Vergleich mit anderen Unternehmen (Benchmarking) ist grundsätzlich nicht verkehrt. Schon Konfuzius wusste: Erkenntnis durch Nachdenken ist weise, Erkenntnis durch Erfahrung ist schmerzhaft und Erkenntnis durch Nachahmung ist eine schnelle Methode, seinen eigenen Weg zu finden. Die Umwandlung eines überwiegend administrativ ausgerichteten Innendienstes in eine verkaufsaktive Innendiensteinheit ist zeitgemäß. Es ist deshalb sinnvoll, bei anderen Unternehmen zu schauen, wie diese ihre Innendienstorganisationen aufgestellt haben und welche Rückschlüsse für das eigene Unternehmen gezogen werden können. Wenig erfolgversprechend ist es allerdings, ein anderes Unternehmen zu imitieren. Nicht die organisatorischen Details sind häufig interessant für ein Benchmarking, sondern wie die Denkhaltung und Kultur die betrachteten Unternehmen verändert und deren Organisationsentwicklung geprägt haben.

3.1 Benchmarking mit anderen Innendienstorganisationen

Unternehmen haben verschiedene Vertriebsstrategien, Wettbewerbssituationen und Geschäftsmodelle. Dies hat zur Konsequenz, dass sich jede Vertriebsorganisation unterschiedlich aufstellen muss, um erfolgreich zu sein. Die Protagonisten von Trends – Berater und Fachpresse – neigen dazu, eine bestimmte Vorgehensweise zum Allgemeingut zu erheben. Die Reaktion von Führungsverantwortlichen ist es dann, Leistungsvergleiche anzustellen, und zwar auch dann, wenn ein Vergleich aufgrund der unterschiedlichen Rahmenbedingungen und Geschäftsmodelle kaum möglich ist. Stellen Sie sich deshalb, bevor Sie ein Benchmarking vornehmen, die folgenden Fragen:

- Worauf ist der Erfolg der betrachteten Unternehmen zurückzuführen? Ist es die Markt- und/oder Wettbewerbssituation, die Professionalität der Unternehmensorganisation, die Innovationsfreudigkeit et cetera?
- Hat eine Organisationsänderung – zum Beispiel die Einführung eines verkaufsaktiven Innendienstes – die Leistungen verbessert?
- Sind die Erfahrungen anderer Unternehmen auf Ihr Unternehmen übertragbar?
- Was würde passieren, wenn Sie einem Trend nicht folgen würden?

Nicht selten werden Vergangenheitserfahrungen auf die Zukunft projiziert, ohne zu berücksichtigen, dass sich die Bedingungen inzwischen geändert haben. Gerade Führungsverantwortliche neigen dazu, bei einem Positionswechsel die Erfahrungen der Vergangenheit auf die Zukunft zu übertragen. Was allerdings dort funktioniert hat, muss nicht unbedingt unter anderen Voraussetzungen klappen.

Trotzdem ist es ratsam, aus Vergangenheitserfahrungen und dem Handeln anderer Unternehmen zu lernen (nicht zu kopieren!). Lernen Sie zum Beispiel, wie andere Unternehmen ihren Innendienst organisiert haben, wie dort die Talente gefördert werden und welche Kultur des Miteinanders gepflegt wird. Stellen Sie einfache Fragen, zum Beispiel: Welche Aktivitäten waren maßgeblich mit dem Erfolg der Vergangenheit verknüpft? Sind die grundsätzlichen Bedingungen – Markt, Kunden, Wettbewerb et cetera – gestern und heute vergleichbar und würde die neue Ausrichtung des Innendienstes zu den Bedingungen passen? Ist die Wahrscheinlichkeit hoch, dass die Neuerungen die Leistungen der Innendienstorganisation verbessern?

Ideologien und Glaubenssätze haben in einer faktenbasierten Unternehmensausrichtung nichts zu suchen. Logik und Fakten sind entscheidend, nicht der Glaube an eine Sache. Auch wenn dies Mitarbeiter und Unternehmen antreiben kann. Sie werden feststellen, dass manchmal eine ausreichende Faktenlage für eine gesicherte Entscheidungsfindung nicht zur Verfügung steht. Ehe Sie dann gar nicht entscheiden, ist eine Entscheidung nach Nasenfaktor in wichtigen Situationen immer noch sinnvoller, als gar keine Entscheidung zu treffen. Das entbindet Sie aber nicht davon, die Faktenlage im Nachhinein zu verbessern.

Vor der Einführung eines verkaufsaktiven Innendienstes prüfen Sie die folgenden Fragen:

- Auf welchen Annahmen basiert die Idee »verkaufsaktiver Innendienst«?
- Welchen Erfolgsanteil haben Organisationsform, Ablaufprozesse und Mitarbeiterfähigkeiten an dieser Idee?
- Sind die Annahmen durch Fakten belegt oder ist der Treiber eher die innere Überzeugung?
- Wenn die Annahmen falsch waren, wird sich aus Ihrer Sicht die Idee dann trotzdem durchsetzen können?
- Welche Eventual-Möglichkeiten sehen und haben Sie, das angestrebte Ziel zu erreichen?

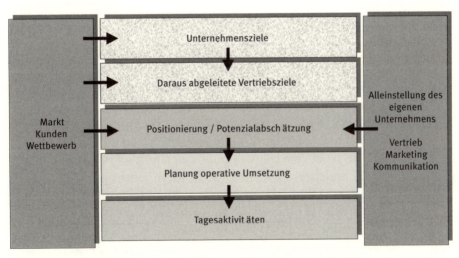

Abbildung 4: Zielsetzung auf Basis von Informationen und Fakten

3.2 Faktenorientierte Entscheidungen statt Annahmen

Entscheidungen auf Faktenbasis verändern unter Umständen bestehende Machtverhältnisse, denn hierarchische oder intuitiv geprägte Entscheidungen werden durch faktenorientierte Datenanalysen ergänzt und teilweise ersetzt. Die Ergebnisse der Analysen vermitteln dann manchmal andere Resultate als intuitiv geprägte Glaubenssätze. Gute Nachrichten erfordern keine sofortigen Entscheidungen, kritische Ergebnisse treiben Handlungen an, um Risiken auszumerzen. Hier ein Firmenbeispiel:

> Ein Unternehmen der Befestigungstechnik führte eine interne Kosten- und Leistungsrechnung ein und erfasste unter anderem die Kosten, um neue Kunden zu gewinnen und zu binden. Da vorher der Vertrieb über Gemeinkosten gesteuert wurde, war der Umsatz mit einem Kunden die wichtigste Prämisse. Mit der neuen Vorgehensweise stand jetzt der Kundenertrag im Vordergrund. Nach sechs Monaten stellte das Unternehmen fest, dass 40 Prozent der Kunden ein negatives Ergebnis verursachten. Als Konsequenz wurde der Außendienst abgebaut und ein verkaufsaktiver Innendienst für C-Kunden und B-Kunden ohne Potenzial auf den Weg gebracht.

Konzentrieren Sie sich bei der Analyse in Unternehmen nicht nur auf die Gewinner, sondern in erster Linie auf die »Verlierer«. Analysieren Sie, warum bestimmte Prozesse bei ihnen nicht geklappt haben. Wenn Ihr Unternehmen über Regionalgesellschaften oder Tochtergesellschaften verfügt, ist es möglich, Experimente mit unterschiedlichen Ansätzen durchzuführen. Ein weiteres Firmenbeispiel demonstriert diese Möglichkeit:

> Ein Unternehmen war sich nicht darüber schlüssig, was die Einführung eines verkaufsaktiven Innendienstes an Mehr bringen würde. Für eine nähere Analyse wurden zwei Regionalbüros mit vergleichbaren Voraussetzungen ausgewählt. Beim ersten Regionalbüro wurde die Organisationsform nicht verändert, allerdings wurden den Mitarbeitern sehr ehrgeizige Ziele vorgegeben und es wurde ihnen vermittelt, dass sie ein exzellentes Team seien und selbst entscheiden könnten, mit welcher Methodik und Vorgehensweise die Ziele erreicht werden sollten. Beim zweiten Regionalbüro wurde die Organisationsform verändert, Ablaufprozesse wurden klar gegliedert und Ziele mit einem Bonussystem gekoppelt. Das Ergebnis: Das erste Regionalbüro erreichte locker die Ziele, das zweite Team beschäftigte sich mit sich selbst, kämpfte mit den Ablaufprozessen und blieb weit unter Ziel.

Das Beispiel soll nicht zu der Schlussfolgerung führen, dass es richtig ist, alles beim Alten zu belassen. Ganz im Gegenteil, der verkaufsaktive Innendienst wird zu einem immer wichtigeren Teil der Vertriebsperformance. Ich will nur darauf hinweisen, dass die sich selbst erfüllende Prophezeiung – Mitarbeiter glauben an eine Idee – zwar Berge versetzen kann. Prüfen Sie aber, wenn Sie sich Unternehmen ansehen, ob der Erfolg von den Menschen kommt oder aufgrund einer Neuorganisation entsteht.

3.3 Die Vergangenheit wertschätzen

Den Innendienst vertriebsorientiert weiterzuentwickeln steht zu Recht oben auf der Agenda vieler Vertriebsorganisationen. Doch Vorsicht, sind deswegen alle Altleistungen schlechtzureden? Ist der Respekt vor den heutigen Leistungen nicht höher zu bewerten als ein Fehlschlag aufgrund »visionärer« Einsichten? Das schrittweise Anpassen der Leistungen, das Jonglieren mit neuen Ideen, die Durchführung von Experimenten sind die Zutaten für den Erfolgscocktail. Glauben Sie nicht allen sogenannten bahnbrechenden Ideen, seien Sie skeptisch, wenn nur diese Idee die Wahrheit für die Zukunft sein soll.

Weiterentwicklungen werden meist nicht von Einzelpersonen vorangetrieben, sondern von Teams. Die meisten Führungskräfte haben leistungsstarke Mitarbeiter in der Innendienstorganisation, die jeden Tag beweisen, wie sie erfolgreich das tägliche Krisenmanagement beherrschen. Beziehen Sie deshalb die Mitarbeiter in den Weiterentwicklungsprozess mit ein und machen Sie den Wandel zum »Baby« Ihrer Mitarbeiter. Wenn diese sich als Urheber der Ideen fühlen, werden sie sich auch für die Umsetzung starkmachen. C. K. Prahalad, Koautor des Bestsellers *Wettlauf um die Zukunft*, beendete einen Vortrag mit der Anmerkung: »Und denken Sie daran: Wenn jemand Ihnen sagt, er habe die Antwort, hat diese Person vermutlich die Frage nicht verstanden.«

Bei der Einführung eines verkaufsaktiven Innendienstes gibt es Chancen und Risiken. Meist ist die Neuausrichtung eine heilsame Medizin, manchmal aber auch eine bittere Pille mit Nebenwirkungen. Jede Neuausrichtung hat Stärken und Schwächen. Nehmen Sie deshalb vor grundsätzlichen Entscheidungen eine Diagnose der Arbeitssysteme und Organisationsstruktur vor. Vermeiden Sie vor allem, vorschnell Teammitglieder in gute und schlechte Leistungserbringer zu unterteilen. Ganz gefährlich wird es, wenn angebliche Top-Leistungen von einzelnen Mitarbeitern zum Maßstab für das restliche Team erhoben werden. Mitarbeiter, die entweder auf der Gewinner- oder auf der Verliererliste stehen, unterliegen nicht selten unterschiedlichen Bewertungen. Dies zeigt auch folgendes Beispiel:

> Sie kennen den jährlichen Kampf mit den Planzahlen. Sie haben einen alten »Hasen« – nennen wir ihn Müller – vor sich, der das Ritual kennt und sich entsprechend »munitioniert« hat, um die Planzahlen herunterzuhandeln. Mit vielen Argumenten schafft er es, das geplante Ziel um 20 Prozent zu reduzieren. Ein anderer Mitarbeiter – unser allseits geschätzter Meier – ist ehrgeizig und lässt sich auf ein 10 Prozent höheres Ziel ein. Am Jahresende legt Müller eine

Punktlandung hin, Meier bleibt um 2 Prozent unter seinem Ziel. Wenn Sie jetzt Müller fragen, wird er Ihnen erzählen, wie hart er gearbeitet und erfolgreich Ideen umgesetzt hat. Meier grämt sich und sieht sich als Verlierer.

Wenn jetzt die Ergebnisse nicht auf Faktenbasis gewichtet und beurteilt werden, werden Gewinner- und Verlierergeschichten gebildet und vielleicht sogar der Maßstab für zukünftiges Handeln gelegt. Schauen Sie darauf, welche Erfolgsgeschichten sich in nicht so günstig verlaufenden Prozessen wiederfinden und welche Misserfolge sich hinter Erfolgen verbergen.

Der Erfolgsfaktor schlechthin wird aber weiterhin der Mensch bleiben. Ihre Einstellung gegenüber den Mitarbeitern ist entscheidend dafür, wie Sie einen verkaufsaktiven Innendienst gestalten. Weise sind die Führungskräfte, die wissend handeln und ihr Wissen immer wieder infrage stellen. Wer weise ist, ist eher in der Lage, schnell zu handeln, seine Handlungen aber stets zu hinterfragen. Wer weise ist, neigt auch zur Bescheidenheit und fällt nicht so schnell auf Heilsversprechen herein.

Fazit

✔ Setzen Sie nicht auf Modetrends, sondern auf faktenorientierte Entscheidungen.
✔ Es ist immer interessant, sich die Entwicklungen anderer Unternehmen anzusehen. Konzentrieren Sie sich aber nicht nur auf die Gewinner, sondern auch auf die »Verlierer«, denn hier lernen Sie, was man vermeiden sollte.
✔ Übernehmen Sie keine Ideen von anderen Unternehmen, ohne die Kultur und Strukturen des eigenen Unternehmens zu berücksichtigen.
✔ Logik und Fakten sind die Basis für Neuausrichtungen, nicht der Glaube an eine Vision.
✔ Schätzen Sie die »Altleistungen« der Mitarbeiter und der Organisation hoch ein, denn nicht alles Neue muss unter Praxisgesichtspunkten besser sein als das Bewährte.

4 Der verkaufsaktive Innendienst der Zukunft

4.1 Die veränderte Rolle des Innendienstes in einem Multi-Channel-Vertrieb

Viele Vertriebsmanager erkennen, dass der Außendienst die »teuerste« Vertriebsressource ist, mit der sehr umsichtig umgegangen werden muss. Was der Online-Hype nur sehr bedingt geschafft hat, wird jetzt durch den ungeheuren Marktdruck beschleunigt. Unternehmen definieren die Aufgaben des Außendienstes neu. Dabei ist es das Ziel, Quantität durch Qualität abzulösen.

Kein Unternehmen kann es sich erlauben, Kunden zu verlieren. Auch keine C- und D-Kunden. Deshalb werden in den Unternehmen Überlegungen angestellt, welche Form der Arbeitsteilung zwischen Außen- und Innendienst zielführend ist. Da kam der Trend, dem Innendienst eine verkaufsaktive Funktion zu übertragen beziehungsweise diese weiter auszubauen, nicht überraschend.

Das bedeutet nicht, dass der Außendienst an Bedeutung verliert. Ganz im Gegenteil, er wird auch in der Zukunft eine wichtige Rolle spielen. Er wird sich aber nur noch bedingt über die quantitative Präsenz definieren, sondern vielmehr über die kompetente Bearbeitung qualitativer Kundenmanagementaufgaben. Deshalb ist die praktizierte Arbeitsteilung – hier der Außendienst mit der Kundenhoheit, dort der Innendienst mit der Erledigung von administrativen Aufgaben – nicht mehr zeitgemäß. Innen- und Außendienst müssen für ein Ziel zusammenarbeiten. Der Innendienst ist ebenso Verkäufer wie der Außendienst, beide auf unterschiedlichen Arbeitsfeldern. Doch wie sieht nach wie vor die Ist-Situation vieler Innendienstorganisationen aus?

Es herrscht überwiegend eine Abgrenzung Innendienst – Außendienst vor. Der Außendienst ist für den Kundenkontakt verantwortlich, der Innendienst für die »Sachbearbeitung« (Sprache verrät). Der Außendienst erhält regelmäßig umfangreiche Schulungen, auch während der Woche und ungeachtet der Kundenbetreuungssituation. Für den Innendienst ist oftmals höchstens alle paar Jahre ein Praxistraining drin, oft samstags, denn »wir können ja nicht den ganzen Innendienst aus der Kundenbearbeitung abziehen«. Die Gehaltsunterschiede zwischen Außen- und Innendienst sind immer noch erheblich, variable Erfolgsanteile sind im Innendienst nahezu unbekannt. Der Außendienst steht für die Erfolgsstorys, der Innendienst für den täglichen, manchmal aufreibenden »Umsetzungswahnsinn«.

Warum ist der Innendienst so untergeordnet positioniert, wenn man sich die herausragenden Leistungen vieler Innendienstorganisationen ansieht? Dazu die folgenden Beispiele:

- Innendienstmitarbeiter haben eine sehr hohe Kontaktfrequenz zu den Kunden.
- Sie sind die Schnittstellen zu den internen »Dienstleistern« – Produktion, Entwicklung, Logistik et cetera – und koordinieren als Schnittstelle die internen und externen Anforderungen.
- Sie geben viele nützliche Tipps in die eigene Organisation und zeigen Optimierungschancen für interne Prozesse auf.
- Viele Innendienstmitarbeiter verfügen über ein erhebliches fachliches Wissen und besitzen eine hohe Beratungskompetenz.

4.2 Aufgabenverteilung im Vertrieb

Innendienstmitarbeiter haben über Jahrzehnte kaum eine Lobby besessen, die diese Leistungen nach außen »verkauft«. Das wird sich ändern, die wirtschaftlichen Zwänge werden den Wandel hin zu einem verkaufsaktiven Innendienst beschleunigen. Es wird zu einer verstärkten Arbeitsteilung zwischen Außen- und Innendienst auf gleicher Augenhöhe kommen. Kommen Ihnen die nachstehenden Zahlen bekannt vor? 20 Prozent der Kunden bringen 80 Prozent des Umsatzes, 50 Prozent der Kunden erzielen nur 5 Prozent des Umsatzes. Und der Außendienst: Er investiert 50 Prozent und mehr seiner Arbeitsleistung in die Betreuung von B-Kunden ohne Potenzial sowie C-Kunden. So werden in der Vertriebsarbeit Effizienz und Rendite erschlagen. Es muss deshalb das Ziel sein, das Kundenmanagement zu optimieren nach dem Motto: »Im richtigen Moment die richtigen Informationen beim richtigen Kunden erheben und in Verkaufserfolge umwandeln.« Dies verlangt nach einer veränderten Kundenbearbeitung, die zum Beispiel wie folgt aussehen kann:

- Der Außendienst wird verstärkt für die Neukundengewinnung von wichtigen Potenzialkunden, Betreuung von A- und B-Kunden mit Potenzial und Umsetzung von Marketingmaßnahmen zuständig sein.

- Der verkaufsaktive Innendienst wird zunehmend für die Gewinnung und Betreuung von C- und D-Kunden, eigenverantwortliche Abwicklung von Vertriebsprozessen und als Netzwerkpartner bei A- und B-Kunden verantwortlich sein.

Wie sieht das Kontaktmanagement heute in Vertriebsorganisationen aus? Die meisten Tagesaufträge werden direkt durch den Innendienst von den Kunden entgegengenommen. Die Kontaktfrequenz zwischen Innendienst und Kunden ist meistens höher als zwischen Außendienst und Kunden. Die aktive Verkaufszeit der Innendienstverkäufer wird durch administrative Aufgaben geschmälert. Eine klare Zuteilung von Kunden auf Basis eines Kundenbewertungssystems gibt es selten.

Um die Kundenfrequenz unter dem Gesichtspunkt der Produktivität zu erhöhen, haben Sie grundsätzliche Optionen, beispielsweise den persönlichen Verkauf, den Verkauf per Telefon, den Online-Verkauf oder den Verkauf per Brief oder E-Mail.

Jeder dieser vier Wege ist für sich gesehen wertig, es kommt nur darauf an, welcher Kundenwert und welche Kundenerwartung dahinterstecken. Das Ziel besteht darin, Kunden besser zu betreuen und zusätzlich zur Umsatzorientierung die Ertragssituation im Fokus zu haben. Ein weiteres Ziel muss es sein, neue Kunden für das eigene Unternehmen zu begeistern. Dies bedeutet, die Kunden konsequent und regelmäßig zu kontaktieren und ihnen zuzuhören, um anschließend Mehrwerte aus Kundensicht zu entwickeln und anzubieten. Das allein kann nicht die Aufgabe des Außendienstes sein, sondern betrifft ebenso den Innendienst und andere kundennahe Bereiche – Service, Anwendungsberatung et cetera.

Es ist nur noch bedingt sinnvoll, Arbeitsschritte zu formulieren. Zielführender ist es, Arbeitsprozesse in Richtung einer kundenorientierteren Arbeitsgestaltung zu definieren. Das erfordert einen Abbau der Arbeitsteilung im Vertrieb. Kundenorientierung heute heißt, die Kunden beim Erreichen ihrer Ziele zu unterstützen, um selbst die eigenen Ziele zu erreichen. Dies ist eine Umdrehung des Denkens: Vom Markt her – auf den Markt hin. Fragen Sie deshalb Ihre Kunden:

- Wie einfach ist es für die Kunden, mit Ihrem Unternehmen zu kommunizieren?
- Sagen Ihre Kunden, ob sie sich mit ihren Wünschen von Ihrem Unternehmen verstanden fühlen?
- Fühlen sich Ihre Kunden von Ihren Mitarbeitern ernst genommen?
- Sagen Ihre Kunden, sollte einmal etwas schiefgelaufen sein, dass Ihr Unternehmen schnell auf Reklamationen reagiert?

- Werden die Zusagen gegenüber den Kunden eingehalten?
- Pflegen alle Mitarbeiter Markt- und Kundeninformationen und geben diese an Kollegen weiter?

Sie merken es schon: Alle Punkte in einer hohen Umsetzungsgüte zu gewährleisten, kann durch den Außendienst allein nicht erreicht werden. Um den Außendienst »freizuschaufeln« für wichtige Kundenmanagementaufgaben ist es ratsam, ihn weitestgehend von der Durchführung von Routineaufgaben beziehungsweise der Gewinnung und Bindung von weniger wertigen Kunden für Ihr Unternehmen zu entlasten und neue Prioritäten zu setzen.

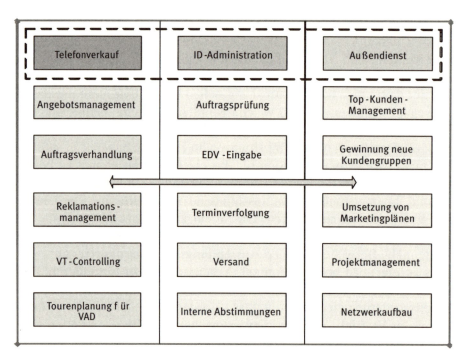

Abbildung 5: Veränderungen im Aufgabenbild der Vertriebsbereiche

Die Kunden verlangen stetig steigende Vertriebsleistungen. Teilweise können Kundenmanagementprozesse auf elektronische Plattformen verlagert werden. Dies betrifft überwiegend Prozesse mit hohen Standardisierungschancen. Doch sobald Kunden eine persönliche Betreuung wünschen, werden die Grenzen der elektronischen Systeme schnell erkennbar. Und diesen Part wird der Innendienst stärker als bisher übernehmen.

Es ist nicht damit getan, Organigramme und Ablaufprozesse zu verändern. Es bedarf vielmehr eines grundlegenden Paradigmenwandels hinsichtlich der Nutzung der vorhandenen Vertriebsressourcen und des Rollenverständnisses gegenüber dem Innendienst. Dies bedeutet, gezielt und nachhaltig in die fachliche und mentale Qualifikation des Innendienstes zu investieren.

4.3 Die Zusammenarbeit zwischen Innen- und Außendienst

Der verkaufsaktive Innendienst wird sich in den kommenden Jahren in vielen Unternehmen von einem Vertrieb zweiter Klasse zu einem gleichwertigen Vertriebswerkzeug im Kundenmanagement entwickeln. Zugleich wird der Außendienst lernen müssen, dass ihm nichts weggenommen wird, sondern dass sich sein Tätigkeitsfeld verändern wird und er durch die Übertragung von Aufgaben an den Innendienst Freiraum für wichtige Aufgaben erhält. Um diese Herausforderung zu meistern, sind folgende Punkte notwendig:

- die Verlagerung von Außendienstaufgaben an den Innendienst,
- die Überprüfung der Schnittstellen zwischen Außen- und Innendienst,
- die Aufgabenbündelung zwischen Außen- und Innendienst,
- die Verschlankung der Verwaltungsprozesse im Innendienst,
- die Schaffung eines Leistungsklimas im Innendienst, das leistungsbereite Mitarbeiter anspricht und die Kreativität fördert sowie
- die gezielte Entwicklung individueller Fähigkeiten »on the Job« – sowohl des fachlichen Know-hows als auch der Persönlichkeit.

Es wird in den kommenden Jahren immer schwieriger werden, geeignete Mitarbeiter für den verkaufsaktiven Innendienst zu gewinnen, und schon gar nicht bei der heute üblichen Gehaltsdifferenz zum Außendienst. Gute Innendienstmitarbeiter kennen inzwischen ihren Wert für die Unternehmen und fordern eine dementsprechende Positionierung (nicht Hierarchie) und finanzielle Wertschätzung ein. Unternehmen, die nicht rechtzeitig in die Aus- und Weiterbildung dieser Mitarbeiter investieren oder durch mittelfristige Personalentwicklungspläne die Besetzung vakanter Positionen sichern, werden im Kampf um die besten Talente Wettbewerbsnachteile »erleiden«.

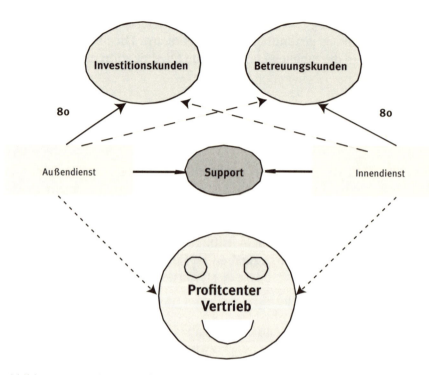

Abbildung 6: Bestimmung der Tätigkeitsbereiche von Innen- und Außendienst

Praxisbeispiel: »Teamarbeit als Erfolgsfaktor in der Vertriebsarbeit«

Ein Unternehmen der Gebrauchsgüterindustrie mit guter Auftragslage hatte sich vor einigen Jahren, um die Erfolgsgeschichte des Unternehmens abzusichern, dazu entschlossen, die Vertriebsorganisation auf den Prüfstand zu stellen und nach Optimierungschancen zu suchen. Die Vertriebsorganisation war dezentral organisiert. Schnell wurde klar, dass diese Dezentralisierung Vor- und Nachteile batte. Es war nun das Ziel, die Vorteile weiter auszubauen und die Nachteile durch Veränderungsprozesse zu minimieren. Das führte zu der folgenden Aufgabenstellung:

- Zentralisierung aller administrativen Aufgaben wie Auftragserfassung, Fakturierung oder Logistik,
- Bewahrung der regionalen Präsenz,
- Aufbau eines Informationsmanagements, auf das alle Mitarbeiter zurückgreifen können,
- Steigerung der Kundenkontaktfrequenz bei hoher Fachkompetenz,
- Vereinheitlichung der Aufgabendurchführung, zum Beispiel Angebotsmanagement, Vernetzung Innen- und Außendienst oder technische Kundenberatung.

Die Ziele dieser Aufgabenstellung waren: bundesweit einheitliche administrative Kundenbearbeitungsprozesse; Aufbau eines einheitlichen Kommunikationsstandards; Kundenbearbeitung durch Außendienstmitarbeiter in der Region; zentrale Beratung durch Innendienstmitarbeiter über eine 0800er Telefonnummer; Steigerung der fachlichen Kompetenzen von Innendienstmitarbeitern durch zentrale Schulungen; höhere Flexibilität bei Mitarbeiterausfall – Urlaub, Krankheit, Schulungen et cetera; Synchronisation der Marktbearbeitung, des Reklamationsmanagements oder des Kampagnenmanagements; Bildung von Verkaufsteams zwischen Innen- und Außendienst; schnellere Umsetzung von operativen Zielen.

Zu Beginn »holperte« die Umsetzung und es dauerte fast ein Jahr, bis erste Schwerpunkte und Spielregeln verabschiedet wurden. Es wurden die Bereiche Kundenberatung, technischer Service/Disposition, Support, Faktura und Auftragserfassung verändert. Wichtig war dabei, dass für alle Bereiche Aufgaben und Schnittstellen klar definiert wurden. Die Änderungen sahen wie folgt aus:

- *Kundenberatung:* aktiver Verkauf mit sofortiger Auftragserfassung Aufnahme und Weiterleitung von Anfragen und Angeboten Abwicklung von Leasing-Geschäften technische Kundenberatung bei einfachen Fragestellungen.
- *Technischer Service/Disposition:* Erstellung von Touren Abwicklung von Projektgeschäften Leistungsabrechnungen Unterstützung der Servicetechniker Reklamationsbearbeitung, Vorbereitung von Schulungen im Bereich Service.
- *Technischer Service/Support:* Pflege und Erstellung technischer Dokumentationen, Beschaffung von Sonderteilen Überwachung der Lagerbestände Durchführung von technischen Schulungen.
- *Faktura/Auftragserfassung:* Eingabe der Kundendienstberichte, Rechnungsvorbereitungen Erfassung aller schriftlichen und telefonischen Aufträge Anlegen neuer Kunden und Erstellung von Gutschriften, Bearbeitung von Fehllieferungen.

Der Umsetzungsbeginn war zunächst bestimmt von Mitarbeiterängsten. Sie fühlten sich nicht ausreichend eingearbeitet und manche IT-Systeme waren noch nicht tagestauglich. Durch ungeklärte Details der Aufgabendurchführung und viele ungeklärte »Altlasten« wurde erst einmal die Mitarbeitermotivation zerstört. Auf das zentrale Kundencenter kamen mit einem Schlag viele Kundenanrufe zu, die durch mangelnde Professionalität und nicht richtig verstandene Aufgabenzuteilung unbefriedigend beantwortet wurden und zu Kundenverlusten führten. Um es mit einem Wort zu sagen: Chaos. Eine Kundenzufriedenheitsanalyse brachte es auf den Punkt: Nur jeder zweite Kunde war mit dem Kundenmanagement des Unternehmens zufrieden.

Entlastung brachte die Einführung einer Telefonanlage nach dem ACD-Prinzip, welche die Steuerung, Erkennung und Auswertung von Markt- und Kundendaten ermöglichte. Um die Umsetzung zu beschleunigen, wurden die Spielregeln noch einmal mit folgendem Ergebnis überarbeitet:

- Die Mitarbeiter wurden in den Veränderungsprozess eingebunden.
- Teamentscheidungen wurden in individuellen Zielvereinbarungen integriert.
- Es wurden regelmäßig Workshops durchgeführt, um den Status quo zu überprüfen und Optimierungsmöglichkeiten auf den Weg zu bringen.
- Jeder Mitarbeiter war für einen eingehenden Kundenkontakt, wenn ein Kollege verhindert war, verantwortlich, unabhängig von der Region oder der Sachlage.
- Jeder Innendienstmitarbeiter hatte bestimmte fachliche Anforderungen zu erfüllen – EDV-Kenntnisse, englische Sprachkenntnisse, Grundkenntnisse in Controlling et cetera.
- Jeder Innendienstmitarbeiter übernahm Patenschaften für bestimmte externe oder interne Aufgaben.

Das Ergebnis nach weiteren zwei Jahren: Die Erreichbarkeit der Innendienstmitarbeiter stieg von 78 Prozent auf 92 Prozent, mehr als 50 Prozent der Kunden waren überzeugte Kunden und 44 Prozent zufriedene Kunden. Das Erfolgsrezept basierte, im Nachhinein betrachtet, auf folgenden Punkten:

- Bei der Strategieentwicklung wurden die Mitarbeiter vorab in den »Gärungsprozess« einbezogen.
- Nach einer Strategieentscheidung wurde ohne Wenn und Aber die Umsetzung von den Mitarbeitern eingefordert.
- Es wurden nachvollziehbare Schnittstellen zwischen Innen- und Außendienst gebildet.
- Die Aufgabenstellungen zwischen Außendienst und verkaufsaktivem Innendienst wurden aufeinander abgestimmt.

Fazit

✔ Der Außendienst ist die teuerste Ressource des Vertriebs, mit der sehr umsichtig umgegangen werden muss.
✔ Kein Unternehmen kann es sich erlauben, Kunden zu verlieren. Aber kein Unternehmen kann es sich künftig noch erlauben, einen teuren Außendienst für C- und D-Kunden bereitzustellen.
✔ Heute ist häufig eine Abgrenzung Außen- und Innendienst festzustellen. Diese Denkhaltung geht zulasten der Produktivität. Eine Vernetzung der beiden Vertriebsbereiche ist deshalb zeitgemäß.
✔ Kundenorientierung bedeutet, den Wert der Kunden zu erhöhen, um selbst wertiger zu werden.
✔ Veränderungen anzugehen ist ein langwieriger Prozess. Unternehmen brauchen deshalb einen langen Atem und den Mut, getroffene Entscheidungen immer wieder infrage zu stellen.

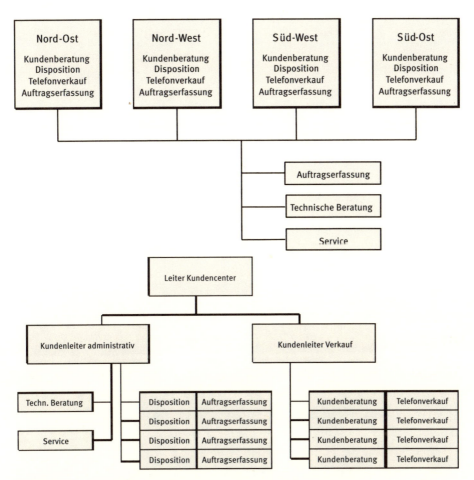

Abbildung 7: Vertriebsausrichtung im Vorher-Nachher-Vergleich

5 Grundlagen der Mitarbeiterführung

Für viele Unternehmen wird es in der Zukunft schwirig werden, geeignete Mitarbeiter für ihren verkaufsaktiven Innendienst zu finden. Engagierte, flexible und fachlich gut ausgebildete Inndienstprofis suchen sich schon heute ihre Arbeitgeber aus. Es findet gerade in diesem Personalbereich ein Wandel von einem Arbeitgeber- zu einem Arbeitnehmermarkt statt. Verkaufsaktive Innendienstler suchen nicht nur ein gutes Gehalt, sondern auch Erfüllung und Sinngebung bei ihrer beruflichen Tätigkeit. Aus diesem Grunde ist es sinnvoll, einige grundsätzliche Gedanken über das Verhalten von Unternehmen und Mitarbeitern anzustellen.

5.1 Authentizität von Mitarbeitern fördern

Viele Menschen ändern ihr Verhalten, wenn sie ihren Arbeitsplatz einnehmen. Doch warum ist das so? Unterscheidet sich Arbeit von anderen Lebensbereichen? Menschen sind doch nicht so innerlich gespalten, dass sie sich von 8.00 Uhr bis 17.00 Uhr anders verhalten als von 17.00 Uhr bis 8.00 Uhr.

Schauen Sie sich das Thema »Incentives« an. Müssen Unternehmen Bestechungsgelder ausloben, damit die Mitarbeiter das tun, wofür sie eingestellt und bezahlt werden? Geben Sie persönlich Ihren Kindern ein Incentive, damit sie ihre Schularbeiten erledigen?

Es herrscht größtenteils die Ansicht, dass sich Arbeit vom restlichen Leben unterscheidet. Die Spiel- und Verhaltensregeln werden zwischen beruflichem und privatem Leben unterschieden, Hierarchie- und Statusfragen ändern im Berufsleben das Verhalten von Menschen. Wo im Privatleben ein Miteinander angestrebt wird, wird im Berufsleben ein permanentes Wettbewerbsverhalten als positiv betrachtet. Privat werden Kreativität und Experimentierfreude gelobt, im Berufsleben sollen die Mitarbeiter nach klaren Vorgaben agieren.

Hier soll nicht dem Laisser-faire das Wort geredet werden. Regeln und Einhaltung von Vereinbarungen sind notwendig, um zum Beispiel klare und zielgerichtete Ablaufprozesse einer Organisation zu gewährleisten. Aber wo sind die Grenzen? Ist es akzeptabel, dass die Mitarbeiter noch abends mit dem Blackberry »bewaffnet« jederzeit erreichbar sein müssen? Dient es dem Unternehmenszweck, eine strikte Kleiderordnung mit wenig Spielraum zu erlassen mit der Botschaft »Wir sitzen alle im gleichen Boot und erfüllen die Aufgaben«?

Ich treibe die Provokation noch ein wenig weiter. Mitarbeiter sollen es akzeptieren, dass sie sich am Arbeitsplatz anders zu verhalten haben als im Privatleben, dass die Kontrolle über ihre Zeit von anderen ausgeübt wird, dass nur die Chefs die Autorität haben, Entscheidungen zu treffen, und dass umzusetzen ist, was ihnen vorgegeben wurde.

Es ist doch paradox. Unternehmen stellen Mitarbeiter wegen ihrer Fähigkeiten ein und sagen ihnen dann immer wieder, wie eine Aufgabe genau zu erledigen ist. Unternehmen stellen für viele Dinge, und seien sie noch so unwichtig, Regeln auf und verlangen, dass sich die Mitarbeiter daran halten. Die Mitarbeiter werden im Einhalten von Regeln geschult und überwacht, eine Abweichung wird schnell kommentiert und im Negativfall abgestraft. Damit werden Mitarbeiter identifiziert, die nicht regelkonform genug sind oder die Regeln verinnerlicht haben. So laufen die Unternehmen Gefahr, die Fähigkeiten der Mitarbeiter nicht zu nutzen.

Handlungen, die im Privatleben verpönt sind, werden im Berufsleben gefördert, zum Beispiel Wettbewerbsdenken und Egoismus. Mitarbeiter versuchen unter diesen Rahmenbedingungen, ihre Position im Unternehmen unter Vortäuschung gespielter Verhaltensweisen bis hin zu Täuschungen voranzubringen. Die Vermittlung authentischer Emotionen durch Führungspersonen – gegenüber den richtigen Mitarbeitern zum richtigen Zeitpunkt – stärkt dagegen die Unternehmenskultur und den Unternehmenserfolg. Gute Führungskräfte wissen, dass der Preis hoch ist, wenn Mitarbeiter zu falschen Gefühlen »gezwungen« werden.

Unternehmen kümmern sich zu wenig um die Sinngebung. Die Konsequenz: Selbst gute Mitarbeiter empfinden Arbeit als ein Übel, das aus finanziellen Gründen nicht zu vermeiden ist. Der Spruch am Mittwoch vom »Bergfest« oder die Bemerkung am Montag »Freitag ist der schönste Tag« sind hierfür bezeichnend. Im Unternehmen sollen Aufgaben erledigt werden, die Sinngebung hat im Privatleben stattzufinden. Diese Botschaft haben viele Mitarbeiter inzwischen verinnerlicht.

In der Vergangenheit wurden die Mitarbeiter zu wenig an Veränderungsideen beteiligt. Das hat dazu geführt, dass die Mitarbeiter annehmen, dass ihre Meinung nicht gefragt sei und dass die gewohnten Vorgehensweisen richtig seien, weil sie immer schon so durchgeführt wurden. Wenn die Führungsverantwortlichen nicht erkennen, wie wichtig die Einbeziehung der Mitarbeiter in die Zukunftsgestaltung ist, werden sie nur bedingt die Mitarbeiter ins Boot holen. Deshalb ist es nicht zielführend, die Mitarbeiter in vorgestanzte Rollen zu zwängen, die ihren Werten und Verhaltensweisen widersprechen.

5.2 Mitarbeiter arbeiten nicht nur für Geld

Wenn Mitarbeiter das Gefühl haben, nur für Geld zu arbeiten, verhalten sie sich entsprechend. Sie versuchen, mit wenig Einsatz viel »Schmerzensgeld« herauszuschinden. Damit entsteht ein Kampf um die Kontrolle des Arbeitsplatzes. Natürlich bieten Kontrolle und Regeln unter Berücksichtigung von »Stolperfallen« einige Vorteile:

- Rollenkonflikte werden durch die Trennung von Arbeit und Privatleben reduziert. Durch klare Vorgaben kann die Mitarbeiterproduktivität erhöht werden. Allerdings benötigen Sie einen Mitarbeitertyp, der Befehlsgewalt wünscht beziehungsweise akzeptiert.
- Durch Anordnungen kann eine schnellere Umsetzung von Entscheidungen erreicht werden. Die Kontrolle der Durchführung ist allerdings sehr aufwendig.
- Privatangelegenheiten werden im Beruf ausgeblendet und belasten nicht die Konzentration auf die beruflichen Aspekte. Vordergründig ist das zwar richtig, aber wer kann sich schon auf die beruflichen Aufgaben konzentrieren, wenn daheim »der Kittel brennt«?
- Regeln vermindern die Zahl subjektiver Entscheidungen und führen zu einem »verlässlichen« Verhalten. Allerdings prägen nicht selten Hierarchie und Status die Aufstellung von Regeln und führen zu einem Durchsetzen egoistischer Ziele.
- Über Kontrolle und Regeln kann die Loyalität der Mitarbeiter gegenüber den Unternehmenszielen abgelesen werden. Das kann allerdings dazu führen, dass die Kreativität und das ständige Infragestellen des Status quo im Sinne der Unternehmensweiterentwicklung verkümmern.

Gerade Innendienstorganisationen werden in Zukunft mit weniger Mitarbeitern mehr leisten müssen. Administrative Tätigkeiten werden zunehmend automatisiert und standardisiert, heutige Aufgaben des Außendienstes – Betreuung von C-Kunden, proaktives Cross-Selling et cetera – werden vom Innendienst übernommen. Der verkaufsaktive Innendienst klinkt sich in den Vertriebscontrolling-Prozess ein und steuert als Schnittstelle zwischen Kunden und internen kundennahen Bereichen die Vertriebsperformance.

Glauben Sie, dass Sie diese Mitarbeiter auf Basis von Kontrolle und Regeln für eine Eigenverantwortung begeistern können? Oder dass Sie neue Mitarbeiter, die ihre Fähigkeiten und ihren Wert kennen, bewegen können, sich aktiv für Ihr Unternehmen zu engagieren? Der verkaufsaktive Innendienst benötigt in den kommenden Jahren einen Typus, der kann, will, aber auch *darf*. Aus meiner Sicht ist es wichtig, durchlässigere Grenzen zwischen Berufs- und Privatleben zu erzeugen.

5.3 Schaffen Sie Loyalität durch Integration

Bauen Sie Loyalität durch Integration auf. Interessieren Sie sich für die familiären Belange der Mitarbeiter. Im Innendienst arbeiten zum Beispiel häufig Frauen, die teilweise die Doppelbelastung Familie und Beruf in Einklang bringen müssen. Überlegen Sie gemeinsam mit den Mitarbeiterinnen, wie die immer stärker werdende berufliche Herausforderung mit privaten Belangen vernetzt werden kann. Dieses Vorgehen bietet eine gute Chance, die zwischenmenschlichen Beziehungen weiterzuentwickeln.

Vermeiden Sie, dass sich Mitarbeiter so verhalten, wie es ihrer Meinung nach von ihnen erwartet wird. Menschen, die sich ständig verstellen, sind nicht bei sich selbst, sondern leben in einer angenommenen Welt. Das ist anstrengend und kontraproduktiv und führt auf längere Sicht zu Ermüdungserscheinungen bis hin zum Burnout. Unterstützen Sie im Gegenteil die Mitarbeiter darin, ihre Fähigkeiten zu erkennen und auf freiwilliger Basis dem Unternehmen zur Verfügung zu stellen. Kreativität entsteht, wenn vorhandenes Wissen genutzt wird, die eigene Persönlichkeit akzeptiert wird, Gedankenfreiheit gelebt wird und verbal kritische oder positive Wahrnehmungen geäußert werden können.

Sie können sicher sein, dann entstehen mehr Ideen und eine größere Ideenvielfalt. Diese benötigen Sie für die Gestaltung und Weiterentwicklung des Innendienstes. Beziehen Sie das Innendienstteam stärker in die Gestaltung von Organisation und Arbeitsplätzen ein. Teams bilden soziale Einheiten. Eine Berücksichtigung der persönlichen Interessen bei der Gestaltung von Arbeitsbedingungen steigert die Arbeitseffizienz und die Mitarbeiterzufriedenheit. Das ist die Grundlage, das Mitarbeiterpotenzial an Können, Wissen und Einsatzbereitschaft zu nutzen.

Vermitteln Sie dem Innendienstteam die Ziele des Unternehmens und lassen sie es teilhaben an der Erarbeitung von Umsetzungsmaßnahmen. Diese Prozesse zu steuern erfordert einen zeitlichen Einsatz der Führungsverantwortlichen. Die aufgewendete Zeit ist aber eine bessere Investition als die alleinige Kontrolle von Mitarbeitern. Führungskräfte helfen somit den Mitarbeitern, ihre Rollen und Aufgaben zu definieren und stetig im

Sinne der Unternehmensziele zu verändern. Nullsummenspiele mit wenigen Gewinnern und vielen Verlierern verzehren dagegen Ressourcen, die für die Zukunftsentwicklung benötigt werden.

Schauen Sie sich das Beispiel eines Unternehmens an, das in der Mitarbeitersteuerung im Innendienst andere Wege gegangen ist:

Das Unternehmen erzielte 1981 ein Umsatzvolumen von 25 Millionen Euro. Es war regional aufgestellt und besaß eine kleine, jederzeit austauschbare Produktpalette. Das Unternehmen wurde durch den Gründer nach klaren Spielregeln geführt, die Mitarbeiter arbeiteten akkurat das Tagesgeschäft ab. Der Senior verabschiedete sich aus dem Tagesgeschäft und übertrug die Verantwortung seinem Sohn. Dieser stellte alle Spielregeln auf den Prüfstand und fing zügig an, die Eigenverantwortung der Mitarbeiter zu stärken. Täglich neue Botschaften signalisierten den Mitarbeitern, dass eine kritische Auseinandersetzung mit der Zukunft erwünscht war. Hierfür einige praktische Beispiele:

- Die Zeiterfassung wurde abgeschafft, die Anwesenheit nicht mehr kontrolliert. Die Mitarbeiter waren für die Aufgaben und Projekte verantwortlich und es wurde festgestellt, ob diese im vereinbarten Zeitrahmen erledigt wurden, unabhängig von der eingesetzten Wochenarbeitszeit.
- Die Mitarbeiter wurden aufgefordert, mehr intern zu kommunizieren. Das führte dazu, dass Teams nach anfänglich langsamem Vortasten in regelmäßigen Abständen miteinander frühstückten (während der Arbeitszeit!) und dabei Projekte und Vorgehensweisen diskutierten. Führungskräfte waren während der Runden unerwünscht.
- Das Unternehmen besaß ein Ferienhaus mit acht Schlafplätzen, Sauna und gut eingerichteter Küche. Gemäß den Spielregeln musste ein Team keinen Grund nennen, wenn es sich hier zu einem Workshop traf oder Arbeitssitzungen abhielt. Nicht die hierarchische Stellung entschied, wer in das Haus durfte, sondern wer sich zuerst anmeldete. Das führte dazu, dass manchmal die Auszubildenden das Haus belegten, wenn das Management dort tagen wollte (dies wurde seitens des Managements akzeptiert). Es durfte nicht in Restaurants gegessen werden, sondern es musste immer selbst gekocht werden mit anschließender gründlicher Küchenreinigung.
- Wenn ein Mitarbeiter kranke Kinder zu Hause hatte, wurde im Team organisiert, wie die häuslichen und beruflichen Belange

- vernetzt werden konnten. Und das ohne Abstimmung mit der Personalabteilung.
- Die Mitarbeiter nutzten diese Freiheiten, um im Sinne der Unternehmensziele kreativ zu sein. Nur wenige missbrauchten diesen Spielraum für ihre persönlichen Interessen. Die Arbeitsplätze waren oft noch spät abends gut gefüllt, selbst an einem Freitag. Sogar samstags kamen Mitarbeiter, die noch wichtige Aufgaben aus ihrer Sicht zu erfüllen hatten, ins Büro. Das Wort »Überstunden« wurde zu einem Fremdwort, Mehrarbeit wurde nicht entlohnt. Stattdessen war der Firmeninhaber großzügig bei guten Jahresergebnissen.

Das Resultat: Dieses Unternehmen ist über die Jahre hinweg kontinuierlich gewachsen und verantwortet heute ein Umsatzvolumen von mehr als einer Milliarde Euro.

Sicherlich handelt es sich hier um ein Musterbeispiel, das nicht auf jedes Unternehmen übertragbar ist. Eines zeigt sich aber immer wieder: Wenn Unternehmen ihre Mitarbeiter, besonders im Innendienst, »von der Leine lassen« und ihnen uneingeschränktes Vertrauen schenken, verändern sich die Leistungen und die Unternehmensergebnisse positiv. Die Mitarbeiter im verkaufsaktiven Innendienst benötigen Spielraum und Vertrauen, um die Herausforderungen der Zukunft meistern zu können.

Fazit
- ✔ Engagierte, mobile und fachlich gut ausgebildete Innendienstprofis suchen sich schon heute ihre Arbeitgeber aus.
- ✔ Die Vermittlung authentischer Emotionen durch Führungspersonen – gegenüber den richtigen Mitarbeitern zum richtigen Zeitpunkt – stärkt die Unternehmenskultur und den Unternehmenserfolg.
- ✔ Wenn Mitarbeiter das Gefühl haben, nur für Geld zu arbeiten, verhalten sie sich entsprechend.
- ✔ Gerade Innendienstorganisationen werden in Zukunft mit weniger Mitarbeitern mehr leisten müssen.
- ✔ Schaffen Sie Loyalität durch Integration.
- ✔ Wenn Unternehmen ihren Mitarbeitern, besonders im Innendienst, mehr Freiraum lassen und ihnen uneingeschränkt vertrauen, steigen die Leistungen und die Unternehmensergebnisse wachsen.

5.4 Mitarbeiter auf ein gemeinsames Ziel ausrichten

Für den Erfolg des Innendienstes, gerade während einer Neuorientierungsphase, ist es wichtig, die Mitarbeiter auf ein Ziel hin auszurichten. Wenn man Führungskräfte nach den Unternehmenswerten aus ihrer Sicht befragt und anschließend die Mitarbeiter, ist es immer wieder erstaunlich. festzustellen, wie sehr die Vorstellungen auseinandergehen. Dann wird auch klar, warum die Führungsarbeit für viele Innendienstleiter so schwierig ist.

Diese unbefriedigende Ausrichtung verzeiht der heutige Verdrängungsmarkt nur noch bedingt. Deshalb muss es das Ziel der Führungsverantwortlichen sein, die Mitarbeiter zielorientiert zu steuern. Dabei stehen vier Führungsziele im Vordergrund:

1. Sicherstellung, dass das Innendienstteam im Sinne der Unternehmensziele optimal zusammenwirkt,
2. konsequente Umsetzung der verabschiedeten Strategie in einem optimalen Verhältnis von Aufwand zu Erfolgsbeitrag,
3. Übertragung von Kompetenzen an fähige Innendienstmitarbeiter zur eigenverantwortlichen Bearbeitung von definierten Geschäftsfeldern und Kunden,
4. Optimierung der Mitarbeiterfähigkeiten zur Erreichung der Unternehmensziele.

Dabei ergeben sich folgende Möglichkeiten:

- *Die Einzelkämpfer-Methode:* Sie diskutieren im Team diverse Lösungsmöglichkeiten und versuchen es dann durch »Management by Trial and Error«.
- *Die klassische Methode*: Sie engagieren einen externen Berater, der Ihnen sagt, was für Ihr Unternehmen gut ist.
- *Die wirkungsvolle Alternative:* Sie nutzen ein System, das schnell und aussagefähig Unterschiede in den Wertvorstellungen von Führungsverantwortlichen und Mitarbeitern feststellt und die Ist-Situation bezüglich Führung, Vertriebsausrichtung aus Vorgesetzten- und Mitarbeitersicht und Entscheidung über die zukünftige Ausrichtung zur konsequenten Umsetzung der Unternehmensziele erfasst und analysiert.

Das WeEGA-System

Ich habe mit Kollegen das WeEGA-System entwickelt – ein Analyseinstrument, um unkompliziert divergierende Werteverständnisse von Führungsverantwortlichen und Defizite in der Zielvermittlung zu identifizieren. Dabei können bis zu 15 Aktionsfelder ausgewählt werden (vergleiche Abbildung 8). Die Abbildung 9 zeigt, wie stark die Abweichungen im Werteverständnis sein können.

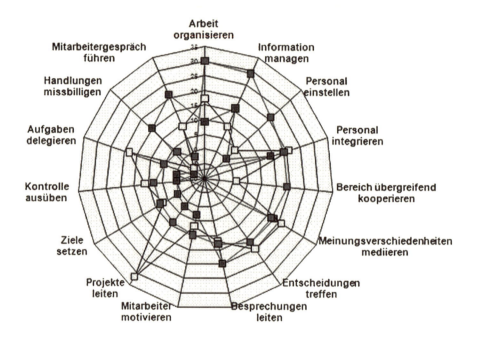

Abbildung 8: Das WeEGA-System identifiziert die Ist-Situation eines Innendienstteams hinsichtlich »Führung mit einheitlichen Werten und Zielen« und »Vertriebs-Power durch klare Vorgehensweisen«

Das System bietet sich sowohl für Einzelerhebungen als auch für umfassende Befragungen an. Nach der Auswertung von bis zu 300 Fragen, enthalten in einem WeEGA-Fragebogen, stellen Sie fest:

- Werden die Unternehmenswerte verstanden und akzeptiert?
- Werden die Unternehmensziele verstanden und akzeptiert?
- Verstehen die Mitarbeiter, was sie genau leisten sollen?
- Ist die Umsetzung der Vertriebsstrategie gewährleistet?

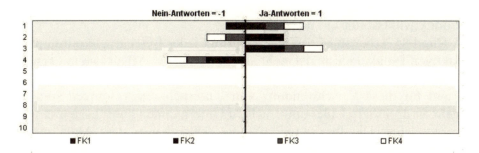

Abbildung 9: Werteverständnis und (Miss-)Erfolg in der Zielvermittlung

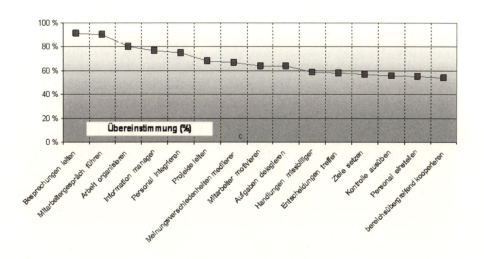

Abbildung 10: Übereinstimmungen und Abweichungen sowie Grad der Gewissheit

Das WeEGA-System findet nicht nur Übereinstimmungen oder Abweichungen mit den Unternehmenswerten, Führungsgrundsätzen oder Umsetzungsfähigkeiten heraus, sondern auch den Grad der Gewissheit (vergleiche Abbildung 10). Denn Mitarbeiter können sich mit den Wertegrundsätzen grundsätzlich identifizieren, aber trotzdem unsicher über deren Umsetzung sein. Welche Auswirkungen derartige Auswertungen auf die Unternehmensergebnisse haben können, zeigen die Ergebnisse einer Produktivitätsstudie aus dem Jahre 2005:

Rund 84 Arbeitstage pro Jahr verbringt jeder Beschäftigte mit unproduktiven Tätigkeiten; das ist mehr als ein Drittel der Arbeitszeit mit einem finanziellen Gegenwert von über 360 Milliarden Euro jährlich. Hauptgrund für diese Verschwendung von Unternehmensressourcen sind in mehr als drei Viertel aller untersuchten Unternehmen Führungsfehler von Vorgesetzten. Die Produktivitätsstudie zeigt ebenso, dass Abteilungen schlecht zusammenarbeiten, unzureichend vernetzt sind und Konflikte in Arbeitsteams nur bedingt gelöst werden. Sie belegt außerdem, dass Führungskräfte Unternehmensziele unterschiedlich verfolgen und interpretieren und Unternehmensleitlinien unterschiedlich vorleben.

Unternehmen verlieren Geld, wenn »Sand im Getriebe« ist. Diese Reibungsverluste kosten Energie, Geld und Zeit und verzehren somit dringend benötigte interne Ressourcen. Was hat dies alles mit dem Innendienst zu tun? Ganz einfach, der Innendienst als Schnittstelle ist oftmals der Puffer zwischen den unterschiedlichen Interessen der eigenen Unternehmensbereiche und den Kundenwünschen und muss dafür sorgen, dass die Kunden von diesen Defiziten nichts mitbekommen.

Wer den WeEGA-Prozess durchführt, stellt Differenzen schnell fest und kann passende Führungs- und Handlungsalternativen definieren mit dem Ziel, diese im operativen Alltag umzusetzen. Der Vorteil: Ein kontinuierlicher Review-Prozess misst die Entwicklungsfortschritte. Der WeEGA-Prozess erfolgt in fünf Schritten:

- *Schritt 1:* Zuerst erarbeiten die Führungsverantwortlichen ein Führungsmodell für den Vertrieb. Dabei geht es um die Frage: »Was soll im operativen Geschäft abgestellt werden und was ist förderlich für den Unternehmenserfolg?«
- *Schritt 2:* Die Führungskräfte durchlaufen als Erste den WeEGA-Prozess, um Führungsunterschiede auf ihrer Ebene wahrzunehmen. In einem Gruppengespräch oder individuellen Auswertungsgesprächen reflektieren die Führungskräfte ihr Führungsverständnis.
- *Schritt 3:* Jetzt beantworten die Innendienstmitarbeiter den WeEGA-Fragebogen. Die Zahl der Teilnehmer spielt dabei keine Rolle. Es müssen auch nicht alle Aktionsfelder abgearbeitet werden.
- *Schritt 4:* Die Auswertungen ergeben die Differenzen zwischen den Vorstellungen der Führungsverantwortlichen und jenen der Innendienstmitarbeiter. Auf dieser Basis können jetzt Maßnahmen hinsichtlich Führung und Steuerung beschlossen werden.

- *Schritt 5:* Mit gezielten Workshops und Trainings werden die Mitarbeiter auf dem Weg zum erwünschten Verhalten unterstützt. Review-Termine sichern die Umsetzungsqualität ab.

Ziel des WeEGA-Systems ist, Theorie und individuelle Unternehmenspraxis zu verbinden, um den Unternehmenserfolg nachhaltig zu sichern. Mit dem WeEGA-System wird sichergestellt, dass der Innendienst in Einklang mit der Vertriebsstrategie agiert. Das System definiert und dokumentiert Handlungsempfehlungen. Der Einsatz eines derartigen Systems bringt mehrfachen Nutzen:

- Effiziente operative Prozesse steigern die Rendite.
- Die Führungsverantwortlichen erhalten Handlungsempfehlungen.
- Die Zusammenarbeit der verschiedenen Unternehmensbereiche wird deutlich verbessert.
- Mitarbeiter werden intensiver in Entwicklungsprozesse eingebunden.
- Die Verkaufsprozesse werden nachhaltig verbessert.
- Mitarbeiter-Benchmarks zeigen unterschiedliche Denkweisen beziehungsweise legen Fähigkeiten offen.

Fazit

✔ Für den Innendiensterfolg, gerade während einer Neuorientierungsphase, ist es wichtig, die Mitarbeiter auf ein Ziel hin auszurichten.
✔ Reibungsverluste kosten Energie, Geld und Zeit und verzehren somit dringend benötigte interne Ressourcen.
✔ Effiziente operative Prozesse steigern die Rendite.
✔ Mit Analysesystemen wie dem WeEGA-System können Sie schnell und kostengünstig Führungsvorstellungen und Mitarbeitersichtweisen abgleichen.

6 Gestaltung von erfolgreichen Innendienstteams

Neuausrichtungen im Innendienst sind immer mit Unruhe und Unwägbarkeiten verbunden. Warum Risiken eingehen, wenn es doch bequemer ist, den Ist-Zustand zu erhalten? Ganz einfach: Innendienstorganisationen, die nicht aus Markt- und Kundensicht immer wieder ihre Strukturen auf den Prüfstand stellen, altern und verlieren unter Umständen teilweise ihre Handlungsspielräume. Entweder es wird gehandelt oder man läuft Gefahr, eines Tages behandelt zu werden.

Stagnierende Organisationen minimieren auf Dauer ihre Wachstumschancen. Wachstum muss nicht zwangsläufig mit Umsatzwachstum gleichgesetzt werden. Es ist auf vielen Handlungsfeldern möglich – Produkte, Märkte, Prozesse et cetera. Viele Bereiche sind allerdings volatil, beispielsweise:

- Wachstum durch Produktideen ist dann besonders erfolgreich, wenn dadurch die Produktivität der Kunden gesteigert wird.
- Wachstum durch kundenorientierte Mehrwertkonzepte – Logistik, IT-Lösungen, Supply-Chain-Management et cetera – gehört die Zukunft; es wird die »Spreu vom Weizen« im Wettbewerb trennen.
- Wachstum über eine Reduktion des Kapitaleinsatzes durch Optimierung von Prozessen und Strukturen bietet Renditechancen für Kunden und Vertrieb gleichermaßen.

In der Vergangenheit haben sich Unternehmen überwiegend über Produktlösungen und Ressourceneinsatz am Markt differenziert. Nur: Produkte werden immer vergleichbarer und der Ressourceneinsatz wird durch Entwicklungen auf der Ertragsseite, steigende Rohstoffkosten und ein globalisiertes Wettbewerbsumfeld kritischer.

Die Produkt-Power wird zunehmend durch Mitarbeiter-Power ersetzt. Das »intellektuelle Kapital« der Mitarbeiter wird zum Wachstumstreiber. Die Veränderungen in Organisationen haben unter anderem das Ziel, Strukturen und Kommunikationsplattformen für kreative und ideenreiche Mitarbeiter weiterzuentwickeln. Der verkaufsaktive Innendienst organisiert in Zukunft verstärkt die Kommunikation zwischen internen kundennahen Bereichen und externen Kunden. Er vermittelt gezielt Ideen und Informationen nach außen und dient als wichtige Schnittstelle für Impulse, Anregungen und Wünsche von Kunden nach innen.

Der Stellenwert des Innendienstes steigt stetig. Das Zulassen und Fördern von Ideen und die Verstärkung des Wissensaufbaus und der Kommunikation wird zu *dem* Kapital. Der Innendienst ist der Unternehmensteil, der auch in Zukunft häufig den meisten Kontakt mit Kunden pflegt. Dort fließen die Markt- und Kundeninformationen zusammen und können in Zukunftsideen umgewandelt werden. Es sind oft nicht die großen Visionen, die den Erfolg bringen, sondern die täglichen vielen kleinen Schritte, die Umsetzung naheliegender Verbesserungspotenziale.

Viele Innendienstorganisationen sind »gealtert«. Die Prozesse haben sich eingeschliffen, Regeln gelten fast als unumstößlich, die eigenen Sichtweisen über die Ausprägung der Aufgaben scheinen manchmal zementiert zu sein. Dies gilt es zu ändern. Entscheidend für die erfolgreiche Gestaltung eines zukunftsorientierten Innendienstes sind der Aufbau und die Förderung einer kooperativen Intelligenz. Es stellt sich die Aufgabe, aus einer »gealterten« eine »flexible« Denkschule zu schaffen. Flexible Innendienstteams sind nicht davon abhängig, wie lange das Unternehmen schon am Markt existiert. Innendienstteams der Zukunft agieren kooperativ und kommunikativ und akzeptieren, dass nicht alles regelbar ist. Offene Punkte werden nicht als Nachteil, sondern als Herausforderung empfunden.

Flexible Teams haben Spaß daran, Herausforderungen mit Fantasie und Vorstellungskraft anzunehmen und Ziele immer wieder neu zu definieren. Der Innendienst der Zukunft wird zu einem wichtigen Vertriebswerkzeug zur Erreichung langfristiger und ehrgeiziger Vertriebsziele.

Gute Innendienstteams wollen mitwirken können. Führungsverantwortliche müssen sich von dem Anspruch verabschieden, alles »im Griff« haben zu wollen. Gute Mitarbeiter wünschen sich die Freiheit, sich einbringen zu können, und die Erlaubnis, auch einmal einen »Fehler« machen zu dürfen. Weiterentwicklungen von Innendienstorganisationen sind nur auf der Basis von Vertrauen und Transparenz möglich. Wo dieses nicht vorhanden ist, entsteht kein Nährboden für eine akzeptierte und positiv empfundene Veränderungskultur. Je mehr Kontrolle, desto weniger Leistung; je mehr Freiraum, desto mehr Spaßfaktor als Vertrauensvorschuss.

Der bekannte Soziologe Holger Rust sagt zu Recht: »Mit dem geistigen Kapital der Mitarbeiter ist es so wie mit jedem Kapital, das gewinnbringend eingesetzt werden soll: Die riskantesten Anlageformen versprechen die höchsten Gewinne. Sie werden nicht jeden Mitarbeiter auf diesem Weg der veränderten Denkbasis mitnehmen, aber Sie werden in den meisten

Fällen überrascht sein, dass Sie mehr Mitarbeiter ›umdrehen‹ können als verlieren werden.«

Innovative Wege der kontinuierlichen Neuorientierung verlangen, dass neben Fachwissen und Qualifikation auch die persönlichen Eigenarten der Teammitglieder einen Wert an sich darstellen. Das Team wandelt sich von der Gruppe bezahlter Mitarbeiter zum internen Berater und Trendsetter. Gelebte Teamorientierung erfordert sowohl eine positive Streitkultur und die Zulassung unterschiedlicher Meinungen als auch die Akzeptanz, dass die Mitarbeiter persönliche Interessen verfolgen und ihre Positionen verteidigen. Der Unterschied zu den gewohnten Organisationsspielregeln besteht darin, dass sich alle nach harter, aber fairer Auseinandersetzung auf einen gemeinsamen Nenner einigen können. Dass man den gefundenen Weg auch mitgeht, ob man den Kompromiss liebt oder nicht. Das Wort »Kollege« kommt aus dem Lateinischen und bedeutet »aus unterschiedlichen Richtungen kommend den gleichen Weg gehen«.

Gerade die Unterschiedlichkeit von Menschen macht den Gewinn einer Organisation aus. Erfolgreiche Innendienstorganisationen benötigen mehr Mitarbeiter mit einem selbstbewussten Ego. Dann ist die Chance groß, mutige Mitarbeiter zu fördern, die Veränderungsideen in die Diskussion bringen und andere Teammitglieder dafür sensibilisieren.

Innendienstorganisationen, die versuchen, alles perfekt zu machen, werden im Mittelmaß landen. Besonders anfällig ist man dafür, alle Vorgänge mit Kennziffern zu belegen und am besten vier Stellen hinter dem Komma zu bewerten. Die Konsequenz: Die Mitarbeiter versuchen, sich abzusichern und auf eventuelle Kritiken vorzubereiten. Gelassenheit ist angesagt, wenn Versuche nicht sofort erfolgreich sind.

> **Praxisbeispiel: Flexible Innendienstteams**
>
> Ich habe in einem Unternehmen gearbeitet, in dem eine Organisationsänderung selten länger als sechs Monate Bestand hatte. Organisationspläne wurden ständig umgeworfen, wir nannten uns selbst »Spaghetti-Organisation«. Aber dafür hatten die Teams die Freiheit, selbst zu entscheiden, wann, wo und wie lange sie zusammensaßen.
> Die Mitarbeiter erarbeiteten selbstständig operative Strategien und Umsetzungspläne und besaßen die Kompetenzen, diese auch umzusetzen. Die tarifliche Arbeitszeit interessierte viele Mitarbeiter nicht, der Begriff »Überstunden« war ein Fremdwort ohne finanziellen Ausgleich. Und das Ergebnis: Von 1981 bis 1996 wuchs der Umsatz von 90 Millionen Euro auf über 800 Millionen Euro.

Wissensaufbau und -vermittlung, Mitarbeiterqualität und -einstellung sind die Erfolgsparameter der Zukunft. Innendienstteams tragen dazu bei, festgefahrene Kundenbeziehungen in lebendige und kreative Kundenbindungen umzuwandeln. Konsequenz: Die ständige Weiterentwicklung von Innendienstorganisationen wird der Standard und der Markt erfordert es, Regeln immer wieder infrage zu stellen.

Mitarbeiter werden zur wichtigsten Wertquelle. Wer Wachstum will, muss die Mitarbeiter ansprechen und begeistern. Die meisten Mitarbeiter haben Angst vor Veränderungen. Neustrukturierungen haben deshalb nicht nur die Aufgabe, eine faktische Neuorientierung vorzunehmen, sondern auch möglichst alle Mitarbeiter auf diesem Wege mitzunehmen. Die Mitarbeiter der Zukunft arbeiten nicht mehr im Unternehmen, sondern am Unternehmen.

6.1 Die Auswahl von verkaufsaktiven und administrativen Innendienstmitarbeitern

In den kommenden Jahren werden Unternehmen Anstrengungen unternehmen müssen, um starke Persönlichkeiten für ihren Innendienst zu gewinnen. Gleichzeitig gilt es, Überlegungen anzustellen, wie sie mit den nicht leistungsbereiten Mitarbeitern umzugehen gedenken. Nur gut geführte Organisationen ziehen begabte Mitarbeiter an. Dafür brauchen Sie keinem Großunternehmen anzugehören. Auch Mittelständler haben die Chance, leistungsstarke Mitarbeiter für sich zu gewinnen. Das zeigt auch das folgende Beispiel:

> Ein Unternehmen mit 300 Mitarbeitern und einer ausgeprägten menschen- *und* zielorientierten Führungskultur beteiligt sich jedes Jahr an der Ausschreibung »Top-Job«. Bei der renommierten Initiative wird bereits seit sechs Jahren herausragende Personalpolitik in mittelständischen Unternehmen ermittelt und honoriert. Dieses Unternehmen qualifizierte sich inzwischen mehrmals für die besten 100 Arbeitgeber im deutschen Mittelstand. Regelmäßig melden sich potenzielle Mitarbeiter bei dem Unternehmen, unabhängig von dessen Personalsuche, um mehr Informationen über Möglichkeiten des Einstiegs zu erhalten. Das Unternehmen wächst, ohne Unternehmenszukäufe, jährlich zwischen 7 und 12 Prozent. Der überwiegende Verkaufspart wird durch einen verkaufsaktiven Innendienst gesteuert. Der Erfolg ist nicht nur auf innovative Produkte zurückzuführen, sondern basiert zu einem großen Teil auf der hohen Mitarbeiterqualität und dem großen Engagement der Mitarbeiter.

Natürliches Talent wird nicht selten überbewertet. Der Psychologe Benjamin Schneider sagt: »Menschen machen den Arbeitsplatz aus, wie diese ihn mit ihren Fähigkeiten und Persönlichkeiten ausfüllen.« Das Verhalten von Organisationen wird überschätzt. Wichtiger ist, wie mit den Mitarbeitern innerhalb der Organisation umgegangen wird. Nach dem Gesetz der Trägheit sind Menschen nur schwer zu ändern. Schulungen und Trainings, Druck und Incentives führen nur bedingt zu Verhaltensänderungen. Teamkulturen entstehen meist durch die Mitarbeiter, die eingestellt beziehungsweise lang im Unternehmen bleiben. Deshalb ist es wichtig, die »richtigen« Mitarbeiter in ein Unternehmen zu holen, die zu seiner Unternehmenskultur und seinen Werten passen.

Manche Berater neigen zu der Empfehlung, dass sich ein Unternehmen konsequent von Nicht-Leistern trennen solle. Der Psychologe Dean Keith Simonton, der sich seit langer Zeit dem Thema »Größe und Genie« gewidmet hat, kommt nach zahlreichen Studien zu dem Schluss: »Ganz gleich, wo Sie hinsehen – es ist immer dieselbe Geschichte mit nur minimalen Abweichungen. Identifizieren Sie die 10 Prozent, die am stärksten zu einem Unterfangen beigetragen haben, und dann zählen Sie die Leistungen der verbleibenden 90 Prozent, die sich auf demselben Gebiet bemüht haben. Das Ergebnis der ersten Zählung wird immer das der zweiten übertreffen.«

Die Konsequenz: Setzen Sie alles daran, nur die besten Leute an Bord zu holen. Gehen Sie möglichst wenige Kompromisse ein. Überdenken Sie Ihre Einstellungsprozesse. Für den Innendienst reichten in der Vergangenheit allemal aussagekräftige Arbeitszeugnisse aus. Heute wird viel Wert auf Schulabschlüsse – Realschule, Gymnasium, Weiterbildung – gelegt. Was diese oftmals wert sind, zeigt die Praxis. Was nützen Arbeitszeugnisse, die aus Gefälligkeit für einen stressfreien Abschied aus einem Unternehmen »getürkt« wurden? Welche Aussage haben Zeugnisse, wenn der Bewerber eine geringe soziale Kompetenz aufweist oder nicht zu den Werten des Unternehmens passt?

Überprüfen Sie die Parameter für das Einstellungsprozedere für zukünftige Innendienstmitarbeiter. Der Schaden, den eine nicht geeignete Person in diesem Bereich für das Unternehmen anrichten kann, kann immens sein. Testmöglichkeiten sind unter anderem: Angebote für Studenten, in den Semesterferien im Unternehmen zu arbeiten; Persönlichkeitstests; Erfassung des Intelligenzquotienten; Probezeiten am Arbeitsplatz; strukturierte Bewerbungsgespräche sowie die Überprüfung der Zielorientierung durch geeignete Testverfahren.

Zur Beurteilung von Mitarbeitern bieten sich drei Ebenen an: Intelligenz, Talent und Weisheit.

Intelligenz

Neben der kognitiven Intelligenz spielt die praktische Intelligenz im Innendienst eine bedeutende Rolle. Es kommt dabei insbesondere auf die Fähigkeit an, sich auf die wichtigen und dringlichen Dinge zu konzentrieren. Eine notwendige Fähigkeit besteht aber auch darin, gut auf Menschen einzugehen und eine hohe Stressresistenz zu besitzen. Es hält sich hartnäckig der Glaube, dass erfolgreiche Führungskräfte erfolgreiche Mitarbeiter anlocken. Diese Mär kann wissenschaftlich nicht repräsentativ belegt werden. Die Gefahr ist eher groß, dass Führungskräfte sich mit gleichgepolten Mitarbeitern umgeben und damit das Team klonen. Aber gerade die Andersartigkeit von Menschen ist ein Gewinn für das Team. Kein Mitarbeiter deckt alle fachlichen und mentalen Bereiche ab. Wenn sich die Teammitglieder ihre Fähigkeiten und Ideen »schenken«, ergibt $1 + 1 = 3$.

Was nützen fleißige Mitarbeiter, wenn sie nicht kompetent sind? Aber nicht unter den 10 Prozent der Besten zu sein bedeutet nicht, inkompetent zu sein. Der Kampf um »Talente« wird nicht selten überbewertet. Intelligenz ist immer noch der aussagekräftigste Indikator für Arbeitsleistungen, er korreliert aber nur um 0,4 mit der Leistung. Der Variationsgrad, den ein Indikator wiedergibt, entspricht der Korrelation zum Quadrat. Damit macht Intelligenz nicht mehr als 16 Prozent der Leistungsvariation aus. Das bedeutet nicht, dass die Messung des IQ nicht sinnvoll ist, sondern dass dieser Wert nur einer von mehreren Werten sein muss. Bedenken Sie auch, dass die Leistung von Zeit zu Zeit schwanken kann.

Talent

Ein Hindernis bei der Beurteilung von Talent ist die psychologische Voreingenommenheit von Vorgesetzten. Vorgesetzte, die Mitarbeiter selbst eingestellt haben, beurteilen diese in der Regel positiver, als wenn es sich um Mitarbeiter handelt, die durch andere eingestellt wurden. Selbst eingestellten Mitarbeitern trauen wir mehr Fähigkeiten und Talent zu, andernfalls haben wir Sorge, dass uns von außen unsere Beurteilungsfähigkeiten abgesprochen werden.

Ein weiterer Punkt ist die Entwicklung von Menschen. Viele Mitarbeiter sind sich ihrer Fähigkeiten nicht bewusst oder nutzen sie nicht entsprechend. Warum ist das so? Talent entwickelt sich durch die Förderung von Kindesbeinen an: wie ein Mensch geführt wird, welches Selbstvertrauen unterstützt wurde, welche Informationen und Sichtweisen über die Umwelt vorherrschten et cetera. Talent ist viel stärker formbar als vielfach angenommen und unterliegt deshalb bei seiner Beurteilung Vorurteilen und Fehlern.

Außergewöhnliche Leistungen entstehen in der Regel durch jahrelange Praxis. Deshalb ist es verwunderlich, dass in manchen Innendienstorganisationen die Altgedienten nicht mehr so viel wert sein sollen, nur weil junge Mitarbeiter vielleicht mehr Dynamik zeigen. Jedoch: Der junge Mitarbeiter geht fünf Schritte mit großem Elan, der Altgediente benötigt nur zwei Schritte für das gleiche Ergebnis. Unabhängig davon, wie begabt einzelne Mitarbeiter sind, je erfahrener sie in der Zusammenarbeit werden, desto stärker werden die Teams. Teamergebnisse entstehen durch Vertrauen und optimale Kommunikation untereinander. Teams gleichen ihre Stärken und Schwächen miteinander aus.

Wie im Sport gibt es im Innendienst manchmal diese ewigen Talente, »befördert bis zur Unfähigkeit«. Die Annahme, jemand sei talentiert, verleitet bei den Betroffenen zu der Annahme, sich nicht engagieren zu müssen. Kognitive Fähigkeiten sind aber gleichwohl zu entwickeln. Auch hier gilt das Gesetz der sich selbst erfüllenden Prophezeiung: »Wenn du glaubst, es ist möglich, kannst du es schaffen; wenn du glaubst, du schaffst es nicht, wirst du es auch kaum schaffen.« Für Führungsverantwortliche bedeutet dies: Wer nur auf die 10 Prozent der A-Leistungsträger setzt, wird 90 Prozent der Mitarbeiter sträflich vernachlässigen. Wer dagegen die unterschiedlichen Fähigkeiten zu einem guten Mix zusammenfügt, der schafft eine Teamatmosphäre, die Großes bewirken kann.

Selbst die stärksten Mitarbeiterpersönlichkeiten können schlecht arbeitende Systeme und Prozesse nicht »heilen«. Die Leistung des Innendienstes hängt in hohem Maße von der vorhandenen Infrastruktur ab. Deshalb gilt es, alle Facetten der Leistungskette zu betrachten und Faktoren für unbefriedigende Leistungen zu identifizieren. Finden Sie heraus, ob alle Mitarbeiter ihr Bestes gegeben haben und dieses unter den gegebenen Umständen auch geben konnten.

Dauerhafte Leistungen werden durch Gewissenhaftigkeit sowie mentale und fachliche Unterstützung gefördert. Betrachten Sie deshalb nicht nur die Leistungen der Best-Performer, sondern auch die der anderen Teammitglieder. Prägen Sie sich *alle* guten Leistungen von *allen* Mitarbeitern ein, um eine zu schnelle Vor-Beurteilung zu vermeiden.

Der Psychologe Lee Ross erkannte schon 1977: »Wir legen zu viel Wert auf die Persönlichkeit, Präferenzen und den Einsatz Einzelner ... Dagegen unterschätzen wir die Rolle des Umfelds, der Kultur oder des Systems.« Gerade der Innendienst arbeitet in einem starken unternehmensinternen Kontext. Er ist abhängig von vielen Entscheidungen anderer Bereiche. Wir laufen bei der Beurteilung der Innendienstmitarbeiter deshalb Gefahr, diesem Kontext zu wenig Aufmerksamkeit zu schenken, und betrachten eher die einzelnen Mitarbeiter statt die vorhandenen internen Systeme.

All dies bedeutet nicht, sich nicht von unfähigen oder unwilligen Mitarbeitern nach diversen Schulungs- und Unterstützungsangeboten konsequent zu trennen. Nur: Schlechte Systeme richten gerade im Innendienst einen höheren Schaden an als schlechte Mitarbeiter. Ein schlechtes System lässt auch das größte Genie wie einen Vollidioten aussehen.

Weisheit

Weisheit ist die wichtigste Fähigkeit und zeichnet leistungsstarke Teammitglieder aus. Intelligenz ist wichtig. Aber Entscheidungen zu treffen auf Basis des Wissens und gleichzeitig die Grenzen des eigenen Wissens zu kennen ist weise. Weisheit ist ein Treiber, die Grenzen des Wissens immer wieder neu auszuloten und neugierig auf neues Wissen zu sein. Ermutigen Sie deshalb die Mitarbeiter, die Ist-Situation immer wieder infrage zu stellen. Es fördert die Weisheit. Akzeptieren Sie »schwierige« Teampartner als Gewinn:

- *Offensive Kritiker:* Sie fühlen sich für Probleme verantwortlich, revidieren Fehler und informieren anschließend das Team, damit sich die Fehler nicht wiederholen.
- *Offensive Hinterfrager:* Diese identifizieren die Fehler anderer, um daraus zu lernen und das System weiterzuentwickeln.
- *Selbstkritische Verursacher von Fehlern:* Sie haben den Mut, das Team und den Vorgesetzten über einen verursachten Fehler zu informieren, damit andere den gleichen Fehler nicht noch einmal begehen.
- *Dauerhafte Fragesteller:* Diese Mitarbeiter sind nie mit etwas zufrieden und hinterfragen ständig, ob das Team den Status quo nicht verbessern kann.

Alphatiere behindern nicht selten die Teamentwicklung. Die besten Leistungen werden in den Innendienstteams erbracht, wo sich jeder auf seinem Arbeitsplatz als Anführer sieht. Kooperation setzt voraus, dass das Ansehen aus der geleisteten Arbeit jedem zukommt und damit dem Team und nicht einzelnen Teammitgliedern. Klugen Mitarbeitern kommt manchmal mehr Ansehen zu als weisen. Aber die weisen Mitarbeiter sind es, die das Team dauerhaft nach vorn bringen.

6.2 Mitarbeitertypen im Innendienst

Das Persönlichkeitsprofil schlechthin eines verkaufsaktiven Innendienstmitarbeiters gibt es nicht. Gerade die Mischung unterschiedlicher Fähigkeiten und Charakteren macht den Wert eines Teams aus. Vorsicht ist geboten, einen Idealtyp zu beschreiben und das Innendienstteam zu klonen. Jeder Mensch besitzt Eigenarten und besetzt Persönlichkeitsfelder, die nur er in dieser Art leben kann.

Es gibt viele Persönlichkeitstests, die für sich in Anspruch nehmen, die »Wahrheit« herausfinden zu können. Auf solche Tests kann man jedoch verzichten. Wem steht es an, seine Persönlichkeit oder Testverfahren zum Maßstab anderer Menschen zu machen? Testverfahren, die Mitarbeiter bewerten und in Klassifikationen wie »gut/schlecht« oder »geeignet/nicht geeignet« einordnen, werden den Menschen nicht gerecht. Testverfahren haben in erster Linie die Aufgabe, die Fähigkeiten von Mitarbeitern zu erkennen, unabhängig davon, ob diese bewusst oder unbewusst sind. Viele Tests sind auch sehr schwammig, gespickt mit Konjunktiven, bei denen sich die Nutzer je nach Belieben etwas herauslesen können.

Ich bin persönlich nicht grundsätzlich gegen Testverfahren. Ich sehe sie allerdings als »Stützräder« zusätzlich zur persönlichen Wahrnehmung an. Bevor Sie sich Gedanken über Mitarbeitertypen machen, beantworten Sie sich die folgenden Fragen:

- Welches sind die Ziele Ihrer Innendienstorganisation für die kommenden Jahre?
- Welche Aufgaben bleiben unverändert bestehen, welche werden/müssen sich verändern?
- Welche besonderen persönlichen Fähigkeiten erfordern die Aufgabenerfüllungen?
- Welche Ressourcen zur Erreichung der wesentlichen Ziele werden benötigt und welche stehen Ihnen zur Verfügung?
- Welche Prozesse können verändert/automatisiert werden?

Klären Sie außerdem vorab folgende wesentliche Faktoren:

- Welche Mitarbeiter mit welchen Fähigkeiten stehen Ihnen heute zur Verfügung?
- Welche Mitarbeiter können Sie durch Training qualifizieren, um deren Fähigkeiten besser zu nutzen?
- Reichen diese Mitarbeiterressourcen aus, die angepeilten Ziele zu erreichen?
- Wenn nein, was ist zu tun beziehungsweise was ist möglich?
- Welche Kompromisse können Sie eingehen, ohne die Ziele aus den Augen zu verlieren?

Bleiben Sie einmal bei einem gebräuchlichen, klischeehaften Testverfahren: Die Einteilung von Mitarbeitern nach Farbfeldern. Die Interpretationen dazu lauten:

- *Die »grünen« Typen:* Das sind eher Kümmerertypen, die jeden zufriedenstellen wollen, dabei aber vergessen, ausreichend Ego-Ziele einzufordern. Diese Mitarbeiter sind an »guten« Tagen sozial, achtsam, ermutigend, mitfühlend, ruhig und freundlich. An »schlechten« Tagen sind sie fügsam, stur, vertrauensselig und streberisch.
- *Die »roten« Typen:* Mitarbeiter dieses Typs geben eher ständig Gas und haben ein Macherprogramm in sich. Sie laufen Gefahr, andere Menschen mit ihrer Energie zu überfordern. Sie sind an »guten« Tagen wetteifrig, fordernd, entschieden, zielbewusst, willensstark und anordnend. An »schlechten« Tagen sind sie aggressiv, beherrschend, antreibend, arrogant und intolerant.
- *Die »blauen« Typen:* Diese Mitarbeiter sind sehr detailorientiert und versuchen faktengesteuert, alles richtig zu machen. Sie neigen aber dazu, im Detail hängen zu bleiben und das Übergeordnete aus den Augen zu verlieren. Sie sind an »guten« Tagen vorsichtig, genau, besonnen, fragend und analytisch. An »schlechten« Tagen sind sie langweilig, misstrauisch, unentschlossen und reserviert.
- *Die »gelben« Typen:* Mitarbeiter dieses Typs sind eher enthusiastisch und überzeugend, aber manchmal zu schnell und zu hektisch in ihren Aktionen. Diese Mitarbeiter sind an »guten« Tagen umgänglich, dynamisch, überzeugend und ausdrucksstark. Dagegen sind sie an »schlechten« Tagen erregbar, hektisch, indiskret und voreilig.

Wie gesagt, seien Sie vorsichtig mit derartigen Pauschalierungen. Was ich aber meist in Seminaren und Beratungsaufträgen feststelle, ist, dass in den Innendienstteams nach dieser Clusterung »Kümmerertypen« die Mehrheit darstellen. Es kommt natürlich darauf an, welche Produkte Ihr Unternehmen vertreibt. Wenn Sie zum Beispiel pharmazeutische Produkte oder Ingenieurleistungen anbieten, benötigen Sie sicherlich eher Mitarbeiter mit einem hohen »blauen« Anteil. In diesen Branchen kommt es auf Details an und weniger auf »Pi mal Daumen«. Wenn Sie dagegen Katalogware vertreiben, werden mehr »rote« Typen benötigt, die jetzt und heute den Auftrag haben wollen und aktiv darum kämpfen.

Prüfen Sie also, welche Typen für Ihren Markt, Ihre Produkte und Ihre Zielsetzungen notwendig sind, um den verkaufsaktiven Part zu stärken. Lassen Sie bewusst Andersartigkeit zu, denn sie ist ein Gewinn für Ihr Team.

6.3 Die Teambildung im Innendienst

Die Neuausrichtung von Innen- und Außendienst darf nicht dazu führen, dass Bürokratie und Hierarchie auf- beziehungsweise ausgebaut werden. Es ist eher eine gute Chance, Veränderungen in den Strukturen und Ablaufprozessen vorzunehmen und Hierarchien abzubauen. Dadurch dass der Innendienst zukünftig noch mehr Aufgaben verantworten wird, und dies bei eher weniger Mitarbeitern, steigen die Anforderungen an die fachlichen und mentalen Fähigkeiten, zum Beispiel Kommunikationsstärke. Um die erweiterten Leistungen erbringen zu können, benötigen die Mitarbeiter einen größeren individuellen Spielraum.

Wo der Außendienst in der Kundenbearbeitung eher der Einzelkämpfer ist, ist eine Einzelkämpfermentalität in einem verkaufsaktiven Innendienst nur bedingt zielführend. Dem Innendienst wurde in der Vergangenheit kaum offiziell Verantwortung übertragen. Das heißt nicht, dass er unverantwortlich gehandelt hat. Ganz im Gegenteil. Die Innendienstmitarbeiter haben in vielen Fällen dafür gesorgt, dass unbefriedigende Ablaufprozesse und Vertriebsentscheidungen gegenüber Kunden und innerhalb des Unternehmens »geheilt« wurden. Sie haben aufgrund ihrer langjährigen Erfahrung oftmals einfach entschieden.

Wenn jetzt allerdings offiziell Kompetenzen auf die Innendienstmitarbeiter übertragen werden, ändern sich mit hoher Wahrscheinlichkeit die emotionalen Befindlichkeiten der Mitarbeiter. Es ist schon etwas anderes, offiziell beauftragt zu werden, als im operativen Alltag intuitiv und/oder erfahrungsgesteuert zu entscheiden. Die heutigen Innendienstleistungen werden zum Beispiel kaum mit Kennzahlen gemessen und Erfolg oder Misserfolg festgestellt. Und jetzt überlegen Sie einmal, was die Mitarbeiter zu Beginn umtreibt, wenn Kennzahlen und Erfolgsmessungen im Innendienst eingeführt werden – Lustgewinnung oder Schmerzvermeidung?

Das Thema »Team« wirkt in den Überlegungen von Vertriebsverantwortlichen, Trainern und Beratern scheinbar wie ein Allheilmittel gegen unbefriedigende Strukturen und Systeme. Doch vergessen Sie nicht, dass Top-Leistungen immer noch von Einzelpersonen erbracht werden. Deshalb bedarf es stets einer Mischung aus Einzel- und Teamleistungen. Wenn auf Teamarbeit gesetzt wird, muss das Teamergebnis *immer* positiver sein als die Ergebnisse einzelner Mitarbeiter. Wenn 1 + 1 nicht 3 ergibt, warum sollten Sie dann Teams aufbauen?

Teamstrukturen bieten vielerlei Vorteile, zum Beispiel: Wissenstransfer der Mitarbeiter untereinander, mentale und fachliche Unterstützung einzelner Mitarbeiter durch Kollegen, Verlagerung von Projektaufgaben auf Teams, Übertragung von Mitarbeiterpatenschaften für neue Mitarbeiter, Übernahme von Sprecherfunktionen von Mitarbeitern gegenüber der Führung oder Primus-inter-pares-Funktionen für definierte Handlungsfelder.

Die Weitergabe von Kompetenzen an Mitarbeiter oder Teams muss stets einzelfallorientiert erfolgen. Es ist schwierig, kollektive Kompetenzen zu übertragen, denn dann ist jeder und niemand im Zweifelsfall für die Verteilung des Bärenfells – Erfolg oder Misserfolg – zuständig. Konsequentes Predigen von kollektiver Verantwortung kann zu einer Trittbrettfahrermentalität führen. In guten Zeiten hat der Erfolg viele Väter, in schwierigen Zeiten beginnt das große Fingerzeigen, und zwar meist auf die anderen.

6.4 Die emotionalen Grundlagen der Teamarbeit

Um nicht Team mit »Täglich einen anderen mobben« zu übersetzen, ist es wichtig, den Buchstaben einen anderen Sinn zu geben:

- *T = Trauen:* Nur wo gegenseitiges Vertrauen und Respekt herrschen, können erfolgreiche und weniger erfolgreiche Zeiten gemeinsam bewältigt werden.
- *E = Erleben*: Erfolge gemeinsam genießen und aus »Niederlagen« miteinander lernen schafft Nähe, Transparenz und Berechenbarkeit.
- *A = Anerkennung:* Wo kein Klima der Anerkennung herrscht, fehlt der Treiber für herausragende Leistungen.
- *M = Motivation:* Die Führung ist für die Motive – Spaß, Freiraum, Kreativität, Kompetenzübergabe et cetera – verantwortlich, die Mitarbeiter für ihre Motivation auf Basis der angebotenen Motive.

Berücksichtigen Sie, um die Teambildung zu stabilisieren, einige Grundmotive der meisten Mitarbeiter:

- *Sicherheit:* Mitarbeiter bevorzugen gleichbleibende Zustände. Unsicher machen nicht durchschaubare Risiken, Veränderungen, Neuerungen, Informationsdefizite und Änderungen der Tagesroutine. Lösung: Stellen Sie bei neuen Aufgabenstellungen und Änderungen nicht das Neue heraus, sondern das Bewährte, das Neue als Weiterentwicklung der bisherigen Aufgaben, den unveränderten Wert für die Mitarbeiter und die mehrheitlichen Gefühle und Motive der Mitarbeiter.
- *Vertrauen:* Mitarbeiter wünschen sich Zuwendung und Vertrauen sowie eine Leitperson mit persönlicher und fachlicher Autorität. Negativ auf den Faktor Vertrauen wirken sich unsichere Gefühlslagen aus, eine

diffuse Vorbildfunktion des Managements, »Grüppchenbildung« und Informationsdefizite. Lösung: Begegnen Sie den Mitarbeitern mit Rücksicht und generellem Vertrauen, Bauen Sie auf ehrliches Interesse an den Mitarbeitern und bevorzugen Sie eine Personen- statt einer Sachorientierung.

- *Anerkennung:* Jeder Mitarbeiter wünscht sich Geltung und Anerkennung mit unterschiedlicher Intensität und möchte sich positiv gegenüber der Führung darstellen. Lösung: Argumente wiegen dann schwerer, wenn sie das Ansehen und Prestige der Mitarbeiter steigern, Arbeitsleistungen anerkannt und ehrlich verbal geäußert werden und auf Manipulationsversuche verzichtet wird.
- *Selbstwert:* Viele Mitarbeiter besitzen heute ein hohes Selbstwertgefühl. Dieses nicht zu befriedigen erzeugt Unsicherheit. Lösung: Zeigen Sie durch Verlässlichkeit ein berechenbares Führungsverhalten, behandeln Sie Gleiches gleich und Ungleiches ungleich und liefern Sie transparente Informationen und präzise Argumente. Achten Sie die Persönlichkeit der Mitarbeiter.
- *Unabhängigkeit:* Ein Großteil der Mitarbeiter strebt umfassende Unabhängigkeit an und ist bereit, die Konsequenzen daraus zu tragen. Die Mitarbeiter wehren sich gegen zu enge Vorschriften und Richtlinien. Lösung: Verzichten Sie auf Bevormundung und setzen Sie auf Eigenverständnis. Teilen Sie den Mitarbeitern besondere Projektaufgaben zu und stärken Sie durch diese Beraterfunktionen ihr Selbstwertgefühl.

Bauen Sie Innendienstteams auf, die Ihren Vertriebszielen grundsätzlich folgen. Vielfältige Mitarbeiterfähigkeiten sind bis zu einem kritischen Punkt positiv, dann kann unter Umständen diese Vielfalt der Charaktere gegen Sie arbeiten. Notieren Sie alle Mitarbeiter mit ihren Stärken und Fähigkeiten und prüfen Sie: Auf wen kann ich verzichten, ohne die Leistungsfähigkeit des Teams einzuschränken?

Sorgen Sie dafür, dass Mitarbeiter ihr Wissen innerhalb des Teams weitergeben und dass bei einem Ausfall das Wissen nicht verloren geht. Jonglieren Sie immer wieder mit Ihrer Mannschaftsaufstellung:

- Kann eine der Teamaufgaben nicht automatisiert werden?
- Kann eine der Teamaufgaben ausgelagert werden (Outsourcing)?
- Erfüllt ein Mitarbeiter sein vereinbartes Pensum nicht und können Sie es sich erlauben, ihn auszutauschen?
- Gibt es Aufgaben und Funktionen, die nicht mehr zeitgemäß sind und eingestellt werden können?

6.5 Delegation an Selling-Teams schafft Entlastung

Nehmen Sie sich Zeit für Ihr Innendienstteam, um Anregungen und Ideen aufzunehmen und Ziele sowie Ideen an die Mitarbeiter weiterzugeben. Analysieren Sie zeitnah und regelmäßig, ob die Teamziele erreicht werden, und vermitteln Sie gute Teamleistungen an andere Unternehmensbereiche.

Im Führungsstil der Zukunft wird Delegation einen wichtigen Platz einnehmen. Delegation kann allerdings nicht zustande kommen, wenn

- Aufgaben zugewiesen werden ohne die dafür notwendige Kompetenzübertragung,
- Mitarbeiter nicht bereit sind, auf freiwilliger Basis Verantwortung für Aufgaben zu übernehmen,
- Mitarbeiter persönlich und sachlich nicht fähig sind, die delegierten Aufgaben zu übernehmen, oder
- allgemein verbindliche Grundsätze nicht konsequent angewendet werden.

Delegation von Aufgaben und Kompetenzen schafft Freiräume für andere Aufgaben. Es wird zum Beispiel immer wichtiger, Beziehungsnetzwerke bei Kunden aufzubauen. Hierfür bieten sich markt- und kundenorientierte Vertriebsteams (Selling-Teams) an, die für bestimmte Kunden oder Kundengruppen organisatorisch fest installiert werden oder auf Markt- oder Kundenprojektbasis arbeiten. Je nach Aufgabenstellung setzt sich ein Selling-Team aus Mitarbeitern verschiedener Unternehmensbereiche zusammen. Auch Zulieferer und Kunden können Mitglieder in diesem Team werden. Es ist wichtig, dass sich die sozialen und fachlichen Fähigkeiten der Teammitglieder ergänzen und einen intensiven Austausch sowie eine enge Kooperation zulassen. Selling-Teams tragen eine kollektive Verantwortung für gemeinsame Vertriebsziele, die möglichst in sich geschlossene Aktivitäten darstellen. Selling-Teams sollte weitestgehend die Freiheit eingeräumt werden, den gemeinsamen Aktionsplan und Arbeitseinsatz autonom zu entwickeln und zu steuern. Selling-Teams sind besonders geeignet bei

- der Ausweitung des Markt- und Kundenwissens (Adressenbeschaffung, Neukundenrecherchen, Erarbeitung und Durchführung von Akquisitionsprogrammen et cetera),
- dem Ausbau von Kundenbeziehungen (Kundenbetreuungsteams, Key-Account-Management et cetera),

- der Gewinnung von Teilmärkten (Innovationsteams, Marktentwicklungsteams et cetera).

Wenn eine Erhöhung der Verkaufsaktivität des Innendienstes angestrebt wird, ist es ein Muss, dass die Innendienstmitarbeiter für definierte Kunden oder Kundengruppen die Steuerungskompetenzen erhalten. Auch im Projektgeschäft kann der Innendienst diese Aufgabe übernehmen, denn er hat in der Regel eine hohe Kontaktfrequenz mit den Kunden und verfügt sowohl über Kundenwissen als auch über Informationen aus dem eigenen Unternehmen. Der Innendienst übernimmt schon heute oftmals eine Koordinatorenfunktion, deshalb ist die Weiterentwicklung zu Selling-Teams zeitgemäß.

6.6 Die Entwicklung eines Teamgeistes

Basis für einen guten Teamgeist sind Offenheit und Transparenz, klare Aufgaben- und Kompetenzzuteilungen, abgestimmte Arbeitsabläufe und die freiwillige Übernahme von Verantwortung durch das gesamte Innendienstteam. Machen Sie aus dem Innendienstteam eine lernende Organisation, die Fragen stellt, auch wenn noch keine Antworten greifbar sind.

Der positive Umgang mit »Kritik« ist das wichtigste Element in einer sich entwickelnden, lernenden Organisation, denn wer die Auseinandersetzung um den erfolgbringenden Weg scheut, ist statisch. Es geht dabei nicht um Oberlehrerhaftigkeit, sondern um Schwachstellenanalysen. Es geht um das Aufzeigen von Gegenszenarios, den Austausch von Selbst- und Fremdeinschätzung sowie um Sichtweisen, nicht um Wahrheit.

Positive Kritik ist konstruktiv, konkret, wahrt das Selbstwertgefühl des anderen, ist freundschaftlich und nicht nachtragend. Vereinbaren Sie gemeinsame Ziele mit einzelnen Mitarbeitern und dem Team; reflektieren Sie über die Sachebene – was läuft gut/schlecht – und über die Beziehungsebene – über gegenseitiges Verständnis, hohe persönliche Wertschätzung und Vertrauen.

Stellen Sie Defizite zwischen Zielsetzung und Status quo über eine konstruktive Fehlerkultur umgehend fest. Entwickeln Sie die Vertriebskultur im Team weiter durch Engagement und Loyalität im Team, durch das Zurückstellen eigener Interessen und eine gesunde Mischung aus Engagement für die eigene Position und Einordnung unter das gemeinsame Teamziel.

Fazit

- ✔ Die Produkt-Power wird zunehmend durch Mitarbeiter-Power ersetzt. Menschen machen immer mehr den Unterschied in harten Verdrängungsmärkten aus.
- ✔ Entscheidend für die erfolgreiche Gestaltung eines zukunftsorientierten Innendienstes sind der Aufbau und die Förderung einer kooperativen Intelligenz.
- ✔ Gute Innendienstteams haben den Anspruch, mitwirken zu können.
- ✔ Neue Wege der kontinuierlichen Neuorientierung verlangen, dass neben Fachwissen und Qualifikation auch die persönlichen Eigenarten der Teammitglieder einen Wert an sich darstellen.
- ✔ Die Unterschiedlichkeit von Menschen macht den Gewinn einer Organisation aus.
- ✔ *Das* Persönlichkeitsprofil schlechthin eines verkaufsaktiven Innendienstmitarbeiters gibt es nicht.
- ✔ Die Neuausrichtung Innen- und Außendienst darf nicht dazu führen, dass Bürokratie und Hierarchie aufgebaut werden.
- ✔ Die Übertragung von Kompetenzen an Mitarbeiter oder Teams muss stets einzelfallorientiert erfolgen.
- ✔ Bauen Sie Innendienstteams auf, die Ihren Vertriebszielen grundsätzlich folgen.
- ✔ Delegation von Aufgaben und Kompetenzen schafft Freiräume für andere Aufgaben.

7 Die Führungsaufgaben des Innendienstleiters

Wer von Ihnen hat Führung von der Pike auf »gelernt«? Sie werden sich vielleicht wundern über diese Frage. Aber genau das ist der Punkt. Führungskräfte werden meist in Führungsrollen »hineingestoßen«. Aus einem guten Sachbearbeiter wird ein Gruppenleiter, aus einem langjährig erfolgreichen Gruppenleiter ein vielleicht guter Innendienstleiter.

Mit dieser Aufgabenübernahme verändert sich allerdings das Tätigkeitsprofil. Je höher jemand in der Hierarchie aufsteigt, desto entscheidender werden die Führungsfähigkeiten. Der Innendienstleiter hat nicht die Aufgabe eines Obersachbearbeiters, der ständig in die Aufgabengebiete der Mitarbeiter hineinregiert, sondern ihm obliegt es, ein Team zielgerichtet zu steuern. Und mit dieser Rollenveränderung tut sich so mancher Innendienstleiter schwer.

7.1 Innendienstleiter sind keine Obersachbearbeiter

Führung wird selten gelernt und oftmals »nebenbei« erledigt. Zudem werden bewährte Führungsinstrumente durch falsche oder inkonsequente Nutzung unwirksam. In vielen Seminaren werden die unterschiedlichsten Führungsgrundsätze vermittelt. Häufig wird dabei eine bestimmte Denkhaltung als das Nonplusultra verkauft. Gibt es den einzig richtigen Führungsstil? Aus meiner Sicht nicht. Jedes Unternehmen ist einzigartig – hinsichtlich Unternehmenskultur, Mitarbeiterfähigkeiten, Ressourcenlimits, Gesellschafterinteressen et cetera. Das heißt, jedes Unternehmen und seine Führungskräfte müssen das für ihre Belange »richtige« Konzept finden und umsetzen.

Führungskonzepte sind nur so gut, wie sie erfolgreich im Unternehmen gelebt und kundenorientiert umgesetzt werden. Es ist daher sinnvoll, dass die Innendienstleiter die Historie berücksichtigen und prüfen, in welchen Schritten sie neue Gestaltungsideen nach innen und außen verkaufen können. Wenig erfolgversprechend ist es, unter Gegendruck Ideen wieder aufzugeben, durch autoritäres Vorgehen zu ersetzen und sich damit die Akzeptanz der Mitarbeiter zu verbauen. Wenn Vorgesetzte ihre Mitarbeiter zu mutigen Ideen ermuntern, sich selbst an die Spitze stellen und dann, als Löwe gestartet, als Bettvorleger landen, schaden sie den Mitarbeitern und sich selbst. Vertrauen kann so nicht entstehen.

Hierarchische Macht verhindert oftmals, dass andere Resultate oder Reaktionen als die erwarteten entstehen. Sie ist dann kontraproduktiv und deshalb schädlich. Der Einsatz hierarchischer Macht signalisiert überwiegend Angst und Misstrauen gegenüber Mitarbeitern und deren Ideen – mit der Folge, dass diese sich entmündigt fühlen.

Doch was macht Führungsstärke aus? Nicht die methodische Kompetenz und die Verfolgung von Führungsprinzipien sind entscheidend, sondern die generelle Einstellung und das eigene Menschenbild gegenüber Mitarbeitern und die Verwirklichung gemeinsamer Ziele.

Unternehmen unterscheiden sich hinsichtlich Zielsetzungen und Kultur. Unternehmenskultur ist die Gesamtheit der geschriebenen und ungeschriebenen Traditionen, Gesetze und Werte, die das Denken, Fühlen und Handeln der Organisationsmitglieder beeinflussen – von der Lust der Selbstverantwortung bis zur Absicherungsmentalität. Wo kein Vertrauen in die Vernunft der Mitarbeiter vorhanden ist, gibt es auch keinen Versuch und keine Chance für Mitarbeiter, sich mit der harten Realität auseinanderzusetzen. Die Zukunft ist immer ein Wagnis: Man traut sich oder lässt es bleiben.

7.2 Die Definition des Führungsrahmens

Führung bedeutet, im eigenen Verantwortungsbereich Strukturen aufzubauen und weiterzuentwickeln, die Wachstum, Effizienz, Effektivität und optimalen Erfolg ermöglichen. Die Chance auf Erfolg ist dann besonders ausgeprägt, wenn Führungsrahmen und Mitarbeiterpotenziale erfolgreich miteinander vernetzt werden können. Beispiele für einen Führungsrahmen:

- Die Unternehmensziele und -strategie sind den Beteiligten bekannt.
- Die operativen Aktionen stehen im Einklang mit den Zielen.
- Die Mitarbeiter verfügen über alle für sie relevanten Informationen und Daten.
- Die Ressourcen und Aufgabenstellungen sind auf die Herausforderungen abgestimmt.
- Die Organisationsstrukturen passen zu den Veränderungszielen.

Beispiele für Mitarbeiterpotenziale:

- Die Mitarbeiter erhalten im Rahmen ihrer Tätigkeitsbereiche die notwendigen Kompetenzen.

Die Definition des Führungsrahmens

- Anforderungen, Ideen, Einwände und Sichtweisen der Mitarbeiter werden ernst genommen und auf Umsetzbarkeit hin geprüft.
- Die Mitarbeiter werden in Veränderungsprozesse eingebunden.
- Der Begriff »Unternehmer im Unternehmen« ist nicht nur ein Lippenbekenntnis, sondern wird gefördert und eingefordert.

Mitarbeiter benötigen zur Erbringung besonderer Leistungen eindeutige Rahmenbedingungen für die Gestaltung ihrer Aufgaben. Es muss eine nachvollziehbare Sinnhaftigkeit ihrer Aufgaben geben und Ziele, mit denen sie sich identifizieren können. Es müssen die notwendigen Ressourcen und Unterstützung zur Erreichung dieser Ziele vorhanden sein und ausreichend Kompetenzen, sodass sie ihre Aufgaben eigenverantwortlich durchführen können. Weitere Erfolgsvoraussetzungen sind der nötige Gestaltungsspielraum zur Organisation von Aufgaben, ein zeitnahes Feedback über gelungene/weniger gelungene Aufgabenergebnisse, eine emotionale Ansprache sowie Weiterbildung und Coaching »on the Job«.

Führungsverantwortliche haben teilweise sehr eigene Wertvorstellungen und Führungsprinzipien, wie das folgende Praxisbeispiel belegt.

> **Praxisbeispiel: Wertvorstellungen und Führungsprinzipien**
>
> Ich traf einmal auf einen Seminarteilnehmer, der, befragt nach seinen Erwartungen für das Seminar, antwortete: »Alle Menschen sind grundsätzlich faul und brauchen Zuckerbrot und Peitsche. Ich hoffe, dass Sie mir einige neue Tricks beibringen können, wie ich Mitarbeiter antreiben beziehungsweise sanktionieren kann.« Wir haben es dann zwei Stunden miteinander ausgehalten und anschließend gemeinsam entschieden, dass das von mir angebotene Seminar nicht zielführend für seine Denkhaltung war und er besser einen anderen Referenten aufsuchen sollte.

Führungsverantwortliche sind für ihre Denkhaltung und ihr Menschenbild selbst verantwortlich. Douglas McGregor hat vor langer Zeit, aber heute immer noch aktuell, die »X und Y Theorie« entwickelt. Die Grundaussage seiner These war:

- *Das Menschenbild der X-Achse:* Alle Menschen sind faul, unmotiviert, unwillig und verantwortungsscheu. Folge: Es wird stark kontrolliert und überwacht. Dies führt zu einem passiven Arbeitsverhalten. Die Mitarbeiter werden mit der Zeit eher verantwortungsscheu und passiv. Und dieses Verhalten bestätigt dann die X-Achse.

- *Das Menschenbild der Y-Achse:* Alle Menschen sind leistungswillig, lernbereit und fleißig. Folge: Mitarbeiter gehen mit ihrem Handlungsspielraum verantwortlich um und sind grundsätzlich zu einer kritischen Selbstkontrolle fähig. Dies ermöglicht den Mitarbeitern ein größeres Engagement für ihre Arbeit und führt zu mehr Initiative und Verantwortungsbereitschaft. Dieses Verhalten bestätigt dann die Y-Achse.

Zugegeben, es handelt sich hierbei um ein Schwarz-Weiß-Bild in einer sonst eher grauen Führungswelt. Und doch verdeutlicht es, dass es an den Führungsverantwortlichen selbst liegt, welches Menschenbild sie verfolgen.

7.3 Der Einsatz der situativen Führung

Führungskonzepte haben auch immer etwas mit dem »Reifegrad« der Mitarbeiter zu tun. Führung ist stets situativ und personenbezogen. Um eine Hilfestellung für den Innendienstleiter zu geben, biete ich Ihnen ein Stufenmodell an auf der Basis zweier Faktoren:

1. Wie groß ist der Bedarf nach Anleitung eines Mitarbeiters (Aufgabenorientierung)?
2. Wie intensiv ist das Bedürfnis nach emotionaler Ansprache (Beziehungsorientierung)?

Abbildung 11: Führungsstil-Cluster

Kein Mensch wird genau in ein Cluster hineinpassen. Trotzdem unterstützt ein Cluster Führungsverantwortliche bei der Überlegung, welcher Führungsstil sich für welche Mitarbeiter oder welches Team generell anbietet. Aus diesem Grunde finden Sie nachstehend einen Versuch, Mitarbeiter in vier Gruppen modellhaft zu unterteilen:

- *Gruppe 1:* Die Mitarbeiter sind in einer Ausbildungsphase. Dies trifft zum Beispiel auf Berufseinsteiger oder Mitarbeiter zu, die eine neue Aufgabe übernehmen. Sie brauchen viel fachliche Unterstützung (hohe Aufgabenorientierung) und, abgesehen von einem positiven Feedback für Leistungsfortschritte, keine ausgeprägte Beziehungsorientierung. *Der mögliche Führungsstil:* Diese Mitarbeiter werden eher dirigiert, gelenkt und angewiesen. Genaue Anweisungen werden erteilt und die Aufgabenerfüllung wird überwacht.
- *Gruppe 2:* Die Mitarbeiter haben inzwischen einen guten Ausbildungsstand erreicht, sodass sie Basistätigkeiten eigenständig erledigen können. Es ist jedoch notwendig, das fachliche Wissen zu erweitern und die Ausführungssicherheit zu stabilisieren. Sie brauchen noch immer eine umfassende fachliche Unterstützung (hohe Aufgabenorientierung), nun aber auch regelmäßige emotionale Unterstützung (hohe Beziehungsorientierung) zur Steigerung des Selbstvertrauens. *Der mögliche Führungsstil:* Diese Mitarbeiter werden überzeugt und trainiert. Entscheidungen und Anweisungen werden erläutert und das Verständnis wird hinterfragt.
- *Gruppe 3:* Die Mitarbeiter sind fit auf ihrem Fachgebiet und können eigenständig die meisten Aufgaben erledigen (niedrige Aufgabenorientierung). Ihnen ist ein zeitnahes Feedback zur Sicherung ihrer mentalen Stärke wichtig (hohe Beziehungsorientierung). Sie wünschen sich Einbindung und Entscheidungsbeteiligung. *Der mögliche Führungsstil:* Die Mitarbeiter werden beraten, unterstützt und eingebunden in Entscheidungsprozesse.
- *Gruppe 4:* Die Mitarbeiter sind fachlich fit (niedrige Aufgabenorientierung), emotionale Unterstützung ist ihnen nur bedingt wichtig (niedrige Beziehungsorientierung). Sie wünschen sich Kompetenzübertragung und Entscheidungsbeteiligung. *Der mögliche Führungsstil:* Es werden Aufgaben delegiert und Kompetenzen übertragen.

7.4 Führung versus Management

Führung und Management werden oft miteinander verwechselt. Management ist ein Verwaltungsmodell und beschäftigt sich mit der Frage: Wie organisieren wir unser Unternehmen, wie verwalten und kontrollieren wir die Prozesse? Gute Manager gestalten die Prozesse richtig.

Führung dagegen beschäftigt sich mit den Fragen: Was werden wir tun und warum? Führung denkt über Bevollmächtigung von Mitarbeitern nach. Gute Führungspersonen machen sich Gedanken über die »richtigen« Dinge und haben Spaß daran, Mitarbeiter einzubeziehen und über Einfluss zu führen.

In gut verwalteten Unternehmen werden Führungsqualitäten oftmals nicht ausreichend wahrgenommen. Befehlsgewalt konzentriert sich auf die Verwaltung von Aufgaben: Es werden klar definierte Aufgaben vergeben und Mitarbeiter werden danach beurteilt, wie perfekt sie diese Aufgaben ohne Abweichung erledigen.

Befehlsgewalt behindert die Entwicklung von starken Teammitgliedern: Kreativität, Verantwortungsübernahme und Eigendynamik werden nicht gefördert. Befehlsgewalt hat nur bedingt etwas mit Führen zu tun, denn dabei stehen Verwaltungsstrukturen im Vordergrund, Mitarbeit bei der Unternehmensentwicklung ist nur bedingt gewünscht und eigene Überlegungen über die Unternehmenszukunft sind nicht gefragt.

Wie bereits angesprochen hat der Innendienstleiter als Obersachbearbeiter ausgedient. Gefragt sind heute Persönlichkeiten, die

- die Vertriebsziele innerhalb der Innendienstorganisation vermitteln,
- Umsetzungspläne und Aktionen erarbeiten, vermitteln und steuern,
- Trainings »on the Job« in Methodik, Werkzeuge und Fachkunde durchführen,
- die Mitarbeiter steuern,
- das Team in Konfliktsituationen unterstützen und
- die Hürden aus dem Weg räumen, die das Team behindern.

Der Bayer würde sagen: Da wird eine echte »eierlegende Wollmilchsau« verlangt. Die wichtigste Aufgabe eines Innendienstleiters ist die Befähigung seiner Mitarbeiter. Alle Prozesse bestimmen zu wollen ist aufwendig und stressig. Wer hier nicht Filter einbaut und sich auf das Wesentliche konzentriert, kann schnell den Überblick verlieren. Die Chance: Umsetzung des Prinzips »minimale Führung«. Sie ist nicht nur effizient, sondern auch effektiv.

7.5 Das Prinzip »minimale Führung«

Wir denken oft zu intensiv über das Verhalten anderer nach und machen uns gern zum allgemeingültigen Maßstab. Der erste zu führende Mensch sind allerdings Sie! Es ist entscheidend, wie Sie mit sich und Ihrer Arbeit umgehen, welches Menschenbild bei Ihnen verankert ist. Wer sich selbst nicht kennenlernt, hat meistens Schwierigkeiten in der Wahrnehmung anderer. Wer sich selbst nicht führen kann, schafft es oftmals nicht, andere zu führen.

Führungsverantwortung ist meist ein ungelernter Beruf mit hoher Berufung. Alle sind gleich – Sie sind vorgesetzt, aber nicht gleicher. Die Regeln, die für alle gelten, gelten auch für Sie. Das Prinzip »minimale Führung« hat zum Ziel, die eigene »Macht« ergebnisorientiert, dialogisch und in Zusammenarbeit mit den Mitarbeitern einzusetzen. Ihre Einstellung entscheidet:

Trauen Sie Ihren Mitarbeitern eigene Kreativität zu? Lassen Sie die Mitarbeiter im Rahmen ihrer Fähigkeiten und ihres Wollens aktiv mitwirken bei der Umsetzung der Unternehmensziele? Entscheiden Ihre Mitarbeiter unter Berücksichtigung ihrer Reifegrade ihre Arbeitsprozesse selbst?

Mitarbeiter erbringen dann die besten Leistungen, wenn sie sich selbst führen können und stolz auf ihre Leistungen sind. Messfaktor für eine erfolgreiche Führungsarbeit im Unternehmen sind die Ergebnisse. Eine Führungskraft ist nicht »schuld«, sondern verantwortlich. Führung ist oftmals eine Sandwich-Position und nicht immer angenehm, weder für die Mitarbeiter noch für die Führungsverantwortlichen. Teams leiden unter »Gutmenschen« als Führungspersonen, die Streit scheuen und Konsequenzen meiden.

Sie müssen und können es nicht allen recht machen, denn damit machen Sie Ihr Verhalten vom Applaus anderer abhängig. Sie geben zwar Ziele vor und bestimmen den generellen Handlungsrahmen. Sie müssen aber nicht alles entscheiden.

Bereiten Sie Mitarbeitergespräche sehr sorgfältig vor, damit beiderseitige Überraschungen vermieden werden: Eine Führungskraft weiß, was sie will. Sie ist an der Sache interessiert und erkennt mögliche Wege. Sie strebt ein Ergebnis an, muss aber nicht alles selbst entscheiden. Erfolgsorientierte Führungsverantwortliche pflegen eine Balance: »Leitungskompetenz und offenes Ohr für Mitarbeiter«.

Bei der Zielerfüllung ist der Mitarbeiter von externen Faktoren abhängig – Markt, Unternehmensressourcen et cetera. Je strategischer und personenunabhängiger das Ziel ist, desto niedriger sind der eigene Anteil und die einzufordernde Verbindlichkeit. Trennen Sie deshalb Ziele und Maßnahmen: Ziele sind vom Mitarbeiter nicht/bedingt beeinflussbar. Maßnahmen sind vom Handeln des Mitarbeiters abhängig und können damit auch eingefordert werden.

Vereinbaren Sie deshalb auch konkrete Maßnahmen: klar, zeitnah und terminiert. Sie geben Halt und Korrektur, auch wenn sich Maßnahmen als inadäquat und kontraproduktiv herausstellen. Verbindlichkeit, Überprüfbarkeit und reale Kontrolle beziehen sich auf vereinbarte Maßnahmen, nicht auf die strategischen Ziele. Vorteile für beide Seiten sind:

- Der Mitarbeiter spürt, dass Sie ihm Selbstständigkeit zutrauen und von ihm einfordern.
- Die Umsetzungsverantwortung bleibt beim Mitarbeiter.
- Die Führung ist im Detail informiert, kennt die Schwierigkeiten und von ihm Anforderungen und kann die Mitarbeiter bei der Umsetzung unterstützen.

Wenn die Ziele nicht erreicht werden, sind die bisher erfolgten Maßnahmen zu überprüfen, nicht die Ziele. Die Mitarbeiter verlangen nach einer klaren Absprache. Demotivierend wirkt eine Delegation mit wenig Transparenz für den Mitarbeiter. Schätzen Sie Ideen und Anregungen der Mitarbeiter hoch ein, auch wenn sie nicht zielführend sind. Viele Menschen haben ein tiefes Bedürfnis, ihre Fähigkeiten weiterzuentwickeln, und wissen, dass Vorsatz und Handeln nicht dasselbe sind.

Führung bedeutet, im konkreten Verantwortungsbereich und im Unternehmen Strukturen herzustellen und aufrechtzuerhalten, die Wachstum, Effizienz, Fortschritt und optimalen Erfolg ermöglichen.

Fazit

✔ Innendienstleiter sind Führungskräfte und keine Obersachbearbeiter.
✔ Führungskonzepte sind nur so gut, wie sie erfolgreich im Unternehmen gelebt und kundenorientiert umgesetzt werden.
✔ Führung und Management werden oft miteinander verwechselt. Management ist ein Verwaltungsmodell. Führung denkt über Bevollmächtigung von Mitarbeitern nach.
✔ Befehlsgewalt behindert die Entwicklung von starken Teammitgliedern: Kreativität, Verantwortungsübernahme und Eigendynamik werden nicht gefördert.
✔ Wir denken oft zu intensiv über das Verhalten anderer nach und machen uns gern zum allgemeingültigen Maßstab.
✔ Führungsverantwortung ist ein ungelernter Beruf mit hoher Berufung.
✔ Sie müssen und können es nicht allen recht machen, denn damit machen Sie Ihr Verhalten vom Applaus anderer abhängig.
✔ Wenn die Ziele nicht erreicht werden, sind die bisher erfolgten Maßnahmen zu überprüfen, nicht die Ziele.

8 Die Selbststeuerung der Innendienstleiter

Im Kapitel »Die Führungsaufgaben des Innendienstleiters« habe ich bereits darauf hingewiesen, dass die wichtigsten Aufgaben von Führungskräften die Befähigung der Mitarbeiter sowie das Wegräumen von Hürden bei der Aufgabenerfüllung sind. Alle Prozesse bestimmen zu wollen ist aufwendig und stressig. Deshalb ist es für die Innendienstleiter wichtig, Filter zur Konzentration auf das Wesentliche einzubauen.

8.1 Verantwortungsbereiche identifizieren

Führung beginnt immer bei der eigenen Person, denn wer sich selbst nicht führen kann, kann auch keine Mitarbeiter führen. Es ist entscheidend, wie ein Mensch mit sich selbst und seiner Arbeit umgeht und welches Menschenbild bei ihm verankert ist. Innendienstleiter erhalten oftmals nicht die notwendigen Kompetenzen für ihren Verantwortungsbereich, werden aber trotzdem dafür haftbar gemacht. Deshalb ist es sinnvoll, die Bereiche »Selbstverantwortung« (Entscheidungsebene) und »Fremdverantwortung« (Betroffenheitsebene) zu trennen. Hinterfragen Sie:

- Welche Probleme behindern Ihre Führungsarbeit?
- Welche Probleme befinden sich auf der Entscheidungsebene?
- Welche Probleme sind auf der Betroffenheitsebene festzustellen?

Sie werden sehen, dass Sie viele Fakten beeinflussen können, gerade im operativen Geschäft. Konzentrieren Sie sich auf die Angelegenheiten auf der Entscheidungsebene nach dem Motto: »Der Herr gebe mir die Gelassenheit, Dinge hinzunehmen, die ich nicht ändern kann, den Mut, Dinge zu ändern, die ich ändern kann, und die Weisheit, das eine vom anderen zu unterscheiden.« (Reinhold Niebuhr, evangelischer Theologe.)

Es muss das Ziel jedes Innendienstleiters sein, zu führen und nicht zu verwalten. Voraussetzung ist aber, dass Sie sich selbst gut führen. Behandeln Sie die Mitarbeiter angemessen und lassen Sie eine offene Kommunikation durch Gelassenheit und Leichtigkeit zu. Denn wer Mitarbeiter als Befehlsempfänger behandelt, schafft vorhersehbare negative Arbeitsergebnisse.

Nur Dialog und Zusammenwirken führen zu gemeinsamen Ergebnissen. Zufriedenheit ist dabei kein Ziel, sie ergibt sich vielmehr aus guten Arbeitsergebnissen – primäres Ziel aller Interaktionen ist das zu erreichende Ziel.

Ich stelle im Coaching-Prozess von Führungskräften immer wieder fest, dass viele Führungsverantwortliche kaum über ihre eigene Person und ihren persönlichen Werdegang nachdenken, zum Beispiel über die folgenden Fragen: Welche Verhaltensprinzipien galten in ihrer Kindheit? Wer stellte sie auf und wie wurde mit »Fehlverhalten« umgegangen? Was prägte sie in ihrer Kindheit oder Jugend?

Um die Bedeutung dieser Fragen zu veranschaulichen, stelle ich Ihnen nachfolgend ein Beispiel aus meiner eigenen Jugend vor:

> Ich bin in einem Elternhaus aufgewachsen mit viel Freiraum für die eigene Persönlichkeitsentwicklung. Es gab allerdings ein Ritual am Samstagnachmittag: 15.00 Uhr gemeinsames Kaffeetrinken. Bei Heimkehr um 15.05 Uhr kam ich noch mit einem Stirnrunzeln durch, um 15.10 Uhr benötigte ich schon gute Ausreden, um 15.15 Uhr wurde Leidensdruck aufgebaut. Dieses Ritual hat sich über die Kindheits- und Jugendjahre bei mir so eingeprägt, dass mir heute Unpünktlichkeit ein Gräuel ist.

Unsere eigenen Erfahrungen prägen unser Führungsverhalten. Die Grundlage, Mitarbeiter kennenzulernen, besteht deshalb darin, sich selbst kennenzulernen. Ihr »Hänschen im Hans« werden Sie nie mehr los. Aber je bewusster Sie es kennen und liebevoll annehmen, desto souveräner können Sie damit umgehen und sich auf andere Menschen konzentrieren. Nehmen Sie persönliche Verletzungen ernst, denn wer es nicht lernt, negative Erfahrungen zu verarbeiten, wird mit schöner Regelmäßigkeit von der Vergangenheit eingeholt.

8.2 Zeitmanagement für Innendienstleiter

Das Zeitmanagement ist ein wichtiger Baustein bei der Ausfüllung der Innendienstleiterfunktion. Probieren Sie doch mal die folgende Übung.
Stellen Sie einen Plan für Ihren Arbeitsalltag mit folgenden Punkten auf:

1. Wenn Sie heute nur fünf Stunden arbeiten könnten, was könnten Sie in dieser Zeit maximal bewältigen? Was wäre das Wichtigste, was müsste warten? Was machen Sie in den übrigen Pufferstunden?
2. Reflektieren Sie nach einiger Zeit: Wie konsequent haben Sie Ihren Plan eingehalten? Worüber haben Sie sich geärgert, was haben Sie gut

gemanagt? Was passierte, wenn etwas liegen blieb (schlimmste Auswirkung)? Können oder müssen Sie Kompetenzen delegieren?
3. Reflektieren Sie Ihre Prozesse: Was würden Sie aktiv managen, wenn Sie zwei Stunden mehr Zeit am Tag hätten? Wie würde sich dies auf Ihre Führungstätigkeit auswirken? Wie hoch ist der Anteil an Aktivitäten, bei denen Sie nur reagiert haben? Wer würde Ihre Arbeit erledigen, wenn Sie länger ausfallen würden?

Schaffen Sie Pausen zur Reflektion – Sie sind ersetzbar! Denken Sie an die Zeilen von Wilhelm Busch: »Ohne ihn war nichts zu machen, keine Stunde hatt' er frei. Gestern, als sie ihn begruben, war er richtig auch dabei.«

Messfaktor für eine erfolgreiche Führungsarbeit sind die Ergebnisse. Der Innendienstleiter ist nicht »schuld«, sondern verantwortlich. Viele Innendienstleiter sind in diese Position hineingerutscht und leiden manchmal unter der verantwortungsvollen Aufgabe. Deshalb ist auch hier immer wieder Reflektion wichtig:

- Lieben Sie diese Aufgabe oder haben Sie nur nicht den Mut, Nein zu sagen?
- Möchten Sie Ihre Kraft/Energie in diese Aufgabe investieren?
- Sind Sie konfliktfähig und durchsetzungsfähig genug?
- Sind Sie ausreichend kommunikativ?

8.3 Führung fängt bei der eigenen Person an

Die Innendienstführung ist als Sandwich-Position nicht immer angenehm, sowohl für die Mitarbeiter wie auch für Sie. Geben Sie Ziele vor und bestimmen Sie den Handlungsrahmen. Sie müssen nicht alles entscheiden, aber Sie sollten keine Angst vor Entscheidungen haben. Pflegen Sie eine Balance zwischen »Leitungskompetenz« und »offenes Ohr für Mitarbeiter«.

Beschreiben Sie, was Führung für Sie ist und welche Anforderungen an Sie gestellt werden. Erläutern Sie Ihren eigenen Beitrag zum Erreichen der Vertriebsziele sowie Ihre Verantwortung und die Bedeutung Ihres Teams. Bei der Beschäftigung mit diesem Thema helfen Ihnen die folgenden Fragen. Wie oft antworten Sie mit einem Ja?

- Definieren Sie klare Ziele und begeistern Sie die Mitarbeiter dafür?
- Steht in Ihrem Führungsverhalten die Zielerreichung an erster Stelle?
- Streben Sie jederzeit eine ständige Ergebnisverbesserung an?
- Vermitteln Sie kontinuierlich Zwischenergebnisse an die Mitarbeiter und verdeutlichen Sie deren Bedeutung für das Gesamtvertriebsziel?

Abbildung 12: Je mehr der Innendienstleiter delegiert, desto mehr Freiraum schafft er sich

- Prüfen Sie von Zeit zu Zeit, ob Ihre eigene Einstellung zu Ihren Aufgaben positiv ist?
- Nehmen Sie sich ausreichend Zeit zur Reflexion?
- Fokussieren Sie sich auf die Themen, die Sie beeinflussen können?
- Organisieren Sie Ihre Arbeitsprozesse ergebnisorientiert?
- Geben Sie sich und dem Team einen klaren Rahmen zur Erreichung der Ziele?
- Merken Ihnen die Mitarbeiter an, dass Ihnen Führung Spaß macht?

Wenn Sie alle Fragen mit Ja beantwortet haben, sind Sie absolut im grünen Bereich.

Fazit

✔ Führung beginnt immer bei der eigenen Person, denn wer sich selbst nicht führen kann, kann auch keine Mitarbeiter führen.
✔ Es ist für den Erfolg entscheidend, wie ein Mensch mit sich selbst und mit seiner Arbeit umgeht und welches Menschenbild bei ihm verankert ist.
✔ Wer Mitarbeiter als Befehlsempfänger behandelt, schafft vorhersehbare negative Arbeitsergebnisse.
✔ Das Zeitmanagement ist ein wichtiger Baustein bei der Ausfüllung der Innendienstleiter-Funktion.
✔ Messfaktor für eine erfolgreiche Führungsarbeit sind die Ergebnisse.
✔ Sie müssen nicht alles entscheiden, aber Sie sollten keine Angst vor Entscheidungen haben.

9 Der Innendienstleiter als Coach

Der Innendienstleiter ist der Trainer (Coach) seiner Mitarbeiter. Der Coach muss nicht alles besser können als die Mitarbeiter. Seine Aufgabe besteht vielmehr darin, diese zu befähigen, ihre eigene Leistungsfähigkeit auszureizen.

9.1 Was ist Coaching?

»Coaching« ist ein weiter Begriff und wird sehr unterschiedlich interpretiert. Deshalb nachstehend meine persönlichen Grundsätze bezüglich Coaching:

- Coaching ist eine Kombination aus individueller, unterstützender Aufgabenbewältigung und persönlicher Beratung auf Prozessebene. Das Coaching konzentriert sich auf die Klärung und Bewältigung der Führungsanforderungen. Coaching befähigt die Führungsverantwortlichen, Ziele zu formulieren, Entscheidungen zu treffen und Aktionspläne umzusetzen. Dabei steht nicht die Lieferung von direkten Lösungsvorschlägen an vorderer Stelle, sondern die Ideengebung für eigene Lösungen.
- Beim Coaching nimmt die Aufgabenbewältigung eine zentrale Rolle ein. Das Coaching soll helfen, »laut zu denken« und dadurch Zusammenhänge auch unter anderen Aspekten zu betrachten. Coaching ist ein gemeinsamer Prozess, der Klarheit über Aufgabenstellungen, Ziele, Wege, Schritte und Entwicklungen schafft.
- Es ist die Aufgabe des Coach, mitzuteilen, was er sieht und fühlt. Es gibt viele persönlichkeitsabhängige Stilvarianten des Coachings. Der zu Coachende bestimmt den Stil.
- Der Coach ist der Erfolgspartner und nicht der Antreiber. Viele Ziele werden schneller und leichter erreicht, wenn ein starkes persönliches Fundament vorhanden ist.

Der Innendienstleiter als Coach unterstützt die Mitarbeiter bei beruflichen Aufgaben- und Leistungsproblemen sowie bei Herausforderungen und überlegt mit den Mitarbeitern, wie sie sich weiterentwickeln können. Da aber berufliche Probleme nicht selten einhergehen mit privaten Schwierigkeiten, ist eine ganzheitliche Betrachtung der Ausgangssituation unerlässlich. Führungsverantwortliche, die sich nur für die beruflichen Belange der Mitarbeiter zuständig fühlen, füllen ihr Aufgabengebiet nicht in vollem Umfang aus.

Der Wertewandel hat in den letzten Dekaden Gehorsam und Unterordnung ab- und Selbstständigkeit und Eigenbestimmung aufgewertet. Coaching hat unter anderem die Aufgabe, eine Balance zwischen den Leistungsanforderungen des Unternehmens und dem Bedürfnis nach Anerkennung, Information, Fürsorge, Unterstützung und Förderung der Mitarbeiter herzustellen. Coaching ist ein Spagat: Einerseits kann Coaching nur auf der Basis von Nähe und Vertrauen erfolgreich sein, andererseits ist eine emotionale Distanz des Coach erforderlich. Denn die Mitarbeiter stellen sich die Frage, ob sich bei der Offenlegung von eigenen Problemen nicht ihr Bild bei den Führungsverantwortlichen negativ färbt.

Was hält Innendienstleiter davon ab, Mitarbeiter zu coachen? Zum einem sicherlich eine fehlende oder mangelhafte Coaching-Ausbildung oder Erfahrung. Überwiegend ist jedoch die Ursache an der Persönlichkeit der Innendienstleiter selbst festzumachen. Über Befehlsgewalt zu führen ist aus ihrer Wahrnehmung leichter, als Führung zu leben. Ich habe während der letzten Jahre diverse Aussagen von Innendienstleitern bezüglich Coaching notiert: »Ich habe keine Zeit, außerdem habe ich zu viele Mitarbeiter.« – »Die Mitarbeiter müssen in der Lage sein, ihre Arbeit alleine zu schaffen.« – »Die Mitarbeiter sind ausreichend motiviert.« – »Wir haben dringende Probleme, die meisten lösen sich eh von selbst.« – »Ich traue mir keine Objektivität zu, Coaching ist eher etwas für Psychologen.«

An den Aussagen ist erkennbar, dass der Coaching-Prozess gedanklich oftmals auf die Meta-Ebene gehievt wird. Coaching im Innendienst ist aber überwiegend praxisorientiert. Nachfolgend drei Beispiele für Coachingansätze für Innendienstleiter im Tagesgeschäft:

- Sie unterstützen die Mitarbeiter bei der Einführung neuer Produkte.
- Sie begleiten die Mitarbeiter bei der Vor- und Nachbereitung von Qualifizierungsmaßnahmen.
- Sie beraten die Mitarbeiter bei der Übernahme neuer Aufgaben in der Kundenbetreuung.

9.2 Coaching als ganzheitlicher Ansatz

Coaching ist ein ganzheitlicher Ansatz zur Entwicklung von Mitarbeitern – beruflich wie privat. Die Frage ist jedoch, ob es sinnvoll für den Innendienstleiter ist, diesen umfassenden Aspekt wahrzunehmen. Aus meiner Sicht nicht. Der umfassende Ansatz ist aus meiner Sicht einem externen Coach vorbehalten. Denn dieser hat die notwendige Distanz zu den Personen und zum Unternehmen. Der interne Coach konzentriert sich sinnvollerweise auf die beruflich relevanten Dinge. Der Vorgesetzte kennt die fachlichen Details der Tätigkeitsfelder und die Arbeitseigenschaften der Mitarbeiter. Das ist eine gute Basis für einen vertieften Einstieg in einen Dialog. Wichtig ist dabei, dass der Vorgesetzte seine eigenen Rolleninteressen zurückstellt. Die Qualität des Innendienstleiters als Coach wird durch folgende Merkmale ersichtlich:

- Er beherrscht die wichtigsten Fragetechniken.
- Er besitzt ein starkes Empathie- und Abgrenzungsvermögen – er kann sich in den Mitarbeiter hineindenken, aber er kann sich auch wieder zurückziehen.
- Er ist ein guter Beobachter und Zuhörer.
- Er ist geduldig und zeigt Interesse.
- Er bietet jederzeit Unterstützung an.
- Er besitzt Charisma und Authentizität.

9.3 Der Coaching-Prozess

Der Coaching-Prozess läuft über sechs Stufen:

Stufe 1 – Vorbereitung von Coaching-Gesprächen: Es ist wichtig, sich vor jedem Coaching-Prozess selbst klar über die Ziele und Prozesse zu werden. Überprüfen Sie deshalb unter anderem die folgenden Fragen:

- Wie lauten die Ziele für das Coaching-Gespräch?
- Welche Leistungen hat der Mitarbeiter in der vergangenen Zeit erbracht?
- Wie soll das Gespräch verlaufen und was möchten Sie besprechen?
- Welches ist das optimale/minimale Ziel?
- Welcher Zeitrahmen ist für das Coaching-Gespräch eingeplant?
- Soll das Coaching-Gespräch mit einer Zielvereinbarung abgeschlossen werden?

Stufe 2 – Vorgespräch: Informieren Sie den Mitarbeiter rechtzeitig vor Beginn eines Coaching-Prozesses über Ihre Intentionen, klären Sie gemeinsam die Ziele und bitten Sie den Mitarbeiter, seine Gedanken schriftlich zu formulieren. Konzentrieren Sie sich auf die wichtigsten Kernziele. Fragen eines Vorgesprächs sind zum Beispiel:

- Welche persönlichen Ziele hat der Mitarbeiter?
- Welche Tätigkeitsziele hat der Mitarbeiter?
- Welchen Einfluss hat der persönliche Erfolg auf die Erreichung der Innendienstziele?
- Wie können die Teamziele und die persönlichen Ziele in Einklang gebracht werden?
- Gibt es Prioritäten bei der Wichtigkeit der Ziele?

Stufe 3 – Maßnahmen: Wählen Sie nach dem Vorgespräch gemeinsam Coachingfelder aus und sprechen Sie über die bevorstehenden Aufgaben. Beachten Sie dabei aber die folgenden Punkte: Greifen Sie nicht aktiv ein und vermeiden Sie Beurteilungen. Stellen Sie keine Vermutungen über mögliche Hintergründe eines Mitarbeiterverhaltens an. Konzentrieren Sie sich auf die vorher festgelegten Coaching-Punkte.

Der Coach hat die Aufgabe, den Mitarbeiter durch Hinterfragen darin zu unterstützen, seine Entwicklungsbereiche selbst zu erkennen und Alternativen zu entwickeln. Die RAFAEL-Methode unterstützt didaktisch diesen Prozess:

- *Report (R):* Wie empfanden Sie diese Situation, was ist Ihnen aufgefallen? – Was ist gut gelaufen, was kann aus Ihrer Sicht optimiert werden?
- *Alternativen (A):* Welche andere Vorgehensweise bietet sich an? Wie kann eine andere Vorgehensweise umgesetzt werden?
- *Feedback (F):* Beobachtung des Coach, was ihm aufgefallen ist. Ideen des Coach, welche Optionen aus seiner Sicht offenstehen.
- *Austausch (A):* Welche Unterschiede sind zwischen Mitarbeiter- und Coach-Sicht erkennbar? Welches sind die Gründe für die Unterschiede?
- *Erarbeitung (E) weiterer Lernschritte (L):* Welche Erkenntnisse werden aus der Diskussion gezogen? Welche Umsetzungsmaßnahmen bieten sich an?

Stufe 4 – Aktionsplan: Lassen Sie den Mitarbeiter Umsetzungspläne erarbeiten. Wichtig dabei ist, dass diese konkret formuliert werden. Checken Sie:

- Was genau will der Mitarbeiter bis wann umsetzen?
- Wie will der Mitarbeiter die Ziele erreichen?
- Können Sie den Mitarbeiter bei der Zielerreichung unterstützen?
- Welche Hürden müssen eventuell aus dem Weg geräumt werden?
- Wie kann gemessen werden, ob die Ziele erreicht wurden?

Stufe 5 – Kontrollgespräch: Das Kontrollgespräch dient dazu, den Umsetzungserfolg abzusichern und Differenzen zwischen den Zielen und der Ist-Situation zu identifizieren. Fragen sind beispielsweise:

- Wie läuft die Umsetzung, was funktioniert, was nicht?
- Was kann aus Mitarbeitersicht noch verbessert werden?
- Mit welchen Schwierigkeiten hat der Mitarbeiter zu kämpfen?
- Ist eine intensivere Unterstützung ratsam?
- Welche Punkte packt der Mitarbeiter noch einmal an?
- Ergeben sich zusätzliche Ansatzpunkte für weitere Aktivitäten?

Stufe 6 – Erfolgsanalyse: Nach der festgelegten Zeit findet eine Erfolgsanalyse statt und die weitere Vorgehensweise wird festgelegt. Checkpunkte in dieser Stufe sind:

- Wie lief der Umsetzungsprozess?
- Was hat den Umsetzungsprozess positiv/negativ beeinflusst?
- Wurde der Entwicklungsschritt erfolgreich abgeschlossen?
- In welchen Bereichen sollte noch eine Vertiefung vorgenommen werden?
- Gibt es andere Bereiche, in denen sich ein Coaching-Prozess anbietet?

Coaching regt zu einem dauerhaften Optimierungsprozess an. Durch Coaching entwickelt der Innendienstleiter seine Führungskompetenz weiter. Er entlastet sich durch die Weiterentwicklung der Mitarbeiter und ist schneller in der Lage, Aufgaben und Kompetenzen zu delegieren. Gleichzeitig intensiviert er Beziehungen und schafft ein höheres Vertrauensverhältnis. Mithilfe von Coaching werden positive Arbeitsergebnisse durch eine engere Zusammenarbeit erzielt.

Fazit

✔ Der Coach muss nicht alles besser können als die Mitarbeiter; vielmehr ist es seine Aufgabe, diese zu befähigen, ihre eigene Leistungsfähigkeit auszureizen.
✔ Der Wertewandel hat in den letzten Dekaden Gehorsam und Unterordnung ab- und Selbstständigkeit und Eigenbestimmung aufgewertet.
✔ Coaching im Innendienst ist überwiegend praxisorientiert und läuft über sechs Stufen.
✔ Coaching regt zu einem dauerhaften Optimierungsprozess an.

10 Ziele setzen mit der SMART- und BSC-Methodik

Um den Innendienstmitarbeitern Ziele zu vermitteln und für deren Umsetzung zu sorgen, bieten sich unterschiedliche Methoden an. In der Praxis bewährt haben sich das SMART-Modell und der Einsatz einer Balanced Scorecard.

10.1 Das SMART-Modell

Viele vereinbarte Ziele sind keine richtigen Ziele, sondern Absichtserklärungen. »Wir wollen besser werden« ist beliebig. Was genau soll getan werden, um besser zu werden? Wer nicht die Frage »Wer macht was bis wann?« beantwortet, wird nicht gezielt auf einen definierten Punkt zusteuern.

Für die Verdeutlichung von Zielen hat sich das SMART-Modell als nützlich erwiesen. SMART steht für:

- *Spezifisch (S):* Ziele müssen eindeutig und messbar beschrieben werden und Anleitung für konkrete Handlungen sein. Verbinden Sie die Ziele mit verantwortlichen Personen und Umsetzungsdaten.
- *Messbar (M):* Stellen Sie fest, an welchem Punkt sich das Handlungsfeld befindet, und definieren Sie den Zielpunkt. Bestimmen Sie Meilensteine, um die Mitarbeiter nicht zu überfordern.
- *Attraktiv (A):* Die Ziele müssen attraktiv und fordernd unter Berücksichtigung des Reifegrads der Mitarbeiter sein.
- *Realistisch (R):* Auch ehrgeizige Ziele müssen erreichbar sein. Nur wer die Chance sieht, ein Ziel zu erreichen, wird sich auch dafür einsetzen.
- *Terminiert (T):* Jedes Ziel muss mit einem Zeitziel versehen werden.

Arbeiten Sie bei der Zielsetzung mit Bandbreiten. Wenn Sie zum Beispiel ein Ziel für einen definierten Zeitpunkt festlegen und die Mitarbeiter liegen nur kurz vor dem Zielpunkt, ist die Gefahr gegeben, dass sie sich als Verlierer fühlen. Wenn Sie dagegen Meilensteine setzen und mit terminlich festgelegten Bandbreiten arbeiten, ermutigen Sie eher die Mitarbeiter, bei einem nicht ganz erreichten Teilziel trotzdem weiter an das Gesamtziel zu glauben und sich dafür einzusetzen.

Wenn Sie gemeinsam mit den Mitarbeitern die Ziele formulieren, stellen Sie Überlegungen zu folgenden Fragen an:

- Welche Vorteile ergeben sich für das Unternehmen, den Innendienst und den einzelnen Mitarbeiter aus der Zielerreichung?
- Könnten Hürden die Zielerreichung behindern und welche Eventualentscheidungen sind möglich?
- Gibt es Prozesse oder Personen, die Sie bei der Zielerreichung unterstützen können?

Wenn Sie es schaffen, die Gefühle der Mitarbeiter durch positiv besetzte Bilder mental zu steuern und dabei das Schmerzvermeidungs-/Lustgewinnungsprinzip anzusprechen, haben Sie gute Chancen, die Mitarbeiter auf dem Veränderungsweg mitzunehmen. Denn nur die Punkte/Fakten, mit denen sich die Mitarbeiter immer wieder beschäftigen, entwickeln sich weiter und bekommen eine Eigendynamik. Entscheidend ist dabei nicht die tatsächliche Lage, sondern die Vorstellung davon. Der Autopilot der Menschen speist die Vorstellungen ein und beeinflusst damit die Glaubensüberzeugungen. Wie bereits an früherer Stelle ausgeführt, hängt das Selbstbild der Mitarbeiter entscheidend davon ab, welche Erfahrungen sie in der Vergangenheit gemacht haben.

10.2 Ohne Bestimmung des Ausgangspunkts keine Zielformulierung

Nehmen Sie die Mitarbeiter mit auf eine »Zeitreise«. Das reduziert die Zahl der durch Auseinandersetzung gekennzeichneten Situationen sowie den Stresslevel und erhöht die Chance, einen gemeinsamen Weg zu gehen. Aus der Praxis heraus habe ich mit Kollegen das TWS-Modell (Transfer-Workshop-System) entwickelt. Die Methoden sind größtenteils bekannt, anders ist der didaktische Top-down-Bottom-up-Ansatz. Das Management entscheidet über die generellen Ziele, die Mitarbeiter erarbeiten aus ihrer Sicht Maßnahmen zur Erreichung der Ziele. Das TWS-Modell wird an späterer Stelle in diesem Buch näher beschrieben. Um das Verständnis der Mitarbeiter für Ziele und Veränderungen zu schärfen, ist es notwendig, eine gemeinsam akzeptierte Ausgangsbasis zu definieren. Führungsverantwortliche steuern oftmals zu schnell auf ein Ziel zu. Ohne ein klares Verständnis vom Status quo ist jedoch gehirntechnisch eine Hinwendung zum Ziel meist sehr schwierig. Berücksichtigen Sie deshalb die folgende Vorgehensweise:

- *Stufe 1:* Lassen Sie die Mitarbeiter beschreiben, welche Ist-Situation derzeit besteht (Daten, Fakten und Informationen). Das Faktische erzeugt Sicherheit und das Gefühl, auf festem Grund zu operieren. Es ist wichtig, zu diesem Zeitpunkt noch keine Bewertungen vorzunehmen.
- *Stufe 2:* Im nächsten Schritt beschreiben die Mitarbeiter die wesentlichen Aspekte der Situation und welche Phänomene dabei auftreten. Die Beschreibung der Situationen erzeugt eine emotionale Resonanz (»Genau, das kenne ich«). Für die Mitarbeiter ist es jetzt leichter möglich, eine plastische Beschreibung der Ist-Situation und ein emotionales Bild davon zu zeichnen.
- *Stufe 3:* Als Nächstes analysieren die Mitarbeiter die Ursachen der Ist-Situation – wie hat sich die Situation entwickelt, wie kam es dazu? Dadurch erarbeiten sich die Mitarbeiter ein größeres Verständnis für die Ist-Situation.
- *Stufe 4:* In diesem Schritt ermitteln die Mitarbeiter die direkten und indirekten Folgen der Ist-Situation – welche Reaktionen sind zu erwarten, welche Entwicklungen sind sichtbar, welche Chancen und Risiken können sich ergeben?

Mit dem im vorherigen Abschnitt beschriebenen SMART-Modell werden die Ziele formuliert und mit dem Vierstufenmodell wird die Ausgangsbasis bestimmt. Beide Methoden sind hilfreich bei der Zielformulierung und dienen als Basis für die Entwicklung einer Balanced Scorecard.

10.3 Einsatz einer Balanced Scorecard im Innendienst

Ich kann mir vorstellen, dass der Begriff Balanced Scorecard nicht bei jedem Leser positive Gefühle hervorruft. Die Balanced Scorecard ist an sich ein effizientes und leicht zu verstehendes Werkzeug, um Ziele faktisch und umsetzungsorientiert zu formulieren. Leider wurde dieses Werkzeug strategisch überfrachtet und der Versuch der Umsetzung hat in manchem Unternehmen einen sehr hohen Energieaufwand bewirkt. So mancher Mitarbeiter »leidet« noch heute, wenn er den theoretischen Ansatz und die praktische Umsetzung in seinem Unternehmen mit dem von ihm geleisteten Einsatz verbindet.

Die Balanced Scorecard ist in erster Linie als Unterstützungswerkzeug zur Strategieumsetzung eingeführt worden. Sehr häufig entwickeln die Unternehmensbereiche Bereichsziele ohne Abstimmung mit den Zielen anderer Bereiche. Mit der Konsequenz, dass sich Teilziele widersprechen und in der Umsetzung miteinander konkurrieren. Die amerikanischen Professoren Kaplan und Norton lieferten mit der Entwicklung der Balanced Scorecard ein Instrument, mit dem Teilstrategien durch Kennzahlen präzisiert werden und die Teilstrategien zu einem vernetzten Umsetzungsansatz umgewandelt werden können.

Die Balanced Scorecard kann aus meiner Sicht auch für den Einsatz in Unternehmensteilbereichen gut verwendet werden. Denn was für das Gesamtunternehmen gilt, kann auch auf Teilbereiche, beispielsweise den Innendienst, heruntergebrochen werden. In der Balanced Scorecard werden die strategischen Ziele in operative Handlungsfelder umgewandelt. Achten Sie bei der Definition strategischer Ziele auf die Vermeidung folgender Punkte:

- *Die Ziele werden zu allgemein formuliert:* Der strategische Ansatz ist nicht klar, die Formulierungen sind zu unverbindlich und es lassen sich nur bedingt Handlungsanweisungen ableiten. Beispiel: »Wir wollen im Innendienst verkaufsaktiver werden.«
- *Die Ziele werden zu konkret formuliert:* Der strategische Ansatz ist ebenfalls nicht eindeutig, die Formulierungen sind eher Handlungsanweisungen. Beispiel: »Wir gehen ab sofort auf fünf Kunden pro Tag proaktiv telefonisch zu.«

Bei beiden Zielformulierungen stellt sich die Frage nach dem strategischen Ansatz. Der könnte zum Beispiel lauten: »Der Innendienst wird die C- und D-Kunden vom Außendienst übernehmen und eigenverantwortlich bearbeiten.«

Die Balanced Scorecard bildet unterschiedliche Perspektiven, um eine Gesamt- oder Teilstrategie umsetzungsfest zu machen. Für das strategische Ziel »Auf- und Ausbau eines verkaufsaktiven Innendienstes« bieten sich beispielsweise folgende Perspektiven an:

- *Markt- und Kundenziele:* Welche Teilmärkte, Kundengruppen oder Kunden sollen durch das strategische Ziel besser erreicht werden? Wie muss der Innendienst gegenüber den Kunden auftreten, um als wertiger Gesprächspartner angesehen zu werden? Mit welchen Maßnahmen kann die Kundenbindung erhöht werden? Mit welchen Maßnahmen können gezielt Service- und Dienstleistungen verkauft werden? Wie werden Pricing-Strategien den Kunden vermittelt?
- *Finanzperspektive:* Welche Finanzziele werden mit dem strategischen Ziel angestrebt? Welchen Umsatzanteil am Gesamtvertriebserfolg wird

der Innendienst in einem definierten Zeitrahmen erreichen? Welches Cross-Selling-Volumen wird durch den Telefonverkauf generiert? Welche Benchmark-Ziele bezüglich Kosten wird der Innendienst erreichen? Wie hoch ist die Rentabilität der vom Innendienst betreuten Kunden?
- *Ressourcenperspektive:* Welche Ressourcen werden benötigt, um das strategische Ziel zu erreichen? Welche Handlungsbereiche, die nicht ausreichend zur Wertschöpfung beitragen, können gestrichen oder gekürzt werden? Wie kann der Innendienst durch Entscheidungssicherheit Ressourcen einsparen? Können durch die Trennung von unrentablen Kunden und Sortimenten Ressourcen freigesetzt werden?
- *Prozessperspektive:* Welche Prozesse sind erforderlich, um das strategische Ziel zu erreichen? Welche Ablaufprozesse werden optimiert, um Kosten zu sparen und Leistungen zu erhöhen? Welche Prozesse sind wichtig, um ein Höchstmaß an Flexibilität und Durchsetzungskraft zu erreichen?
- *Mitarbeiterperspektive:* Welche Mitarbeiter sind in welcher Form für die Zielerreichung verantwortlich? Welche Aufgaben werden durch das Team, welche durch einzelne Mitarbeiter verantwortet? Auf Basis welcher Kennzahlen werden Mitarbeiter hinsichtlich der Zielerreichung bewertet?
- *Qualifizierungsperspektive:* Welche Fähigkeiten werden ausgebaut, um das strategische Ziel zu erreichen? Welche Qualifizierung benötigen die Innendienstmitarbeiter, damit sie ihre Aufgaben erfüllen können?
- *Unternehmensspezifische Perspektive:* Welche weiteren Aktivitäten zur Zielerreichung sind erforderlich?

Die Balanced Scorecard betrachtet die strategischen Ziele ganzheitlich. Die klassischen monetären Mess- und Steuerungsgrößen werden damit um weitere Leistungstreiber ergänzt. Jedes Ziel ist gleichwertig und kann nicht zulasten eines anderen Ziels vernachlässigt oder bevorzugt werden. Es wird akzeptiert, dass das Erreichen eines Ziels die Erfüllung anderer Ziele fördert oder sogar erfordert.

Die Ziele in der Balanced Scorecard müssen messbar und nachvollziehbar sein. Es reicht nicht, Absichtserklärungen ohne konkrete Kennziffern abzugeben. Einigen Sie sich deshalb vorher mit den Beteiligten über die Controlling-Grundlage, damit die Bewertung des Erfolgs oder Misserfolgs eindeutig wird. Wenden Sie für den Einsatz einer Balanced Scorecard im Innendienst das folgende Prozedere an:

- *Schritt 1:* Definieren Sie die Perspektiven.
- *Schritt 2:* Definieren Sie für jede Perspektive die strategischen Einzelziele.
- *Schritt 3:* Definieren Sie für jedes Einzelziel die Messgrößen und Messeinheiten.
- *Schritt 4:* Erfassen Sie die Ist-Kennzahlen und formulieren Sie die Zielwerte.
- *Schritt 5:* Beschreiben Sie die Aktionen zur Erreichung der Einzelziele, die Verantwortlichkeiten und bis wann die Aktionen abgeschlossen werden müssen.

Perspektive	Strategisches Ziel	Messgröße	Einheit	Ursprung	Zielwert	Istwert	Abweichung	
Kunden								AKTIONEN
	Gewinnung Neukunden	Erfüllungsgrad	Anzahl	0	50	60	10	AKTIONEN
	Neukundenumsatzanteil	% vom Gesamtumsatz	%	0	25	20	-5	AKTIONEN
								AKTIONEN
Produkte								AKTIONEN
	WG platzieren	Anteil der WG	Anzahl	0	2	1,00	-1	AKTIONEN
	Innovationen einführen	Umsatzanteil Innovationen	%	0	30	35	5	AKTIONEN
								AKTIONEN
Finanzen								AKTIONEN
	Umsatz Neukunden	Umsatz	€	0	1.000.000	1.200.000,00	200000	AKTIONEN
	Ertrag Neukunden	% vom Umsatz	%	0	35	36,00	1	AKTIONEN
								AKTIONEN
Ressourcen								AKTIONEN
	Termintreue	Termintreueindex	%	0	95	97	-2	AKTIONEN
	Akquisitionsaufwand	Akquisitionskosten	€	0	100.000	80000	-20000	AKTIONEN
								AKTIONEN
Weitere	Mitarbeiterschulungen	Durchgeführte Schulungen	3	0	3	4	1	AKTIONEN
	Marketingaktivitäten	Durchg. Marketingaktivitäten	2	0	2	3	1	AKTIONEN
								AKTIONEN
								AKTIONEN

Abbildung 13: Beispiel für eine Balanced Scorecard

Jede Balanced Scorecard ist ein Unikat und muss individuell entwickelt werden. Der Vorteil dieses Werkzeugs: Der Innendienst kann mit praxisorientierten Zielen arbeiten und den Zielerreichungsgrad jederzeit abfragen. Das motiviert und spornt Innendienstteams an.

Fazit

✔ Viele vereinbarte Ziele sind keine echten Ziele, sondern Absichtserklärungen.
✔ Wenn Sie Meilensteine setzen und mit terminlich festgelegten Bandbreiten arbeiten, ermutigen Sie eher die Mitarbeiter, bei einem nicht ganz erreichten Teilziel trotzdem weiter an das Gesamtziel zu glauben und sich dafür einzusetzen.
✔ Nehmen Sie die Mitarbeiter mit auf eine »Zeitreise«. Das reduziert die Zahl der durch Auseinandersetzung gekennzeichneten Situationen sowie den Stresslevel und erhöht die Chance, einen gemeinsamen Weg zu gehen.
✔ Die Balanced Scorecard ist in erster Linie als Unterstützungswerkzeug zur Strategieumsetzung eingeführt worden.
✔ Die Balanced Scorecard bildet unterschiedliche Perspektiven, um eine Gesamt- oder Teilstrategie umsetzungsfest zu machen.
✔ Jede Balanced Scorecard ist ein Unikat und muss individuell entwickelt werden.

11 Die »gehirngerechte« Vermittlung von Zielen

Als gedankliches Rüstzeug zur Vermittlung eines Zielkonzepts finden Sie in diesem Abschnitt einen kleinen Ausflug in die Neurowissenschaften. Dabei geht es nicht um esoterische Übungen, sondern um die Schärfung des Verständnisses, warum die Neuausrichtung der Mitarbeiter in eine verkaufsaktive Rolle durchaus eine große mentale Herausforderung darstellt.

Veränderungen sind für jeden Menschen unangenehm. Wir sind evolutionär so angelegt, dass wir immer versuchen, mit wenig Aufwand viel zu erreichen. Mit Appellen und »harten« Fakten werden wir kaum Mitarbeiter dazu bewegen, die veränderte Rolle zu begreifen und anzupacken.

11.1 Mitarbeiter »gehirngerecht« ansprechen

Menschen setzen alles daran, Schmerzen zu vermeiden und Angenehmes zu erreichen. Es ist nicht damit getan, einen Appell an die Mitarbeiter zu richten nach dem Motto: »Denken Sie positiv!« Das wird kaum funktionieren. Menschen können nur bedingt positiv denken, denn zuerst prüft das Unterbewusstsein, ob irgendwo eine Gefahr lauert. Diese Informationen gewinnt das Gehirn aus dem inneren Referenzmodell der Vergangenheitserfahrungen. Erst wenn das innere System Gefahren ausschließt, bewegt es sich auf die Lustebene.

Um Mitarbeitern dauerhaft Motive anzubieten und sie dadurch für ein Mitspielen zu gewinnen, müssen Sie sie emotional ansprechen. In dem Kapitel »Ziele setzen« haben Sie das Vierstufenmodell kennengelernt. Sich klar zu werden über den Ausgangspunkt ist gleichbedeutend mit der Identifikation möglicher »Schmerzen« und deren Ursachen. Nur wer einen als unangenehm erlebten Status quo akzeptiert und sich dafür einsetzt, diesen Zustand zu verändern, wird die Veränderungen als Lustgewinn erleben. Alle Menschen werden über dieses bipolare System motiviert, unterschiedlich sind nur die Werte, die als Schmerzvermeidung und Lustgewinnung empfunden werden.

Diese Erkenntnisse zur Funktionsweise des Gehirns widersprechen den Vorstellungen vieler Führungskräfte, die es gern sehen würden, wenn

Motivation nur durch Lustgewinnung funktioniert. Wer zur Mitarbeitermotivation nur die Positiv-Komponenten betont, der verschenkt Einflussmöglichkeiten zur Stärkung eines möglichen inneren Antriebs von Mitarbeitern.

Wir speichern das gesamte Leben Reize ab, um eine Lernsoftware aufzubauen und Neuroassoziationen zu bilden. Welchen Hintergrund hat diese Programmierung?

- Die Handlungsfähigkeit der Menschen wird abgesichert.
- Das Gehirn sucht bei Reizen nach Referenzen, um im Wiederholungsfall Vergangenheitserfahrungen sofort abzurufen (Selbsterhaltung).
- Es bildet sich ein Autopilot, der unser tägliches Verhalten steuert und uns und andere berechenbar macht.

Das Bedürfnis, Schmerz zu vermeiden, ist im Zweifel der stärkere Motivator. Ziele werden besonders dann diszipliniert verfolgt, wenn einerseits das Erreichen des Ziels positiv besetzt ist und es andererseits schmerzhaft ist, das Ziel nicht zu erreichen. Emotionen sind dabei der Lernturbo. Allerdings werden auch negative Assoziationen gespeichert und beeinflussen mögliche Positiv-Ziele negativ.

In Veränderungsprozessen neigen wir zu dem Versuch, die Autopiloten der Mitarbeiter zu »manipulieren«, was selten gelingt. Es gibt keine dauerhafte Veränderung gegen den Autopiloten von Menschen. Vielmehr ist es notwendig, die Lernsoftware der Mitarbeiter umzuprogrammieren. Rationale Einsichten bewegen dabei wenig, emotionale Vorstellungen dagegen sehr viel.

In der Vergangenheit haben wir immer wieder auf die Mitarbeiter eingeredet und versucht, ihnen zu verdeutlichen, wie wichtig der Wandel für das Unternehmen und den einzelnen Mitarbeiter sei. Gemessen an dem Einsatz war das Ergebnis meist leider oft sehr dürftig. Als Reaktion haben wir meist die Dauer und Häufigkeit der Appelle verstärkt, doch das Umsetzungsergebnis blieb meist das gleiche. Was fehlte, war der Faktor »emotionale Intensität«. Hierzu ein kleines Beispiel aus meinem persönlichen Bereich:

> Bedingt durch die vielen Hotelaufenthalte, eine mangelhafte Essensdisziplin und zu wenig Bewegung hatte ich während eines langen Zeitraums kontinuierlich Gewicht zugelegt. Meine Figur mochte ich schon lange nicht mehr, konnte mich aber nicht zu irgendwelchen Maßnahmen aufraffen. Mit einem befreundeten Ehepaar fuhren wir für einige Tage in die Dolomiten. Beim ersten gemeinsamen Früh-

stück holte unser Freund eine Pillenbox hervor. Ich war geschockt über die Vielzahl der Tabletten. Ganz nebenbei erzählte unser Freund, dass er hochgradig zuckerkrank sei. Mein Erstaunen war groß, als ich dann sein Ess- und Trinkverhalten sah. Dies war alles andere als förderlich in Bezug auf die von ihm aufgezählten Krankheiten. Während der Urlaubstage wurde es mir immer klarer: Wenn ich nicht eines Tages mit der gleichen Pillenbox aufwarten will, muss ich mein eigenes Verhalten radikal verändern. Die Konsequenz: Umstellung der Ess- und Trinkgewohnheiten, regelmäßige sportliche Bewegung und ausreichend mentale Pausen. Das Ergebnis konnte sich nach einem Jahr durchaus sehen lassen.

Ohne Emotionen ist keine dauerhafte Veränderungsbereitschaft möglich. Das Gehirn entwickelt Assoziationen bei bildlichen Vorstellungen genauso wie bei tatsächlichen Fakten.

Es gibt noch eine weitere sehr hohe Hürde im Veränderungsprozess: Jeder Mensch wird durch seinen Neuros (griechisch »Mangel«) getrieben. Wer keinen Mangel empfindet, entwickelt keinen Reiz. Wer keinen Reiz empfindet, wird sich nicht oder nur ungern für etwas engagieren.

Welche Folgen haben diese Ausführungen für die Umwandlung eines reaktiven Innendienstes in einen verkaufsaktiven Innendienst? Hierzu einige Gedankenanstöße:

- Empfinden viele Innendienstmitarbeiter einen »Mangel« in ihrer täglichen Rolle? Sie sind zwar oftmals unzufrieden über ihre Akzeptanz im Unternehmen und unbefriedigende Abläufe, aber sie haben sich überwiegend mit den Aufgaben und der Rolle arrangiert.
- Wie sieht es mit der »Schmerzvermeidung« aus? Die Unternehmen haben die Mitarbeiter im Innendienst über Jahrzehnte hinweg in ihrer heutigen Rolle als Stapelbearbeiter, Krisenbewältiger, Vertrieb zweiter Klasse et cetera konditioniert. Viele Mitarbeiter im Innendienst können sich kaum vorstellen, was auf sie zukommen wird in einer veränderten Rolle. Da diese Mitarbeiter in der Vergangenheit genügend »Prügel« bezogen haben, versuchen sie erst einmal, auf der aus ihrer Sicht sicheren Seite zu bleiben, und stehen Neuerungen zögerlich und skeptisch gegenüber. Das heißt aber nicht, dass sie sich keinen Paradigmenwandel wünschen.
- Wie steht es mit der »Lustgewinnung«? Viele Innendienstmitarbeiter wünschen sich einen Wandel und sind grundsätzlich auch bereit dazu. Es liegt nun an den Führungsverantwortlichen, die Mitarbeiter in die bipolare »Zange« zu nehmen und ihnen ausreichend Lust zu vermitteln,

damit sie nicht mehr die Schmerzen der Vergangenheit »erleiden« müssen.
- Wie sehen die Lernsoftware und der Autopilot der Innendienstmitarbeiter aus? Viele Innendienstmitarbeiter haben die Empfindung, dass sie in der Wertigkeit eher unten stehen. Prüfen Sie selbst, bei welchen Tagungen, Messen, Trainings, Kundenverhandlungen Innendienstmitarbeiter in der Vergangenheit regelmäßig präsent waren. Und jetzt sagen wir den Mitarbeitern: »Ab morgen seid ihr ein gleichwertiges Mitglied der Vertriebsfamilie.« Dass dies nicht so ohne Weiteres funktionieren wird, ist einleuchtend.
- Wie sieht es mit der »emotionalen Intensität« aus? Wir haben es jahrelang mit der Formel »Dauer × Häufigkeit« versucht. Wenn Emotionen ins Spiel kamen, waren es meist Appelle und Druck. Das bipolare System verlangt aber eine Balance zwischen Schmerz und Lust. Auf dieser Klaviatur wurde kaum gespielt. Um Erfolg zu haben, muss die Formel jetzt heißen: »Dauer × Häufigkeit × emotionale Intensität«.

11.2 Am Anfang steht eine Idee

Am Beginn einer Veränderung steht meist ein Gedanke, eine Vision. Durch Fakten entstehen selten neue Entwicklungen, denn was wir mental nicht begreifen können, entzieht sich unseren Möglichkeiten. Menschen benötigen eine geistige Landkarte, um sich für Ziele einzusetzen.

Konfuzius hat drei Wege zur Zielerreichung beschrieben. Ziele kann man erreichen durch: Nachdenken – dies ist der edelste Weg. Erfahrung – dies ist der bitterste Weg. Nachahmung – dies ist der leichteste Weg.

Es ist nicht notwendig, das Rad immer wieder neu zu erfinden. Leichter ist es, sich an Beispielen von positiv abgeschlossenen Prozessen zu orientieren. Nachhaltige Motivation kommt von innen. Die Verfolgung eines klar abgesteckten Ziels ist nötig, sonst verlaufen die Veränderungsanstrengungen im Sande.

Verlieren Sie nie den Grundsatz der sich selbst erfüllenden Prophezeiung aus den Augen. Das Unterbewusstsein der Menschen arbeitet daran, Einklang mit der Selbstwahrnehmung zu erreichen. Der Glaube an das Gelingen setzt ungeheure Kräfte frei, während der Glaube an das Versagen mit hoher Wahrscheinlichkeit ebenfalls das erwartete Ergebnis zeitigen wird.

Durch eine gezielte Entscheidung kann die Energie der Mitarbeiter auf jeden Punkt gelenkt werden. Voraussetzung: Der Punkt muss ihnen wichtig genug erscheinen und sie emotional interessieren. Denn im Streit zwischen Intellekt und Gefühl siegt immer das Gefühl. Dabei benötigen die Mitarbeiter oftmals harte Fakten, um sich selbst zu vertrauen.

> **Fazit**
>
> ✔ Veränderungen sind für jeden Menschen unangenehm.
> ✔ Nur wenn Menschen emotional angesprochen werden und wenn gleichermaßen Schmerzvermeidung und Lustgewinnung angeregt werden, ist eine ausreichende Motivation möglich.
> ✔ Das Bedürfnis, Schmerz zu vermeiden, ist im Zweifel der stärkere Motivator.
> ✔ Ohne Emotionen ist keine dauerhafte Veränderungsbereitschaft möglich.
> ✔ Am Anfang einer Veränderung steht meist ein Gedanke, eine Vision.
> ✔ Das Selbstbild der Mitarbeiter hängt entscheidend davon ab, welche Erfahrungen sie in der Vergangenheit gemacht haben.

12 Das Mitarbeiterprofil des verkaufsaktiven Innendienstes

Im Kapitel 19 »Werkzeuge des verkaufsaktiven Innendienstes« werden Sie ein Kundenbewertungssystem kennenlernen, mit dem Sie sicher und unkompliziert Kunden clustern können. Derartige Systeme haben das Ziel, den Kundenwert für das eigene Unternehmen zu bestimmen und eine Zuordnung der internen Vertriebsressourcen – Key-Account-Management, Flächenvertrieb und Innendienst – zur Bearbeitung dieser Kunden vorzunehmen. Die klassische Vorgehensweise, wonach der Außendienst für die Betreuung und Gewinnung der Kunden vor Ort und der Innendienst für die Abwicklung der Kundenkontakte zuständig ist, ist nicht mehr zeitgemäß. Gründe hierfür sind unter anderem:

- *Der Kundenwert:* 30 bis 40 Prozent der Kunden erzielen einen negativen Deckungsbeitrag. Das Problem: Die Unternehmen kennen diese Kunden nicht, denn durch die Gemeinkostenverteilung wird der tatsächliche Kundenwert verschleiert.
- *Die Betreuungsquote des Außendienstes:* Viele Außendienstmitarbeiter haben zu viele Kunden in ihren Verkaufsgebieten. Eine konsequente und professionelle Bearbeitung ist deshalb oftmals nicht möglich.
- *Das Zeitmanagement des Außendienstes:* Der Außendienst verbringt zu viel Zeit bei C-Kunden und konzentriert sich zu wenig auf A-Kunden und B-Kunden mit Potenzial. Dauerhafte Appelle nützen wenig.

Die drei genannten Gründe regen dazu an, über den Einsatz eines verkaufsaktiven Innendienstes nachzudenken und Aufgaben vom Außendienst auf den Innendienst zu verlagern, verbunden mit einer veränderten Kundenverantwortlichkeit für den Außendienst.

Wie verändert sich damit das Aufgabenprofil der Innendienstmitarbeiter? Ein Rezept für ein allgemeingültiges Mitarbeiterprofil gibt es nicht. Jedes Unternehmen ist aufgerufen, auf Basis der Branche, der Kundentypologie und der eigenen Vertriebsziele ein Personen- und Aufgabenprofil für die Innendienstmitarbeiter zu erarbeiten.

Beachten Sie dabei, dass jeder Mitarbeiter auf bestimmten Feldern Top-Leistungen erbringen kann, auf anderen Feldern dagegen »schwächelt«. Ist er deswegen nur eingeschränkt fähig? Nein, jeder Mensch hat seine Fähigkeiten und Begrenzungen. Auf diesen Aspekt achten Führungsverantwortliche leider viel zu wenig. Gerade bei der Erledigung der Innendienstaufgaben wirkt dieser Aspekt besonders nachhaltig. Für manche Mitarbeiter ist die tägliche Kommunikation mit Kunden, das Ringen um Aufträge oder das Sich-Beweisen in schwierigen Situationen ein Spaßfaktor, für andere ist es eher eine Bedrohung. Wenn Sie jetzt versuchen, einen Mitarbeiter für alle Aufgaben einzusetzen, nutzen Sie unter Umständen nicht die besonderen Fähigkeiten dieses Mitarbeiters. Aus diesem Grund plädiere ich, wenn es die Unternehmensgröße und die Organisationsstruktur zulassen, für eine Trennung von administrativen und verkaufsaktiven Tätigkeiten. Eine Aufgabenteilung könnte zum Beispiel sein:

- *Administrativer Innendienst:* Diese Innendienstmitarbeiter sind für die interne Abwicklung der Kundenkontakte verantwortlich und koordinieren die externen und internen Transaktionsprozesse. Aufgaben sind zum Beispiel: Auftragsprüfung, EDV-Eingaben, Terminverfolgung, Logistik.
- *Verkaufsaktiver Innendienst:* Diese Innendienstmitarbeiter konzentrieren sich auf die verkäuferischen Aspekte des Kundenmanagements und werden im Rahmen der Möglichkeiten von den administrativen Aufgaben freigehalten. Aufgaben sind zum Beispiel: Angebotsmanagement, Auftragsverhandlungen, aktive Betreuung von definierten Kunden, Vertriebscontrolling.

12.1 Analyseverfahren zur Persönlichkeitsbestimmung

Die Fähigkeiten von Mitarbeitern zu beurteilen ist eine sehr komplexe Aufgabe. Unternehmen stehen dafür diverse Verfahren zur Verfügung:

- *Assessments:* ein sehr zeitaufwendiges und kostenintensives Verfahren. Ich persönlich bin kein Freund von Assessments. Zum einen gibt es Mitarbeiter, die mit Prüfungssituationen sehr schlecht umgehen können und daher in einem Assessment ihre wahren Fähigkeiten nicht abrufen können. Zum anderen werden heute Seminare angeboten, um in Assessments gut abzuschneiden. Wie aussagefähig Assessments sind, hängt in einem hohen Maße von der Durchführungsqualität ab, und diese stelle ich in manchen Fällen infrage. Ein Dienstleister zum Beispiel führte ein Assessment für zukünftige verkaufsaktive Innen-

dienstmitarbeiter durch, hinterfragte aber während des Prozesses fast ausschließlich administrative Fähigkeiten.
- *Persönlichkeitstests:* Diese sind eher günstig und schnell durchzuführen. Sie können sicherlich dabei unterstützen, die persönlichen Fähigkeiten eines Mitarbeiters besser einzuschätzen. Achten Sie beim Einsatz derartiger Tests darauf, dass Mitarbeiter nicht bewertet werden, sondern dass ausschließlich Fähigkeiten, ob bewusst oder unbewusst, herausgefiltert werden. Ich möchte nicht verhehlen, dass ich viele Persönlichkeitstests für unwirksam und nicht zielführend halte.
- *Kernkompetenzanalysen:* Solche Verfahren sind sehr umfassend und, wenn eine hohe fachliche Qualität dahintersteckt, sehr aussagefähig. Aber auch sie sind sehr kostenintensiv und für den Innendienst nur bedingt geeignet.

Die genannten oder ähnliche Verfahren können Unternehmen für Neueinsteiger einsetzen. Für das bestehende Team sind derartige Analyseverfahren nur auf freiwilliger Basis möglich, oftmals auch nur mit Einverständnis der Arbeitnehmervertretung.

Ein praxisnaher Ansatz für Innendienstleiter, die Fähigkeiten der Mitarbeiter herauszufiltern, ist deshalb der Coaching-Ansatz. Coaching bezieht sich auf das Tagesgeschäft, der Führungsverantwortliche rückt näher an den einzelnen Mitarbeiter heran – fachlich und mental. In diesem Prozess können die Fähigkeiten von Mitarbeitern durch ihre tägliche Aufgabenerfüllung herausgefiltert werden. Gerade wenn Mitarbeiter mit Sonderaufgaben betreut werden, können Sie feststellen, zu welchen Leistungen der zu Beurteilende fähig *und* bereit ist.

12.2 Grundtendenzen der Persönlichkeit

Um eine grundsätzliche Vorstellung von Mitarbeiterfähigkeiten herauszuarbeiten, finden Sie nachstehend, sicherlich grob vereinfachend und ohne Anspruch auf wissenschaftliche Überprüfung, einige Grundtypen (Schubladen) skizziert:

- *Systematische Mitarbeiter.* Vorteile: Sie arbeiten sehr strukturiert und analytisch. Sie besitzen die Fähigkeit, logische Argumentationen aufzubauen und sich mit konstruktiver Kritik auseinanderzusetzen. Nachteile: Sie sind manchmal zu detailorientiert, kümmern sich zu sehr um das Kleingedruckte und verlieren damit den Blick für das Ganze. Außerdem laufen sie Gefahr, sich zu sehr zu verzetteln.

- *Kontaktorientierte Menschen.* Vorteile: Sie vermitteln Verbindlichkeit und Einfühlungsvermögen. Sie stellen schnell Kontakte auf der Sympathieebene her und finden leicht Zugang zu Gesprächspartnern. Nachteile: Sie haben einen starken Wunsch nach Harmonie und neigen dazu, allzu diplomatisch zu agieren. Sie besitzen ein ausgeprägtes Helferprogramm und laufen Gefahr, von egoistischen Zeitgenossen ausgenutzt zu werden. Sie können nicht Nein sagen und gehen Konflikten eher aus dem Wege.
- *Aktionsgetriebene Menschen.* Vorteile: Sie treiben Dinge pragmatisch nach vorn und können sich und andere begeistern und mitreißen. Sie kämpfen für ihre Ziele und lassen auch bei »Niederlagen« nicht locker. Nachteile: Ihr Dominanzanteil ist teilweise sehr hoch. Sie merken deshalb manchmal nicht, wann es sinnvoll ist, auf die Bremse zu treten. Sie neigen dazu, zu viel selbst machen zu wollen, und geraten dadurch in eine Macherfalle.

Das ist natürlich eine Schwarz-Weiß-Betrachtung. Wenn Sie sich aber mit der Einführung oder Optimierung eines verkaufsaktiven Innendienstes befassen: Welchen Mitarbeitern mit welchen persönlichen Profilen trauen Sie diese verantwortungsvolle Aufgabe zu? Schön wäre es natürlich, wenn bei den Mitarbeitern alle drei Ebenen gleichermaßen austariert wären. Doch ist dieser Wunsch realistisch? Wenn Sie solche Personen finden, dann werden Sie es schwer haben, diese Mitarbeiter in der Position zu halten. Denn diese Mitarbeiter besitzen Führungsqualitäten und streben in der Regel nach weitergehenden Herausforderungen.

Denken Sie noch einmal an den Reifegrad von Unternehmen, die Wertewelt und die Organisationsziele. Welcher Mitarbeitertyp bietet sich für Ihre Ist-Situation an? Unternehmen in der Establishment-Phase beispielsweise benötigen eher einen systematischen Mitarbeiter für den verkaufsaktiven Innendienst, für Unternehmen in der Expansionsphase sind aktionsgetriebene Mitarbeiter gut geeignet. Hinterfragen Sie Mitarbeiterfähigkeiten immer vor dem Hintergrund der spezifischen Unternehmenssituation und Wertewelt. Welcher Mitarbeiter mit welchen Fähigkeiten und Einstellungen passt zu welchem Unternehmen?

Praxisbeispiel: Viele Persönlichkeitstypen – ein Team

In einem Unternehmen der Investitionsgüterindustrie gab es die klassische Aufteilung Außendienst und Innendienst. Die Geschäftsleitung entschied, dass ein verkaufsaktiver Innendienst eingeführt werden sollte – mit dem Ziel, definierte Kunden eigenverantwortlich zu bearbeiten.

> Zuerst wurde an den Außendienst appelliert, diese Kunden nicht mehr zu bearbeiten, doch dies geschah mit wenig Erfolg. Es wurden immer wieder Argumente gefunden, auch bei C-Kunden präsent zu sein. Erst nachdem C-Kundenumsätze nicht mehr dem Außendienst gutgeschrieben und bonifiziert wurden, erledigte sich das Thema – nach zunächst heftiger Gegenwehr – von selbst. Denn welcher Außendienst betreut schon gern Kunden, für die er keine Umsätze gutgeschrieben bekommt und keine Provisionen erhält?
> Die Innendienstmitarbeiter waren vor Beginn der Umstellung sowohl administrativ als auch verkaufsaktiv tätig, wobei der administrative Teil überwog. Es zeigte sich sehr schnell, dass bestimmte Mitarbeiter stärker in der Administration, andere stärker in der verkaufsaktiven Kundenansprache waren. Dies führte zu einer Umstellung der Tätigkeitsfelder.
> Es wurde nun eine Mitarbeitergruppe gebildet, die fast ausschließlich für die proaktive Kundenansprache – Cross-Selling, Neuproduktinformationen, Marketingideen et cetera – zuständig war. Die andere Mitarbeitergruppe wurde darauf ausgerichtet, das Kundenmanagement innerhalb der eigenen Organisation zu koordinieren und die administrativen Kundenprozesse zu steuern. Interessant war, dass sich zu Beginn die administrative Gruppe – trotz aller Argumente der Führungsverantwortlichen – benachteiligt fühlte gegenüber der verkaufsaktiven Gruppe, sich also quasi als ein Vertrieb dritter Klasse sah.
> Durch die praktischen Erfahrungen konnten faktische Bedenken und emotionale Befindlichkeiten nach einiger Zeit abgebaut werden. Das Team hat inzwischen keine Probleme mehr damit, über gemeinsame Teamziele geführt und bewertet zu werden. Außerdem hat sich die Zusammenarbeit mit dem Außendienst verändert. Wo früher Status und Machtspiele im Vordergrund standen, akzeptieren heute alle Beteiligten, dass durch ein Miteinander ehrgeizige Ziele leichter erreicht werden können. Die Vorteile der Neuordnung sind heute akzeptiert und werden in diesem Unternehmen weiterentwickelt.

12.3 Aufgabenprofil des verkaufsaktiven Innendienstes

Die vorhergehenden Ausführungen zeigen, dass sich das Aufgabenspektrum des Innendienstes in den kommenden Jahren erheblich verändern wird. Die Ausrichtungen werden natürlich sehr individuell ausfallen. Deshalb ist es auch hier nur möglich, Szenarien aufzuzeigen.

In den vorangegangenen Kapiteln wurde immer wieder darauf hingewiesen, dass Unternehmen fahrlässig handeln, wenn sie das Mitarbeiterwissen nicht für ihre strategischen Überlegungen nutzen. Mitarbeiter sind fachliches Kapital, sie wissen viel über den Markt, die Kunden und den Wettbewerb. Gerade der Innendienst als Schnittstelle zwischen eigenem Unternehmen und Kunden kann als Ideengeber fungieren. Binden Sie deshalb den Innendienst in die *operative Vertriebsstrategieentwicklung* ein. So können Sie sich das Wissen der Innendienstmitarbeiter zunutze machen:

- *Gestaltung von Verkaufskonzepten:* Der Innendienst kann Ideen geben, wie Verkaufskonzepte bei den Kunden erfolgreich platziert werden können. Durch die zahlreichen Kundenkontakte haben viele Vertriebsmitarbeiter ein gutes Gefühl für Marktentwicklungen und Kundenwünsche.
- *Entwicklung neuer Markt- und Kundensegmente:* Jedes Unternehmen hat die Aufgabe, zu überprüfen, ob Chancen in neuen Markt- und Kundensegmenten bestehen. Beim Innendienst laufen jeden Tag Anfragen von Marktteilnehmern ein, die nicht zum bestehenden Kundenportfolio gehören. Die Mitarbeiter können Auskunft darüber geben, aus welchen bisher noch nicht bearbeiteten Bereichen verstärkt Nachfragen kommen und Ideen liefern, welche Teilmärkte zukünftig interessant werden könnten.
- *Mitgestaltung eines Datenmanagements:* Generiertes Wissen ist dann wertvoll für ein Unternehmen, wenn das Wissen für alle am Kundenprozess beteiligten Mitarbeiter verfügbar ist. Der Innendienst als Schnittstelle kann Hinweise geben, welche Informationen unbedingt zur Verfügung stehen sollen (Muss-Informationen) und welche Zusatzinformationen sinnvoll sind (Kann-Informationen).

Neben der Einbindung bei strategischen Fragen spielt auch die zukünftige Einbindung in *operative Umsetzungsentscheidungen* eine wichtige Rolle. Gerade hier kann der Innendienst seine Praxiserfahrungen einbringen:

- *Übernahme von Aufgaben innerhalb von Kundenprojekten:* Kundenprojekte werden immer komplexer und müssen immer stärker koordiniert und moderiert werden. Der Innendienst verfügt über umfangreiche Schnittstellenerfahrungen und kann diese in Projektteams tragen.
- *Gewinnung neuer Kunden:* Der Innendienst wird täglich mit Anfragen (potenzieller) neuer Kunden konfrontiert. Die Mitarbeiter haben deshalb oftmals ein feines Gespür für Chancen und Risiken und sind deshalb wertvoll als Hinweisgeber.
- *Steigerung der Kundenkontaktquoten*: Mit Kunden zu kommunizieren, unabhängig von Projekten oder aktuellen Aufträgen, wird zu einem der wichtigsten Erfolgsfaktoren. Der Innendienst hat in der Regel den umfassendsten Kundenkontakt. Binden Sie ihn ein, wenn es darum geht, ein Kundenkontaktkonzept zu entwickeln.
- *Cross-Selling:* Der Verkauf von Zusatzleistungen steht heute bei jedem Unternehmen auf der Agenda. Der Innendienst kann zu einem Treiber werden, Cross-Selling proaktiv nach vorn zu bringen.

Wenn Sie den Innendienst stärker als bisher in operative Strategieentwicklungen und operative Umsetzungsentscheidungen einbinden, wird dies zu Konsequenzen bei den Aufgabenstellungen der Mitarbeiter führen. Schauen Sie sich die folgenden Einzelbausteine an und prüfen Sie für Ihr Team, welche Tätigkeiten infrage kommen. Im Einzelnen kommen vielfältige Aufgaben auf die verkaufsaktiven Mitarbeiter zu. Hier einige Bausteinbeispiele:

Identifikation von wertigen Kunden und Projekten

- *Markt-/Kundenrecherchen:* Durchführung von Markt- und Kundenrecherchen zur Weiterentwicklung der Vertriebsstrategie.
- *Kundenbewertungen und -analysen:* Durchführung von Kundenbewertungen und Kundenanalysen zur Clusterung von Kunden und Steuerung der Vertriebsaktivitäten.
- *Durchführung von Vertriebscontrolling-Aufgaben:* Übernahme von Vertriebscontrolling-Aufgaben zur Steuerung des Key-Account-Managements und des Außendienstes.
- *Aktive Bearbeitung von Anfragen:* Gezielte Ansprache von potenziellen Kunden mit dem Ziel, die Kundennachfragen zu erhöhen.
- *Angebotserstellung und -verfolgung:* Eigenständige Erstellung und Verfolgung von Angeboten mit dem Ziel, die Angebots-Auftragsquote zu erhöhen.
- *Präsenz auf Messen, Kongressen, Events:* Regelmäßige Teilnahme an externen Veranstaltungen des Unternehmens.

Umsetzung verkaufsaktiver Prozesse

- *Vorbereitung und Durchführung von telefonischen Verkaufsgesprächen:* Erhöhung der Kontaktfrequenz und Übernahme von klar definierten Kundenverantwortlichkeiten.
- *Teilnahme an Verkaufsgesprächen bei Kunden:* Beteiligung an wichtigen Verkaufsgesprächen – Top-Projekte, Jahresverhandlungen et cetera – mit dem Ziel, die Einhaltung der internen Prozesse sicherzustellen.
- *Nachbereitung von Verkaufsgesprächen:* Vermittlung der Kundengespräche in die interne Organisation.
- *Überwachung der Vereinbarungen:* Sicherstellung, dass alle Kundenzusagen in hoher Qualität eingehalten werden.
- *Mitgestaltung neuer Serviceideen:* Im Innendienst laufen täglich neue Kundenwünsche auf, die Ideen für neue Serviceleistungen bieten. Der

Innendienst wird zum Informant des Produktmanagements und Marketings.
- *Aufbau eines Beziehungsnetzwerks bei Kunden:* Viele Vertriebsorganisationen verfügen nur bedingt über gut ausgebaute Beziehungsnetzwerke bei wichtigen Kunden. Der Innendienst kann die Aufgabe übernehmen, gezielt definierte Gesprächspartner auf der Kundenseite zu identifizieren und durch geeignete Maßnahmen näher an das eigene Unternehmen heranzuführen.
- *Durchführung von Verkaufsaktionen per Telefon:* Kampagnenmanagement ist für Unternehmen der Gebrauchs- und Konsumgüterindustrie ein wichtiger Verkaufsfaktor. Der Innendienst kann hier entweder aktiv tätig werden oder ein Callcenter fachlich steuern.

Umsetzung administrativer Verkaufsprozesse

- *Auftragsbearbeitung:* Abwicklung der eingehenden Aufträge.
- *Überwachung von Terminvereinbarungen:* Terminabstimmungen mit der Produktion, Logistik et cetera.
- *Vorbereitung von Verkaufsunterlagen:* Versand von Broschüren, technischen Unterlagen et cetera.
- *Tourenmanagement für den Außendienst:* Ein heikler Punkt. Das Zeitmanagement und die Tourenplanung mancher Außendienstmitarbeiter lassen zu wünschen übrig. Appelle oder Schulungen sind nur selten erfolgreich, da nicht das rationale Verständnis der betreffenden Außendienstler betroffen ist, sondern deren Persönlichkeitsmerkmale. Einige Unternehmen lassen, mit gutem Erfolg, teilweise oder ganz das Gebietsmanagement durch den Innendienst steuern.
- *Aktives Reklamationsmanagement:* Reklamationen sind Chancen. Der Innendienst kann dafür sorgen, dass Reklamationen schnell, kulant und kundenerhaltend erledigt werden.
- *After-Sale-Service:* Nach dem Verkauf ist vor dem Verkauf. Jeder Verkaufsabschluss zieht die Frage nach sich: »Wann machen wir den nächsten Abschluss miteinander?« Für diese Fragestellung ist der Innendienst prädestiniert.

Die genannten Aufgabenstellungen erweitern das heutige Spektrum vieler Innendienstmitarbeiter und begründen einmal mehr die Frage nach den zukünftigen Mitarbeiterfähigkeiten.

12.4 Schnittstellen zwischen Innen- und Außendienst bestimmen

Die Vernetzung der Außen- und Innendienstaktivitäten ist ein Muss. Voraussetzung ist, dass die Vertriebsziele von allen Beteiligten verstanden werden und sie ein Commitment dafür abgeben. Bei der Bestimmung der Schnittstellen stehen sehr häufig mehr emotionale Befindlichkeiten im Vordergrund als faktische Betrachtungen. Es geht um Einfluss, Machtpositionen oder Herrschaftswissen. Was immer diese Punkte für den einzelnen Mitarbeiter bedeuten, akzeptieren Sie, dass zu Beginn des Umstellungsprozesses einzelne Mitarbeiter oder auch Mitarbeitergruppen in Gewinner-Verlierer-Kategorien denken und argumentieren. Lassen Sie sich dadurch nicht irritieren, das ist immer ein Bestandteil eines derartigen Prozesses.

Der Außendienst sieht sich nicht selten als Verlierer und der Innendienst revanchiert sich manchmal für jahrelange »Niederlagen«. Es ist nicht leicht für den Außendienst, zu akzeptieren, dass er in Zukunft teilweise auch durch den verkaufsaktiven Innendienst gesteuert wird. Der Weg von einer Einbahnstraße zu einer Zweibahnstraße ist manchmal sehr steinig. Prüfen Sie, welche Schnittstellen zwischen dem Innen- und Außendienst zielführend sind. Hierzu einige Gedankenanstöße:

- *Kundenanfragen:* Der Vertriebsinnendienst überprüft Anfragen auf Wertigkeit und erledigt Standardanfragen selbstständig. Nur komplexe und wertige Anfragen werden durch den Außendienst bearbeitet.
- *Kundenbearbeitung:* Der Innendienst bearbeitet C- und D-Kunden eigenverantwortlich, der Außendienst ist für A- und B-Kunden zuständig.
- *Reklamationsmanagement:* Der Innendienst recherchiert alle Daten und erledigt, wenn möglich, Reklamationen selbstständig. Der Außendienst bearbeitet nur die Reklamationen, die einen persönlichen Besuch erfordern.
- *Messenachbereitung:* Der Innendienst versendet angeforderte Firmenunterlagen, fasst nach einiger Zeit nach und entscheidet, ob ein Außendienstbesuch notwendig ist. Der Außendienst besucht ausschließlich wichtige potenzielle Neukunden.

Ein Verfahren, Schnittstellen zu bestimmen, ist die Analyse der Kundenkontakte durch die einzelnen Unternehmensbereiche.

> **Praxisbeispiel: Analyse der Kundenkontakte**
>
> Ein Anbieter technischer Produkte analysierte, welche Kundenkontakte einzelne Unternehmensbereiche unterhielten, und unterteilte diese in »hohe/geringe Kundenkontakte«. Das Management war erstaunt über die Vielzahl der unterschiedlichen Kontakte zu den Kunden.
> Hohen Kundenkontakt hatten die Bereiche Verkaufsinnendienst, Entwicklung Sonderprodukte, Logistik, Außendienst, Auftragsabwicklung, anwendungstechnische Beratung und technischer Kundendienst. Geringen Kundenkontakt hatten die Bereiche Geschäftsleitung, Marketing, Entwicklung, Produktion und Controlling.
> Nun wurden Schnittstellen gebildet und für Regionen und Kundengruppen interne Vertriebsteams, koordiniert durch den Innendienst, gebildet. Der Innendienst moderierte das Kundenmanagement und sorgte dafür, dass alle Beteiligten mit einer Sprache auf die Kunden zugingen und abgestimmte Aussagen getroffen wurden.

12.5 Aufgabenprofile der Zukunft

Der verkaufsaktive Innendienst trennt sich von der Rolle des Sachbearbeiters und übernimmt zunehmend *operative Steuerungsaufgaben*, zum Beispiel Aufgaben im Vertriebscontrolling. Der Verkäufer im Innendienst ist in der Lage, morgen einen Außendienst-Verkaufsbereich zu übernehmen.

Ziel ist, die Produktivität im Vertrieb zu steigern – dies wird ermöglicht durch eine Konzentration des Außendienstes auf die wichtigen Kern- und Zukunftsaufgaben unter Berücksichtigung von Kostenaspekten bei gleichzeitiger Erhöhung der Kontaktfrequenz über den Verkaufsinnendienst. In Zukunft wird der verkaufsaktive Innendienst den qualifizierten Kontakt zu den Betreuungskunden noch weiter ausbauen. Er entscheidet mit, inwieweit der Einsatz des Außendienstes, der Anwendungstechnik et cetera sinnvoll ist.

Das bedeutet einen Paradigmenwechsel für Unternehmen. Fragen Sie sich dazu unter anderem:

- Verfügen Ihre Mitarbeiter im Innendienst über ein derartiges Profil oder entsprechende Fähigkeiten? Wenn ja, wie können diese Mitarbeiter gehalten und weiterentwickelt werden? Wenn nein, welche Mitarbeiter können in diese Richtung entwickelt werden beziehungsweise welche Mitarbeiter müssen für Ihr Unternehmen gewonnen werden?
- Wie gehen Sie mit den zu erwartenden Aufständen des Außendienstes um, der seine »Macht« in Gefahr sieht?
- Wie konsequent sind Sie in der Umsetzung Ihrer Ideen?

Fazit

✔ Die klassische Vorgehensweise, bei welcher der Außendienst für die Betreuung und Gewinnung der Kunden vor Ort und der Innendienst für die Abwicklung der Kundenkontakte zuständig ist, ist nicht mehr zeitgemäß.
✔ Beachten Sie, dass jeder Mitarbeiter auf bestimmten Feldern Top-Leistungen erbringen kann, auf anderen Feldern dagegen »schwächelt«.
✔ Die Fähigkeiten von Mitarbeitern zu beurteilen ist eine sehr komplexe Aufgabe. Ein praxisnaher Ansatz für Innendienstleiter, die Fähigkeiten der Mitarbeiter herauszufiltern, ist deshalb der Coaching-Ansatz.
✔ Binden Sie den Innendienst in die operative Vertriebsstrategieentwicklung und in operative Umsetzungsentscheidungen ein.
✔ Die Vernetzung der Außen- und Innendienstaktivitäten ist ein Muss. Voraussetzung ist, dass die Vertriebsziele von allen Beteiligten verstanden werden und sie ein Commitment dafür abgeben.
✔ Der verkaufsaktive Innendienst trennt sich von der Rolle des Sachbearbeiters und übernimmt zunehmend operative Steuerungsaufgaben.

13 Die Mitarbeiter für die neuen Aufgaben fit machen

Die Neuorientierung oder Weiterentwicklung des Innendienstes und der Innendienstmitarbeiter wird durch diverse Faktoren bestimmt:

- *Vertriebsstrategie:* Welche generellen Vertriebsziele verfolgt der Vertrieb und wie passen diese Ziele zu den vorhandenen Ressourcen im Innendienst?
- *Vertriebsprozesse:* Sind die vorhandenen Ablaufprozesse im Innendienst für die angepeilten Vertriebsziele zeitgemäß?
- *Vertriebsstrukturen:* Erleichtern oder erschweren die aktuellen Organisationsstrukturen im Innendienst das Erreichen von ehrgeizigen Zielen?
- *Vertriebssysteme:* Sind die derzeitigen Systeme – CRM-Systeme, Kennzahlensysteme et cetera – geeignet, ausreichend Unterstützung für eine aktive Markt- und Kundenbearbeitung zu bieten?
- *Vertriebskultur:* Ist die aktuelle Vertriebskultur stark genug, den Wandel positiv zu tragen?

Im Kapitel 11 »Die ›gehirngerechte‹ Vermittlung von Zielen« wurde ein kurzer Ausflug in die Neurowissenschaften unternommen. Schauen Sie sich nachfolgend weitere Gedanken zum Verhalten von Menschen an, um zu verstehen, warum sich Mitarbeiter so schwertun mit Veränderungen.

13.1 Mitarbeitermotive erkennen und ansprechen

Wie bereits an früherer Stelle ausgeführt, werden Menschen über ein bipolares System gesteuert. Dabei spielt es keine Rolle, ob sie sich darüber bewusst sind oder nicht. Das System ist der Treiber unserer Aktivitäten – ein Leben lang. Zwei wesentliche Säulen der Psyche sind die Bereiche »Schmerzvermeidung« und »Lustgewinnung«. Schmerzvermeidung ist langfristig ausgelegt. Erfahrungen, bei denen wir uns verletzt fühlten, versuchen wir künftig aus dem Wege zu gehen. Und je intensiver wir die Schmerzen erlebten, desto nachhaltiger ist das Verlangen nach einem Ausweichen in einer vergleichbaren Situation. Lustgewinnung dagegen ist kurzfristig ausgelegt. Was uns Spaß macht, versuchen wir immer wieder zu erreichen beziehungsweise zu steigern.

Führungskräfte versuchen, die positiven Motive (Lustgewinnung) der Mitarbeiter anzusprechen, oder üben in manchen Fällen Druck (Schmerzvermeidung) aus. Die einseitige Ansprache einer Motivebene führt allerdings selten zu einem dauerhaften Erfolg, denn Lust bedarf immer einer Steigerung, um langfristig zu wirken (was kaum möglich ist), und Schmerz zieht die Mitarbeiter eher herunter. Um Mitarbeiter dauerhaft für eine Veränderung zu gewinnen, ist die gleichzeitige Ansprache unseres inneren bipolaren Systems – Schmerzen zu vermeiden und Lust zu gewinnen – notwendig. Wer nicht mit den Mitarbeitern erarbeitet, welche Prozesse, Aufgaben, Tätigkeiten et cetera keinen Spaß mehr machen, und gleichzeitig definiert, welche Alternativen dazu aufgebaut werden können zur Steigerung der »Lust«, wird die Motivlage der Mitarbeiter nur bedingt erreichen.

Menschen speichern ihre Lebenserfahrungen – positive und negative Reize – lebenslang auf ihrer inneren Festplatte ab, damit diese als Referenzmodelle schnell zu Entscheidungsfindungen zur Verfügung stehen. Dieser evolutionär verankerte Vorgang dient der Selbsterhaltung von Menschen. Aus diesem Referenzmodell bildet sich unser Autopilot, mit dem wir auf Basis unserer Vergangenheitserfahrungen durch das Leben steuern.

Jeder Reiz wird durch unser Gehirn daraufhin gescannt, ob hier ein Reiz – Schmerzvermeidung/Lustgewinnung – angesprochen wird. Auch wenn die selbsternannten Positiv-Denker es nicht gern hören: Der Bereich »Schmerzvermeidung« überlagert den Bereich »Lustgewinnung«. Es kommt dabei auch nicht auf die Fakten an, sondern auf das innere Bild – die Vorstellung, die wir von einer bestimmten Sache haben.

Zu beachten ist außerdem, dass das menschliche Gehirn »faul« ist. Das bedeutet, dass es versucht, mit wenig Aufwand viel zu erreichen. Deshalb merkt es sich nur Reize, die als wichtig erachtet werden.

Sehen Sie die innere Lernsoftware der Menschen gewissermaßen als eine Festplatte in einem Computer. Auf der Festplatte werden alle Reize abgespeichert, Schmerz, Lust und persönliche Mangelempfindungen. Um Menschen zu erreichen, sind nun drei Voraussetzungen notwendig:

1. Wichtig ist es, die Mitarbeiter mit ihrem Betriebssystem anzusprechen. Stellen Sie sich vor, ein Mitarbeiter nutzt Linux als Betriebssystem und Sie sprechen ihn mit dem Betriebssystem Microsoft an. Ihnen wird schnell klar, dass der Datenaustausch zwischen zwei unterschiedlichen Betriebssystemen schwierig ist. Übersetzen Sie dies auf den Kommuni-

kationsprozess. Wie oft sprechen Sie gezielt das Betriebssystem des Gegenübers an beziehungsweise berücksichtigen nicht oder nicht ausreichend, dass das Gegenüber ein anderes Betriebssystem besitzt?
2. Spielen Sie weiter das Computerbeispiel durch. Wenn Sie eine E-Mail erhalten mit einer angehängten Datei, für die Sie kein Programm auf Ihrem Computer haben, werden Sie die Datei nicht öffnen können. Genauso verhält es sich mit der Kommunikation: Wenn Sie nicht die Programme der Mitarbeiter identifizieren und Ihre Botschaften in deren Programme konvertieren, werden Ihre Botschaften die Mitarbeiter kaum erreichen.
3. Letztlich ist es entscheidend, die »Reizdatenbank« des Gegenübers zu scannen und herauszufinden, wo sein Mangel liegt und welche Schmerzen es vermeiden möchte sowie was ihm Lust bereiten könnte, diese Schmerzen nicht mehr zu haben.

Zusammengefasst heißt das: Wer nicht gezielt das Betriebssystem eines Menschen, seine vorhandenen Programme und individuelle »Reizdatenbank« anspricht, wird ihn kaum erreichen.

Die Festplatte des Gehirns ist ein Speichermedium, von dem sich die Entscheidungsebene des Gehirns die Informationen abholt. Evolutionär gesehen versuchen Menschen, mit wenig Aufwand viel erreichen. Jede Umprogrammierung unseres Autopiloten ist ein erheblicher Energieaufwand. Hier einige Beispiele aus dem Alltag:

- Besuch kommt zu Ihnen nach Hause und fragt nach eventuellen Stammplätzen. Höflicherweise verneinen Sie dies und prompt setzen sich die Gäste auf Ihre angestammten Plätze. Ihnen kommt Ihr Wohnzimmer den ganzen Abend sehr seltsam vor und Ihnen fallen unter Umständen Dinge an dem Raum auf, die Sie so noch nie gesehen haben. Kaum hat sich der Besuch verabschiedet, setzen Sie sich mit hoher Wahrscheinlichkeit wieder auf Ihre angestammten Plätze.
- In zweitägigen Seminaren mache ich mir manchmal den Spaß und vertausche abends die Namensschilder. Die Teilnehmer setzen sich am nächsten Morgen wie selbstverständlich auf ihre »angestammten« Plätze und sind dann ganz irritiert, wenn sie die Namensschilder an einem anderen Platz finden. Sie setzen sich dann aber selten auf den Platz mit ihrem Namensschild, sondern tauschen die Namensschilder aus.

Menschen versuchen, sich erst einmal gegen Neuerungen zu wehren. Sie sind bemüht, das »Bewährte« zu bewahren, und machen aus der Ist-Situation ihre Wahrheit. Damit entsteht ein Dreiklang »Wehren – Bewahren – Wahrheit«. Es greift das »Gesetz der Trägheit«.

13.2 Die Angst der Innendienstmitarbeiter vor Neuerungen

Übertragen Sie die Überlegungen aus dem letzten Abschnitt auf den Innendienst und reflektieren Sie dessen Ist-Situation: Er befindet sich seit Jahrzehnten überwiegend in einer Abwicklungsfunktion und die Mitarbeiter stehen einem Aufgaben-Wirrwarr gegenüber. Die Anerkennung von Leistungen ist nicht immer ausreichend ausgeprägt und der Innendienst ist hinsichtlich der Entlohnung ein Vertrieb zweiter Klasse. Dazu kommt noch, dass die Förderung der Innendienstmitarbeiter eher punktuell durchgeführt wird.

Das heißt: Die Innendienstmitarbeiter haben aus ihrer Sicht ein bestimmtes Bild von ihrer eigenen Arbeit. Und das strotzt leider oftmals nicht vor Selbstbewusstsein und Spaß an Weiterentwicklungen. In diesem Kontext soll nun die Neuorientierung stattfinden.

Die Mitarbeiter versuchen, die jetzigen »Komfortzonen« nicht zu verlassen und die bisherigen Tätigkeiten unverändert fortzusetzen. Sobald sie bei neuen Aufgaben an die Schmerzgrenzen aus ihrer Sicht stoßen, zucken sie zurück und versuchen, das Gewohnte beizubehalten. Und das nicht, weil sie unwillig oder nicht leistungsbereit sind, vielmehr ist das Gesetz der Trägheit aktiv. Dieses Gesetz gilt für *alle* Menschen – nur eben in unterschiedlichen Situationen mit unterschiedlicher Intensität. Es ist nun die Aufgabe der Verantwortlichen für den Innendienst, die Mitarbeiter über die Komfortzonen zu heben. Ein probates Mittel: Verändern Sie die Komfortzonen von Mitarbeitern, indem Sie ihnen immer neue Aufgaben geben.

Es ist ein weitverbreiteter Führungsirrtum, dass Führungspersonen für die Motivation ihrer Mitarbeiter verantwortlich sind. Die Führung ist vielmehr für das Angebot von Motiven verantwortlich, sodass die Mitarbeiter gerade in diesem Unternehmen gern arbeiten – weil auf Kreativität, Eigenverantwortung, Fairness, Spaß et cetera Wert gelegt wird. Auf der anderen Seite tragen die Mitarbeiter auf der Basis der angebotenen Motive die Verantwortung für ihre Eigenmotivation. Um die Mitarbeiter reif für die veränderten Aufgaben zu machen, sind drei Aspekte zu berücksichtigen:

1. *Das Wollen der Mitarbeiter:* Die Mitarbeiter müssen über ausreichend Eigenmotivation verfügen, eine generelle Zufriedenheit mit den angebotenen Motiven empfinden und Begeisterung für ihre Tätigkeiten verspüren.
2. *Das Können der Mitarbeiter:* Die Mitarbeiter müssen über ausreichend soziale, methodische und fachliche Kompetenzen verfügen oder Spaß daran haben, diese zu erlernen.
3. *Das Dürfen der Mitarbeiter:* Die Mitarbeiter müssen dürfen. Gute Mitarbeiter wünschen sich mehr Selbstbestimmung, Eigenverantwortlichkeit und herausfordernde Aufgaben.

Dürfen
Selbstbestimmung
Eigenverantwortlichkeit
Job-Enrichment

Das magische Dreieck

Wollen
Motivation
Zufriedenheit
Begeisterung

Können
Soziale Kompetenz
Fachliche Kompetenz
Methodische Kompetenz

Abbildung 14: Das Dürfen-Können-Wollen-Modell

Wenn in diesem magischen Dreieck nur einer der vorgenannten Aspekte fehlt oder unterentwickelt ist, ist eine problemlose Weiterentwicklung kaum durchführbar. Es ist fast unmöglich, Mitarbeiter zu ändern, die nicht die Gefahren sehen, die im Beharren auf einer Ist-Situationen liegen.

13.3 Die Phasen des Wandels

Das Mitnehmen der Mitarbeiter in einer Veränderungsphase verläuft meist in vier Phasen:

1. *Die Schnupperphase:* Die Mitarbeiter tasten sich vorsichtig und abwartend an neue Ideen heran. Sie verhalten sich eher höflich distanziert.
2. *Die Chaosphase:* Es kommt zu offenen Konflikten, Positionsverteidigung und Grüppchenbildung. Ein zähes Ringen um den richtigen Weg findet statt.
3. *Die Orientierungsphase*: Das Verhalten ändert sich, die Bereitschaft zu Kommunikation und Feedback verstärkt sich. Es setzt ein fairer Austausch der Standpunkte ein.
4. *Die Offensivphase:* Es herrschen Solidarität und Hilfsbereitschaft. Durch Ideen, Flexibilität und Offenheit steigt die Leistungsfähigkeit.

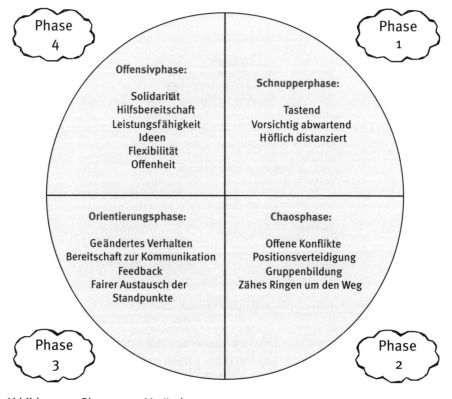

Abbildung 15: Phasen von Veränderungsprozessen

Ich werde oftmals gefragt, ob ein Veränderungsprozess ohne Chaosphase auskommt. Meine ehrliche Antwort: Ich habe in meiner langjährigen Berufspraxis immer das Ziel gehabt, 100 Prozent der Mitarbeiter auf die Zeitreise eines Veränderungsprozesses mitzunehmen, habe es aber nie geschafft. Und ich suche immer noch die Lösung, wie dieses zu bewerkstelligen ist. Meine Erfahrung bis heute ist: Keine Veränderung ohne Chaosphase! Das bedeutet auch, sich selbst einzugestehen, dass man eventuell nicht alle Mitarbeiter mitnehmen kann und es zu Trennungen kommen kann oder muss.

Viele Führungsverantwortliche vermitteln den Mitarbeitern zu Beginn einer Veränderungsphase einen »großen Bogen« mit strategischen Zielen, Visionen und ehrgeizigen Kennzahlen. Dabei stellt sich allerdings die Frage, ob das ein Mitarbeiter versteht, der bisher nur seine »kleine« reale Welt vor Augen hat. Und denken Sie wieder daran, dass Menschen zuerst über eventuelle Gefahren nachdenken, ehe sie sich auf die Lustebene begeben.

Wir sind zu schnell und nicht zu langsam bei der Vermittlung von Zielen. Mitarbeiter denken rückwärts gerichtet, das heißt, sie holen aus ihrer Lernsoftware die Erfahrung der Vergangenheit heraus und gleichen sie mit den angesprochenen Zielen ab. Es ist deshalb sinnvoll, das Gesamtziel zwar im Hinterkopf zu haben, es aber nicht unbedingt auszusprechen. Portionieren Sie das Gesamtziel in kleine Einzelziele und vermitteln Sie nur diese Teilziele. Der Vorteil ist, dass die Mitarbeiter Teilziele schneller erreichen können, dadurch mutiger werden und Schritt für Schritt an einer Ziellinie entlanggeführt werden.

> **Praxisbeispiel: Aufteilung in Einzelziele**
>
> Ein Unternehmen hatte das Ziel, den Innendienst als Profitcenter zu führen mit variablen Entlohnungselementen und einer hohen Eigenverantwortlichkeit. Dieses Ziel wäre dem bisher eher statisch geführten Innendienst kaum zu vermitteln gewesen. Es wurden deshalb vier Phasen bestimmt:
>
> 1. Es wurden neue Räumlichkeiten bezogen; in einem Workshop wurden Spielregeln für eine verbesserte Teamarbeit beschlossen; ein CRM-System wurde im Unternehmen eingeführt und geschult.
> 2. Das CRM-System wurde bis zu einem bestimmten Zeitpunkt mit einem definierten Erfüllungsgrad an Daten versehen; es wurden Telefontrainings veranstaltet und Workshops zur Verbesserung der Zusammenarbeit mit dem Innen- und Außendienst durchgeführt.

> 3. Definierte Kunden wurden vom Außen- an den Innendienst übertragen; die Innendienstorganisation wurde in einen administrativen und einen verkaufsaktiven Bereich gesplittet; für beide Bereiche wurden Schulungen (Zeitmanagement, Rhetorik et cetera) angeboten.
> 4. Es wurde mit der Führung über Kennzahlen begonnen, verbunden mit einer Umstellung des fixen Gehaltssystems auf ein teilvariables Modell sowie mit einer Steuerung über Zielvereinbarungen.
>
> *Ergebnis:* Das Unternehmen schaffte mit den genannten Maßnahmen innerhalb von zwei Jahren den Turnaround. Die Mitarbeiterausfälle hielten sich im Rahmen und der Change-Management-Prozess lief überwiegend konsensorientiert.

Schulung und Training stellen ein wichtiges Feld bei der Fitnesskur der Mitarbeiter dar. Heute werden viele Weiterbildungsmaßnahmen nach dem Gießkannenprinzip veranstaltet. Die Gefahr ist dabei groß, die Mitarbeiter entweder zu langweilen oder zu überfordern. Machen Sie den Trainingsbedarf davon abhängig, ob die Schlagkraft und Schlagzahl der Mitarbeiter hoch und/oder niedrig ist.

- *Die Schlagkraft und Schlagzahl sind hoch:* Dies sind die besten Mitarbeiter. Bilden Sie diese Personen aus, damit sie »Training on the Job« für Kollegen durchführen können.
- *Die Schlagkraft ist niedrig, die Schlagzahl ist hoch:* Diese Mitarbeiter sind leistungsbereit, es fehlt ihnen aber noch an notwendigem Rüstzeug. Trainieren Sie diese Mitarbeiter auf definierten Leistungsfeldern.
- *Die Schlagkraft ist hoch, die Schlagzahl ist niedrig:* Diesen Mitarbeitern fehlt etwas die Leistungsbereitschaft. Training wird hier nur bedingt etwas verändern. Diese Mitarbeiter gehören angeschoben.
- *Die Schlagkraft und Schlagzahl sind niedrig:* Diese Mitarbeiter werden unter Umständen nicht die Mitarbeiter sein, mit denen Sie die Zukunft bestreiten werden. Prüfen Sie genau, welche Schulungen hier noch sinnvoll sind.

Sie bekommen immer wieder Signale von den Innendienstteams und von Mitarbeitern, die etwas über ihre Gefühlswelt erzählen. Typische Aussagen von Innen- und Außendienstmitarbeitern sind:

- *Innendienst:* »Der Kunde verlangt eine persönliche Betreuung.« »Der automatisierte Vertrieb gefährdet meinen Arbeitsplatz.« »Der automatisierte Vertrieb ist gefährlich für die persönliche Beziehung.« »Die Stammdatenpflege ist zu langweilig und Dispo habe ich gern gemacht.« »Unser System arbeitet unzuverlässig und die Aktualität lässt zu wünschen übrig.«

- *Außendienst:* »Der Kunde will besucht werden, die Kundennähe geht verloren.« »Neukunden zu gewinnen ist schwieriger als alte zu besuchen.« »Unsere Produkte können nicht automatisiert verkauft werden.« »Der automatisierte Verkauf gefährdet die Beratungsaktivitäten.«

Gründe für diese Aussagen sind unter anderem:

- *Beim Innendienst:* Die Mitarbeiter fühlen sich vielfach mit den neuen Aufgaben überfordert beziehungsweise sie fühlen sich nicht reif für die veränderte Verantwortung. Oder die Mitarbeiter können das veränderte Arbeitspensum nicht konkret einschätzen oder sie fürchten sich vor der erforderlichen Flexibilität. Es kann auch sein, dass sie ihren persönlichen Mehrwert nicht erkennen. Oder sie vermuten, dass sie mehr Aufgaben bei gleichem Entgelt schultern sollen.
- *Beim Außendienst:* Die Mitarbeiter befürchten Personalabbau. Oder sie wollen das Wissensmonopol über die Kunden behalten. Möglicherweise haben sie auch Angst vor zu viel Transparenz bezüglich ihrer Arbeit oder sie trauen dem Innendienst keine gleichwertige Kundenbearbeitung zu. Ein anderer Grund kann auch darin bestehen, dass sie sich vor neuen Aufgaben fürchten oder davor, die Routine aufgeben zu müssen.

Nehmen Sie diese Sorgen ernst. Es geht hier nicht um Wahrheit, sondern um Wahrnehmung. Es ist die Aufgabe von Führungskräften, während des Umgestaltungsprozesses sehr eng an den Mitarbeitern dranzubleiben. Machen Sie die »Leitplanken« (Spielregeln, Freiräume) während dieser Phase eher enger. Ihre Mitstreiter benötigen einen klaren Rahmen, in dem sie sich bewegen können. Ein zu großer Rahmen verunsichert, gerade in unsicheren Zeiten aus Mitarbeitersicht. Vergleichen Sie die Situation mit einem kleinen Kind, das Fahrradfahren lernt. Zuerst bauen wir Stützräder an das Fahrrad, damit das Kind die Balance halten lernt. Wenn wir das Gefühl haben, dass das Balancegefühl sich genug entwickelt hat, bauen wir die Stützräder wieder ab. Führungsverantwortliche sind dafür zuständig, zu entscheiden, wann Stützräder gebraucht werden und wann nicht.

13.4 Umgang mit »Veränderungsverweigerern«

Sie haben sich in den vorangegangenen Kapiteln über den Reifegrad von Organisationen und deren Mitarbeitern informiert, Sie haben etwas erfahren über das bipolare System von Menschen und Sie haben Methoden kennengelernt, Mitarbeiter auf den Weg der Veränderung mitzunehmen. Ein weiterer Punkt waren die Bereiche Werte und ethische Grundsätze.

Jede Reifephase eines Unternehmens benötigt konsequenterweise einen besonderen Mitarbeitertypus. Natürlich werden Sie nicht bei jedem Phasenwechsel die meisten Mitarbeiter entlassen. Ganz abgesehen davon, dass Sie gar nicht die Quantität und Qualität der Mitarbeiter auf die Schnelle am Markt erhalten, wird ein gut geführtes Unternehmen aufgrund von ethischen Gründen nicht aus einer »Ex-und-hopp-Mentalität« heraus handeln. Die Organisation wird vielmehr versuchen, mit dem bestehenden Mitarbeiterstamm einen möglichst hohen Kompromissgrad zu erreichen. Und das ist gut so.

Seminare und Schulungen sollen dabei helfen, den Qualitätsstandard anzuheben. Leider erreichen Sie mit diesen Maßnahmen nur bedingt die Mitarbeiter, um die es in kritischen Situationen geht. Dann bleibt es noch, die Qualität der Führung zu verbessern und die vorhandenen Prozesse und Strukturen auf den Prüfstand zu stellen.

Trotz aller Maßnahmen werden Sie feststellen, dass es kaum möglich ist, alle Mitarbeiter des Innendienstes auf Basis der veränderten Kriterien mitzunehmen. Doch sind diese Mitarbeiter in jedem Falle Veränderungsverweigerer? Nein, das sind die wenigsten Mitarbeiter. Den meisten fehlen ganz einfach die Fähigkeiten – fachlich und mental – für die veränderten Aufgaben.

Von Mitarbeitern, die ihre Spielchen treiben, intrigieren und nur ihre persönlichen Belange im Fokus haben, sollten Sie sich konsequent trennen. Das Wort »integer« kommt aus dem Griechischen und bedeutet »Teil des Ganzen sein«. Keine Organisation kann es sich erlauben, nicht integere Mitarbeiter in ihren Reihen zu haben.

Doch wie umgehen mit den Mitarbeitern, die zwar wollen, aber nicht können? Da gibt es kein Patentrezept. Eines ist jedoch klar: Je kleiner ein Unternehmen ist, desto weniger kann es sich zu viele »Ausfälle« erlauben.

Praxisbeispiel: Umgang mit »Veränderungsverweigerern«

Ein Unternehmen der Gummibranche unterhielt neun Niederlassungen in Deutschland. Der Innendienst war reaktiv auf- und eingestellt und wartete auf Kundenanfragen und -aufträge. Das Management traf die Entscheidung, einen verkaufsaktiven Innendienst in der Region aufzubauen und Bereiche wie Logistik, Einkauf und Produktmanagement zu zentralisieren.

Mit den Niederlassungsleitern wurden Workshops zu den Themen Führung, Vertriebsstrategie und Mitarbeiter-Coaching veranstaltet. Das Ergebnis war nicht berauschend – großes Verständnis, wenig Umsetzung. Parallel dazu waren die Mitarbeiter im Innendienst geschult worden zu den Themen Telefonverkauf, Zeit- und Selbstmanagement.

> Erstaunlicherweise konnte nach den parallel verlaufenden Maßnahmen festgestellt werden, dass die Innendienstmitarbeiter weiter in der Entwicklung waren als deren Chefs. Eine Analyse der Situation zeigte sehr schnell, dass einige Regionalleiter blockierten und mit allen Mitteln versuchten, den Status quo zu bewahren. Das ging sogar so weit, dass Führungsverantwortliche Mitarbeitern verboten, mit der Zentrale zu sprechen.
>
> Das Unternehmen entschied, zwei Regionalleitern eine Altersteilzeit anzubieten, von einem Regionalleiter trennte man sich einvernehmlich. Den anderen Regionalleitern wurde verdeutlicht, dass es keine Rückkehr zu den alten Prinzipien geben würde.

Die Wertewelt bestimmt das Führungsverhalten. Ein weiterer Fakt ist, dass Innendienstleiter oftmals nicht die hierarchische Macht besitzen, Personalentscheidungen in alleiniger Verantwortung zu treffen. Sie müssen meist mit den Mitarbeitern klarkommen, die Sie heute verantworten. Ziehen Sie trotzdem eine klare Linie in dieser Frage: Was tragen Sie als Kompromiss mit und wo sagen Sie: »Nicht mit mir«? Trennen Sie sich in aller Konsequenz von tatsächlichen Veränderungsverweigerern und versuchen Sie, die anderen auf ein möglichst hohes Niveau im Sinne des Wandels zu hieven. Ziehen Sie aber dort Grenzen und machen Sie diese unmissverständlich klar. Denken Sie daran: Als Abteilungsleiter werden Sie für das Innendienstergebnis verantwortlich gemacht. Da hilft Ihnen auch nicht mehr der Hinweis auf ein Team mit ungenügenden Fähigkeiten oder geringer Bereitschaft.

Des Öfteren wird gerade von Personalverantwortlichen argumentiert, dass ein Unternehmen es sich aus finanziellen oder rechtlichen Gründen nicht leisten könne, Mitarbeiter freizusetzen. Der Wortstamm des Wortes »Entscheidung« ist Scheidung – und Scheidung ist immer Trennung von etwas. Für jede Trennung muss ein Preis bezahlt werden. Ich kann nur zur Großzügigkeit raten. Vermeiden Sie Ihrerseits Spiele – Druck, Gesichtsverlust et cetera. Wenn Sie sich entschieden haben, einen Mitarbeiter freizusetzen, kommunizieren Sie dies ohne Vorbehalte und bei Achtung des persönlichen Respekts. Seien Sie großzügig mit Abfindungssummen und vermeiden Sie unschöne Auftritte vor dem Arbeitsgericht. Denken Sie nicht nur an die zu zahlende Abstandssumme, sondern auch an das fällige Mitarbeitergehalt für die kommenden Jahre und was Sie für dieses Geld an Mitarbeitergegenwert erhalten. Sie werden feststellen, dass der RoI aus einer großzügigen und einvernehmlichen Regelung größer ist, als Sie vielleicht denken. Vor allen Dingen dann, wenn Sie für diesen Mitarbeiter einen leistungsfähigen Nachfolger einstellen können.

Fazit

- ✔ Vergleichen Sie die innere Lernsoftware des Menschen mit einer Festplatte in einem Computer.
- ✔ Wer nicht gezielt das Betriebssystem eines Menschen, seine vorhandenen Programme und seine individuelle »Reizdatenbank« anspricht, wird ihn nur bedingt erreichen.
- ✔ Menschen versuchen erst einmal, sich gegen Neuerungen zu wehren; sie bemühen sich, das »Bewährte« zu bewahren, und machen aus der Ist-Situation ihre Wahrheit.
- ✔ Die Mitarbeiter versuchen, ihre aktuellen »Komfortzonen« nicht zu verlassen und die bisherigen Tätigkeiten unverändert fortzusetzen.
- ✔ Es ist ein weitverbreiteter Führungsirrtum, dass Führungspersonen für die Motivation ihrer Mitarbeiter verantwortlich sind.
- ✔ Wir sind zu schnell und nicht zu langsam bei der Vermittlung von Zielen.
- ✔ Jede Reifephase eines Unternehmens benötigt konsequenterweise einen besonderen Mitarbeitertypus.
- ✔ Von Mitarbeitern, die ihre Spielchen treiben, intrigieren und nur ihre persönlichen Belange im Fokus haben, sollten Sie sich konsequent trennen.
- ✔ Die Wertewelt bestimmt das Führungsverhalten.

14 Spielregeln für Innendienstteams

Viele Führungskräfte versuchen, durch Konditionierung – Druck, Angst, Incentives et cetera – ihren »Flohzirkus« unter Kontrolle zu halten. Macht und Autorität beschränken sich auf die Kontrolle der Ist-Situation. Andererseits fehlt es Mitarbeitern manchmal an Lust und Willen zur Leistungssteigerung und den Innendienstleitern mangelt es an Sanktionsmöglichkeiten.

Das ist die Crux vieler Innendienstleiter: verantwortlich zu sein für die operativen Ergebnisse, aber nur bedingte Eingriffsmöglichkeiten bei den Mitarbeitern zu besitzen. Konsequenz: Sie müssen mit den Mitarbeitern auskommen, die sie im Team haben.

Teamgeist lässt sich nicht verordnen. Mitarbeiter haben Angst vor Veränderungen und Appelle nützen wenig bis überhaupt nicht, wie es im Kapitel 11 »Die ›gehirngerechte‹ Vermittlung von Zielen« bereits aufgezeigt wurde. Coaching und Feedback sind erprobte Wege, damit kritische Auseinandersetzungen mit Ist-Situationen und die Vermittlung ehrgeiziger Ziele von den Mitarbeitern als positive Hilfe verstanden werden. Ein gutes Team wird dann stärker, wenn es selbst bisherige Leistungen grundsätzlich positiv bewertet und überzeugt ist, dass durch Weiterentwicklung ehrgeizige Ziele besser erreicht werden können.

Bei der Zielerfüllung sind die Mitarbeiter von internen und externen Faktoren, zum Beispiel der Marktentwicklung, den Unternehmensressourcen oder dem eigenen Produktportfolio, abhängig. Je höher und personenunabhängiger die Ziele sind, desto niedriger sind der Mitarbeiteranteil und die einzufordernden Verbindlichkeiten einzustufen. Trennen Sie deshalb Ziele und Maßnahmen:

- Welche Ziele sind von den Mitarbeitern nicht oder nur wenig beeinflussbar?
- Welche Maßnahmen sind von den Aktivitäten der Mitarbeiter abhängig?
- Welche Aktivitäten können und müssen eingefordert werden?

14.1 Vereinbarung von Maßnahmen

Vereinbaren Sie konkrete und zeitnahe Maßnahmen mit den Mitarbeitern, denn sie geben Halt und Korrekturmöglichkeit, auch wenn sich manche Maßnahmen als nicht zielführend oder kontraproduktiv herausstellen. Rufen Sie sich die Tatsache immer wieder in Erinnerung: Tun und daraus lernen ist oftmals wichtiger, als umfassend zu analysieren und inkonsequent umzusetzen.

Verbindlichkeit und Überprüfbarkeit beziehen sich auf vereinbarte Maßnahmen, nicht auf die strategischen Ziele. Das bietet dem Innendienstteam Vorteile, zum Beispiel die folgenden:

- Das Team spürt, dass Sie ihm Selbstständigkeit zutrauen und einfordern.
- Das Team ist für die Ergebnisse verantwortlich.
- Es kann Hürden und Anforderungen besser einschätzen.
- Es kann sich bei der Umsetzung gegenseitig unterstützen.
- Das Team kann, wenn Teilziele nicht erreicht werden, die Maßnahmen überprüfen und eventuell ändern.
- Das Team stellt die grundsätzlichen Ziele nicht infrage.

14.2 Die Rolle der Teammitglieder

Gute Innendienstteams erwarten klare Absprachen und streben eine kontinuierliche Weiterentwicklung an. Demotivierend wirken intransparente Aufgabendelegationen. Lassen Sie deshalb die Teammitglieder Aufgabenstellungen immer mit ihren eigenen Worten wiederholen. Schätzen Sie Ideen und Anregungen des Teams hoch ein, auch wenn sie nicht immer zielführend sind. Fixieren Sie bei komplexen Aufgaben das vereinbarte Prozedere schriftlich. Viele Mitarbeiter haben das Bedürfnis, ihre Fähigkeiten weiterzuentwickeln, und wissen, dass Vorsatz und Handeln nicht dasselbe sind. Aber nicht jedes Teammitglied ist für das Gleiche motivierbar. Analysieren Sie deshalb folgende Punkte:

- *Persönliches Wollen:* Welche persönlichen Ziele hat das Team und wie konsequent setzt es sich dafür ein?
- *Soziales Dürfen:* Werden die Teambedingungen akzeptiert, wie geht das Team mit eventuellen Drucksituationen um?
- *Situative Möglichkeiten:* Welche Ressourcen – Zeit, Werkzeuge et cetera – sind den Teammitgliedern wichtig?
- *Individuelles Können:* Welche Fähigkeiten zeichnen das Team aus und welche Bereitschaft ist vorhanden, sich weiterzuentwickeln?

Nicht jedes glückliche Team ist zielgerichtet, aber zielgerichtete Teams machen glücklich. Die Bildung von Teams ist dann sinnvoll, wenn die Aufgaben von Mitarbeitern voneinander abhängig sind und sich durch Teambildung bessere Resultate als durch Einzelaktivitäten erzielen lassen und wenn die Abstimmung erleichtert wird und ein gemeinsames Lernen voneinander und miteinander die Effektivität erhöhen kann.

Es kann aber auch ergebnisfördernd sein, Mitarbeiter mit gleichen Tätigkeiten auch ohne eine gegenseitige Abhängigkeit zusammenzuführen. Die Mitarbeiter arbeiten als Einzelkämpfer und im Team wird gemeinsames Lernen ermöglicht. Verhindern Sie aber internen Wettbewerbsdruck und Budgets, die zu einer massiven Behinderung der Entwicklung einer Teamkultur führen.

14.3 Die Entwicklung von Innendienstteams

Setzen Sie auf Kooperation statt auf Ellbogenkämpfe. Wettbewerbsdruck, Planzahlen und Budgets führen zu einer massiven Behinderung der Teamkultur, wenn gegen- statt miteinander gearbeitet wird. Streben Sie einen offenen und fairen Wettbewerb auf der Basis von »Kooperation« an. Es liegt an den Führungsverantwortlichen, für ein Klima zu sorgen, das Kooperation belohnt und Machtkämpfe bestraft.

Gemeinsames Lernen unter Gleichgesinnten ist ein Erfolgsfaktor für jedes Team. Ohne Zielsetzung und Ergebnisorientierung sind Lerninitiativen fraglich. Beantworten Sie sich deshalb folgende Fragen:

- Sind die ausgewählten Lernthemen für das Team sinnvoll?
- Ist der Zeitbedarf für den Lernprozess ausreichend?
- Welche Entscheidungen sollen gefällt werden?
- Wer ist anschließend für die Umsetzung verantwortlich?
- Können die Treffen die Informationsbedürfnisse der Mitarbeiter befriedigen?
- Wie stellen Sie sicher, dass die Teilnehmer die vermittelten Botschaften verstanden haben und akzeptieren?
- Wie können Sie die Balance halten zwischen den Mitarbeitereinstellungen und Ihrer eigenen Position?

Teams lernen meistens schnell, automatisch und unaufgefordert (manchmal schneller als gewünscht) und verfügen über eigene Kommunikationsstrukturen. Es ist nicht Ihre Aufgabe, das Lernen zu pushen, sondern zu entscheiden, *was* gelernt werden soll.

Teams verlassen ungern ihre Komfortzonen. Es ist Ihre Aufgabe, diese aufzubrechen. Läuft es gut im Team – loben Sie; sind die Mitarbeiter unsicher – zeigen Sie Optimierungschancen auf; läuft es nicht rund – wecken Sie den Hunger nach Ergebnisverbesserungen.

Voraussetzung für die Teamarbeit ist eine gute Kommunikation. Wer allerdings als Innendienstleiter zu »nah« am Team ist, wird verletzbar! Sowohl Störungen als auch Innovationen gehen meist vom Rand aus, diesen gilt es zu beobachten. Wer zu nah dran ist, steht im Spielfeld; wer keinen Abstand hält, kann nicht erkennen, ob und was falsch läuft.

Betrachten Sie das Team. Rationale Teams konzentrieren sich zu stark auf Richtlinien und zu wenig auf Flexibilität. Basisorientierte Teams haben zu viel Verständnis für alles Erdenkliche und sind nicht ausreichend zielorientiert ausgerichtet. Emotional orientierte Teams konzentrieren sich zu stark auf das Handeln und zu wenig auf die Vertriebsstrategie. Zielorientierte Teams sehen fast nur die Ziele und berücksichtigen zu wenig die emotionalen Teambelange.

14.4 Die Zusammensetzung und das Verhalten von Teams

Je unterschiedlicher die Teammitglieder sind, desto besser ist es. Die Teamgröße ist die einzige Grenze für eine ideale Teamzusammensetzung. Fördern Sie die Vielfalt und ein weites Spektrum an Charakteren. Führen Sie gemeinsame Rituale ein, um enge Arbeitskontexte zu entgrenzen. Behalten Sie es aber immer im Hinterkopf: Teams lassen sich nicht beherrschen – Führungsverantwortliche sind von der Teamqualität abhängig und nicht umgekehrt. Achten Sie deshalb auf die Gefühle Ihrer Mitarbeiter und hinterfragen Sie vordergründige Sachinformationen. Lassen Sie als Führungsverantwortliche Gefühle zu, denn Emotionen haben eine beschleunigende Kraft. Das Zeigen von Gefühlen kann die Vertrautheit und damit die Kommunikationsfähigkeit und Empathie steigern. Andererseits weist eine verbal oder durch Körpersprache ausgedrückte Angst auf Schwierigkeiten und Unwägbarkeiten hin.

Beobachten Sie das Teamverhalten und orientieren Sie sich in der Führungsfrage an den Befindlichkeiten der Mitarbeiter:

Das stille Team

- Nehmen Sie sich zurück und lassen Sie die Mitarbeiter »zu Helden« werden.
- Widersprechen Sie nicht, sondern leiten Sie Ideen von Mitarbeitern an andere Teammitglieder weiter, damit eine Diskussion in Gang kommt.
- Werden Sie nicht unruhig, wenn einmal Stille entsteht.

Das konfliktbelastete Team

Merkmale: Grabenkämpfe, Mobbing et cetera.

- Versuchen Sie nicht, als Schlichter aufzutreten, um nicht zwischen die Mühlsteine zu geraten.
- Erwarten Sie Lösungen von den Mitarbeitern und drängen Sie darauf, dass sich das Team auf Regeln zur Zielerreichung verständigt.
- Reflektieren Sie und zeigen Sie ruhig eigene Emotionen.
- Betrachten Sie Dissens als Gewinn für Teamlösungen.
- Schreiben Sie, wenn es um Pro und Kontra geht, die Argumente auf ein Flipchart, damit alle Mitarbeiter die unterschiedlichen Positionen erkennen. Die Visualisierung hilft, Unsachlichkeiten und »Bauchgefühle« schnell zu erkennen und sich mit ihnen auseinanderzusetzen.

Das »friedvolle« Team

Bei dieser Teamform werden Konflikte vermieden statt bewältigt, Tabuthemen verhindern die Teamentwicklung und neue Ideen werden schnell abgelehnt. So verhalten Sie sich richtig:

- Machen Sie die vorhandenen Rituale sichtbar und binden Sie die Mitarbeiter in mögliche Lösungsprozesse mit ein.
- Vergeben Sie Einzelaufgaben, um die einzelnen Mitarbeiter aus ihren Komfortzonen zu holen.

Das chaotische Team

Merkmale: Das Team ist kreativ, chaotisch und desorganisiert, aber keiner fühlt sich für das Chaos verantwortlich. Bei einem chaotischen Team haben sich folgende Vorgehensweisen bewährt:

- Versuchen Sie nicht, das Chaos zu entwirren, sondern lernen Sie erst das Chaos zu verstehen.
- Setzen Sie Eckpfeiler – pünktlich begonnene Meetings, Terminfestsetzungen et cetera.
- Ziehen Sie einzelne Mitarbeiter auf Ihre Seite und lassen Sie diese die Kollegen zur Ordnung rufen.

In allen vier Teamsituationen bieten sich die nachstehenden Vorgehensweisen an:

- Beobachten Sie die Kommunikation in Ihrem Team und merken Sie sich, was und wie etwas gesagt wird.
- Notieren Sie die wichtigsten Beobachtungen nach jedem Meeting des Teams.
- Wenn Sie neu ein Innendienstteam führen, nehmen Sie sich Zeit zur Beobachtung.
- Analysieren Sie, was Ihnen bei der verbalen Kommunikation auffällt und was diese mit dem Teamergebnis zu tun hat.
- Überprüfen Sie die Teamstrukturen und Rollen im Team.
- Beschreiben Sie das Team aus Ihrer Sicht.
- Halten Sie fest, welche positiven Merkmale und Entwicklungen Sie erkennen und welche Ressourcen vorhanden sind.
- Entscheiden Sie, wie und zu welchem Zeitpunkt Sie Ihre Wahrnehmungen dem Team vermitteln.
- Holen Sie Feedback ein und überlegen Sie gemeinsam mit dem Team, welche Veränderungsprozesse möglich und sinnvoll sind.
- Vereinbaren Sie mit dem Team einen Umsetzungsplan.

Teamkultur wird heute stillschweigend jeden Tag gelebt. Die Chance für die Zukunft besteht darin, Teamarbeit bewusster zu erleben und zu steuern. Beachten Sie hierzu die fünf Prinzipien zur Neuorientierung von Innendienstteams:

- *Selbststeuerung:* Das Geschehen im Team steuern die Teammitglieder selbst.
- *Funktionsintegration:* Zusammenhängende Aufgaben werden soweit wie möglich durch das Team erledigt.
- *Eigenverantwortlichkeit:* Jeder ist für das, was er tut, selbst verantwortlich. Rückdelegation von Problemen ist nur in Ausnahmefällen möglich.
- *Kontinuierliche Verbesserung:* Die ständige Suche nach Entwicklungspotenzial ist wichtiger Bestandteil des Teamgedankens.
- *Mitarbeiterqualifikation:* Es ist Aufgabe des Unternehmens und des Teams, sich zukunftsorientiert zu qualifizieren.

Wenn Sie mit Ihrem Team die Erfüllung dieser Punkte sicherstellen, brauchen Sie sich über die folgende Aussage eines Personalverantwortlichen keine Gedanken machen: »Die Erfahrung, die Sie im Bereich der

Entscheidungsfindung aufweisen, ist interessant. Aber wir suchen nach jemandem, der über große Erfahrung verfügt im kreativen Ausführen von Anordnungen.«

Fazit

- ✔ Viele Führungskräfte versuchen, durch Konditionierung – Druck, Angst, Incentives et cetera – ihre Mitarbeiter unter Kontrolle zu halten.
- ✔ Teamspirit lässt sich nicht verordnen.
- ✔ Rufen Sie es sich immer wieder in Erinnerung: Tun und daraus lernen ist oftmals wichtiger, als umfassend zu analysieren und inkonsequent umzusetzen.
- ✔ Gute Innendienstteams erwarten klare Absprachen und streben eine kontinuierliche Weiterentwicklung an.
- ✔ Nicht jedes glückliche Team ist zielgerichtet, aber zielgerichtete Teams machen glücklich.
- ✔ Setzen Sie auf Kooperation statt auf Ellbogenkämpfe. Wettbewerbsdruck, Planzahlen und Budgets führen zu einer massiven Behinderung der Teamkultur, wenn gegen- statt miteinander gearbeitet wird.
- ✔ Je bunter ein Team zusammengesetzt ist, desto besser ist es. Die Teamgröße ist die einzige Grenze für eine ideale Teamzusammensetzung.

15 Innendienstteams durch Zielvereinbarungen führen

In der Vergangenheit wurden Zielvereinbarungsgespräche mit Innendienstmitarbeitern oder Innendienstteams eher selten geführt. Es war wichtig, dass die administrative Abwicklung klappte und die Kunden jederzeit Ansprechpartner hatten. Aktives Vorgehen in der Kundenbearbeitung wurde kaum verlangt.

Dies hat sich in manchem Unternehmen inzwischen geändert und die Entwicklung wird sich in der Zukunft noch weiter verstärken. Der Innendienst wird immer mehr zu einem gleichwertigen Vertriebswerkzeug innerhalb eines Multi-Channel-Vertriebs. Damit wird es notwendig, die Mitarbeiter nicht mehr über Anwesenheit und wahrgenommenen Fleiß zu führen und zu beurteilen, sondern über klare Zielvereinbarungen. Warum sind Ziele so wichtig für die Steuerung von Mitarbeitern? Dafür gibt es mehrere Gründe:

- Wer den Sinn und Zweck seiner Aufgaben nicht kennt, wird in der Regel wenig motiviert sein.
- Wer seinen Beitrag für definierte angestrebte Ziele und Prozesse kennt, ist eher in der Lage, besondere Energien freizusetzen.
- Mitarbeiter, die nur nach Vorschriften tätig werden, werden kaum lernen, selbstständig zu arbeiten und zu handeln.
- Die Orientierung an Zielen ist eine wichtige Voraussetzung für eine erfolgreiche Selbststeuerung.

Wenn Sie Führungsverantwortliche nach deren Zielen fragen, erhalten Sie meist als Antwort: Erhöhung des Umsatzes, Steigerung des Marktanteils und Erhöhung des Deckungsbeitrags. Unternehmen, die auch in Zukunft erfolgreich sein wollen, müssen sich jedoch von einem produktorientierten Handeln zu einem kundenorientierten Denken weiterentwickeln. Dabei bedeutet das Wort »Kundenorientierung«, darüber zu reflektieren, wie das eigene Unternehmen mit seinen Leistungen die Produktivität der wertigen Kunden erhöhen kann. Machen Sie in diesem Zusammenhang mit Ihren Mitarbeitern einmal die folgende Übung:

1. Die Mitarbeiter formulieren die Vertriebsziele für die kommenden zwölf Monate.
2. Analysieren Sie, ob die genannten Ziele überwiegend nach innen (Beschäftigung mit der eigenen Situation) oder nach außen (Beschäftigung mit dem Kundenmehrwert) gerichtet sind.
3. Sie werden mehrheitlich feststellen, dass die meisten genannten Ziele nach innen gerichtet sind. Fragen Sie jetzt die Mitarbeiter, welchen Mehrwert die Kunden aus diesen Zielen erhalten.
4. Wenn keine klaren Antworten erkennbar sind, lassen Sie die Mitarbeiter an kundenorientierten Zielen arbeiten. Die Grundfrage sollte dabei lauten: Warum sollten sich die Kunden für unser Unternehmen statt für den Wettbewerb entscheiden?

Ziele geben Orientierung, beschreiben aber nicht den Weg der Umsetzung. Deshalb sind Ziele keine Stellen- und Funktionsbeschreibungen, Aufgabenbeschreibungen, Planungen oder Vorsätze.

15.1 Merkmale von Zielvereinbarungen

Zielvereinbarungen werden oftmals nach einem *klassischen* Prozedere vorbereitet:

1. Individuelle Ziele werden aus vorab schon festgelegten Unternehmens- oder Bereichszielen abgeleitet.
2. Die Führungsverantwortlichen versuchen primär, solche Ziele mit den Mitarbeitern zu vereinbaren, die das Erreichen der eigenen Ziele fördern.
3. Drei bis fünf sachlogisch begründete Ziele werden fixiert, Bewertungskriterien vorgegeben und anschließend Prioritäten gesetzt.
4. Vorgesetzte und Mitarbeiter einigen sich anschließend auf Aktivitäten und Handlungsresultate.
5. Die »klassischen« Zielvereinbarungen ergeben sich meist aus einem Dialogprozess, der in einem hierarchiebetonten Kontext überwiegend machtbestimmt ist.

Die *klassische* Zielvereinbarung birgt einige Nachteile. Je nach Perspektive treten unterschiedliche Einschätzungen der Nutznießer hervor. Außerdem muss sehr eng geführt werden, um Informationsdefizite und Bewertungsdifferenzen schnell zu klären (hoher Zeitbedarf!). Die Mitarbeiter verbinden mit Zielvereinbarungen auch persönliche Karriereeinschätzungen. Ein persönliches Commitment wird mit Hierarchiefragen verknüpft.

Gravierend zeigt sich in der Praxis, dass die Mitarbeiter nur selten eine abweichende Einschätzung zum Grad der Zielerreichung artikulieren können. Zudem müssen Vorgesetzte und Mitarbeiter versuchen, möglichst »objektive« Mess- und Beurteilungskriterien zu finden. Die Alternative hierzu ist die *kollegiale* Zielvereinbarung:

1. Die Führung gibt die generellen Ziele vor, überträgt aber die Kompetenzen für die Erarbeitung der Umsetzungspläne auf die Mitarbeiter oder das Team.
2. Die Mitarbeiter oder das Team entscheiden über die Arbeitsmethoden und -formen zur Erreichung der Einzelziele.
3. Das Innendienstteam trifft Zielvereinbarungen untereinander und legt Spielregeln für die Zusammenarbeit fest.

Keine Medaille ohne zwei Seiten. Auch bei dieser Methodik sind einige Fallstricke zu beachten. So bedarf es gerade bei der *kollegialen* Zielvereinbarung der Synchronisierung, Kommunikation und Koordination. Deshalb muss selbst bei flachen Hierarchien ein Mindestmaß an Hierarchie bestehen bleiben. Bei »unreifen« Innendienstteams ist eine Kompetenzdiffusion zu beobachten; den Mitarbeitern sind ihre Kompetenzen nicht klar beziehungsweise sie trauen sich diese Kompetenzen nicht zu. Es kann auch zu einem Gruppendenken kommen, worunter dann die Vernetzung mit anderen kundennahen Bereichen leidet. Ein Problem wird in der Praxis besonders offensichtlich: Wenn das Innendienstteam nicht mit den notwendigen Kompetenzen ausgestattet ist, sieht es sich nicht in der Lage, eine kollegiale Zielvereinbarung zu treffen.

Im Zielvereinbarungsprozess sind immer wieder die gleichen Defizite zu beobachten:

- Es werden keine Ziele vereinbart, sondern Tätigkeiten.
- Ziele werden nicht vereinbart, sondern vorgegeben.
- Es werden nur quantitative Ziele beschlossen.
- Qualitative Ziele werden – da schlecht messbar – vernachlässigt.
- Die Mitarbeiter »bestimmen« den Zielhorizont.
- Es sind keine klaren Unternehmensziele als Ausgangspunkt vorhanden.

- Die Innendienstziele leiten sich nur bedingt aus den Gesamtvertriebszielen ab.
- Die Zielerreichung wird nicht überwacht und kontrolliert.
- Die Zielvereinbarung ist nicht vernetzt mit der Mitarbeiterqualifikation.

Personalabteilungen haben oftmals einen standardisierten Zielvereinbarungsprozess entwickelt. Den Namen »Zielvereinbarung« verdienen aber nur die Absprachen, die einerseits auf freiwilliger Basis – Mitarbeiter müssen auch Nein sagen können – entstanden sind und andererseits die Fähigkeiten der Mitarbeiter berücksichtigen. Aus meiner Sicht heraus handelt es sich bei vielen angeblichen Zielvereinbarungen eher um *Zielanweisungen* oder *Zielvorgaben*. Theoretisch bieten sich je nach Entwicklungsstand der Mitarbeiter vier Zielsetzungen an.

1. *Zielanweisung:* Arbeitsqualität und -quantität werden vorgeschrieben, die Anforderungen und Arbeitsläufe sind bekannt. Die Kontrolle erfolgt durch die Vorgesetzten.
2. *Zielvorgabe:* Das Ziel steht fest, der Weg ist aber noch unbekannt. Der Mitarbeiter entwickelt allein oder mit Unterstützung des Vorgesetzten den Weg. Der Mitarbeiter steuert sich selbst und die Führung kontrolliert das Ergebnis.
3. *Zielvereinbarung:* Mitarbeiter und Vorgesetzte entwickeln und vereinbaren Ziele, der Mitarbeiter führt selbst aus. Der Vorgesetzte berät den Mitarbeiter. Mitarbeiter und Vorgesetzte steuern gemeinsam die Zielvereinbarung.
4. *Zielorientierung:* Ein Zielkorridor wird zwischen Mitarbeiter und Vorgesetztem vereinbart, der Mitarbeiter findet allein den Weg. Der Mitarbeiter steuert eigenverantwortlich seine Aktivitäten, der Vorgesetzte beurteilt das Ergebnis.

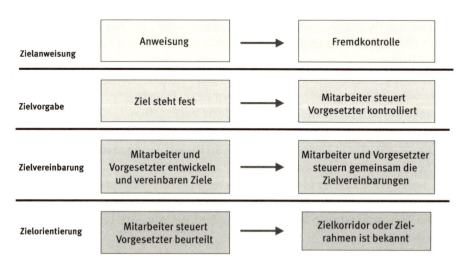

Abbildung 16: Arten von Zielvereinbarungen

15.2 Ziele realistisch formulieren

Einvernehmliche Zielvereinbarungen mit dem Innendienstteam verstärken die Sinnhaftigkeit für das eigene Tun. Unterscheiden Sie in Zielvereinbarungen aber zwischen externen (Kunden, Markt et cetera) und internen (Finanzen, Projekte, Mitarbeiter et cetera) Zielen.

- *Kundenziele:* Welche Kunden werden welche Leistungen gezielt angeboten?
- *Marktbearbeitungsziele:* Welche Kunden wird der Innendienst eigenverantwortlich bearbeiten?
- *Finanzziele:* Welche Planzahlen hinsichtlich Kosten und Erträgen sind zu erreichen?
- *Projektziele:* In welchen Projekten wird der Innendienst welche Aufgaben übernehmen?
- *Persönliche Ziele:* Welche individuellen Ziele nimmt sich der Mitarbeiter vor zu erreichen?

Es ist die Aufgabe der Vorgesetzten, die externen und internen Ziele miteinander zu verknüpfen. Wer als Mitarbeiter oder Team bei der Zielerarbeitung mitwirkt, kann die Notwendigkeit von Aktivitäten besser erkennen und ist eher bereit, an der Zielerfüllung mitzuwirken. In vielen Unternehmen werden aber Ziele mit der Realität verwechselt. Zielvereinbarungen beschreiben nicht den einzuschlagenden Weg oder gewünschte Resultate, sondern das anzustrebende Ziel. Einvernehmliche Zielvereinbarungen bieten viele Vorteile für das Unternehmen, die Mitarbeiter und die Vorgesetzten:

Unternehmen

- Die Mitarbeiter arbeiten an klaren Zielen und identifizieren sich leichter mit den Vertriebszielen.
- Das Unternehmen kann eindeutige Kompetenzen an die Mitarbeiter vergeben.
- Die Mitarbeiter erhalten mehr Spielraum für Kreativität.
- Es bestehen bessere Erfolgskontrollen sowie bessere Möglichkeiten zur Steuerung der Innendienstaktivitäten.
- Die vereinbarten Ziele werden schneller erreicht.

Mitarbeiter

- Die Mitarbeiter haben mehr Chancen, sich in den Zielerfüllungsprozess einzubringen.
- Sie können eher Unternehmensziele und Teamziele miteinander verknüpfen.
- Der Handlungsspielraum für die Mitarbeiter wird größer und damit der Stolz auf erbrachte Arbeitsleistungen.
- Die Mitarbeiter sind verantwortlich für die Zielerreichung.
- Sie bekommen zusätzliche Chancen, neue Erfahrungen zu sammeln und ihre persönliche Performance zu verbessern.

Vorgesetzte

- Die Vorgesetzten schaffen sich durch die Übertragung von Kompetenzen an das Innendienstteam Freiraum für ihre Führungstätigkeit.
- Sie können gezielter die Praxiserfahrungen der Mitarbeiter nutzen und die Informationen für die Weiterentwicklung der Innendienstorganisation einsetzen.

Natürlich werden von den Beteiligten nicht nur Vorteile wahrgenommen, sondern auch Nachteile. Auffällig dabei ist, dass die Nachteile häufiger auf der emotionalen Ebene gesehen werden.

Mögliche Nachteile aus der Sicht von Vorgesetzten

Durch Übertragung von Kompetenzen wird ein »Machtverlust« vermutet. Außerdem werden die zeitlichen Belastungen für die Vorbereitung, Durchführung und Kontrolle von Zielvereinbarungen als zu hoch bewertet. Dazu kommt noch die Unsicherheit, ob nicht durch die *kollegiale* Zielvereinbarung Führungsdefizite transparent werden.

Mögliche Nachteile aus der Sicht von Mitarbeitern

Die Mitarbeiter fürchten sich vor der Transparenz ihrer Arbeit und eventuellen »Bestrafungen« bei Fehlern. Außerdem haben sie Angst davor, dass Ziele nicht erreicht werden können und sie anschließend dadurch unfair beurteilt werden.

Mitarbeiter möchten exakt wissen, welche Kompetenzen sie für welche Aufgaben erhalten, nach welchen Kriterien die Zielerreichung bewertet wird und mit welchen Maßnahmen sie zu welchem Gesamtvertriebsziel beitragen können. Die *kollegiale* Zielvereinbarung bindet die Mitarbeiter in den Zielfindungsprozess mit ein und verkürzt das Prozedere. Konzentrieren Sie sich bei der Zielvereinbarung auf die wesentlichen Aktionsfelder und vermeiden Sie sich widersprechende Ziele. Ziele beschreiben einen realistischen »Traum« und nicht Maßnahmen oder Aktivitäten. Im Vordergrund steht, was erreicht werden soll, und nicht, was getan werden muss.

Viele Unternehmen bestimmen ihre Marktchancen nach dem Prinzip »Vorjahresumsatz plus x Prozent«. Es ist aber sinnvoll, Marktchancen anders zu bewerten:

- *Schritt 1:* Prüfen Sie, wie groß der Gesamtmarkt im Leistungssegment Ihres Unternehmens ist (TAM = »total available market«). Sie werden feststellen, dass Ihr Unternehmen nicht über die Ressourcen verfügt, diesen Gesamtmarkt zu bedienen.
- *Schritt 2:* Teilen Sie jetzt den Gesamtmarkt in Teilmärkte oder Kundengruppen auf (SAM = »service available market«). In der Regel ist Ihr Unternehmen nicht in der Lage, auch diesen Teilmarkt umfassend zu bedienen.
- *Schritt 3:* Nehmen Sie jetzt Ihren aktuellen Umsatz und stellen Sie sich die Frage: Wenn mein Unternehmen optimal aufgestellt ist, um wie viel kann der Umsatz oder Ertrag mit den vorhandenen Ressourcen gesteigert werden?
- *Schritt 4:* Die Differenz zwischen dem Umsatz heute und den Chancen morgen unter Berücksichtigung der optimal eingesetzten eigenen Ressourcen ist das Potenzial Ihres Unternehmens (AM = »available market«).

Auf dieser Basis können die Innendienstziele jetzt leichter formuliert werden.

15.3 Die Durchführung von Zielvereinbarungsgesprächen

Viele Mitarbeiter wünschen sich klare Rahmenbedingungen und sind daran interessiert, den Rahmen für Zielvereinbarungen mit zu gestalten. Legen Sie deshalb die folgenden Rahmenbedingungen möglichst einvernehmlich mit dem Innendienstteam fest.

Organisation und persönliche Fähigkeiten

1. Vereinbaren Sie den Handlungsrahmen, in dem sich das Team oder die Mitarbeiter bewegen können.

2. Vereinbaren Sie möglichst ganzheitliche Aufgaben oder Projekte, damit die Verantwortlichkeiten klar sind.
3. Prüfen Sie mit den Mitarbeitern, ob für die Aufgaben die notwendigen Ressourcen zur Verfügung stehen.
4. Definieren Sie, welche Anforderungen welche Mitarbeiter- oder Teamfähigkeiten erfordern.

Methodik

1. Vereinbaren Sie Kennzahlen oder Informationen, um den Zielvereinbarungsprozess zu unterstützen.
2. Bilden Sie Messkennzahlen, um unterschiedliche Leistungen bewerten zu können.
3. Legen Sie regelmäßige Review-Termine fest, um die aktuelle Zielerreichung zu überprüfen.
4. Bieten Sie Moderations- und Coaching-Hilfe für die Fälle an, bei denen Hilfe zur Selbsthilfe gebraucht wird.

In den vorherigen Kapiteln wurde immer wieder darauf hingewiesen, dass Mitarbeiter bei der Aufnahme neuer Informationen zuerst in die Vergangenheit schauen und prüfen, welche Erfahrungen sie dort gemacht haben und welche Informationen als Referenzmodell auf der internen »Festplatte« abgespeichert wurden. Dieser Prozess verläuft unbewusst. Deshalb ist es wichtig, im Zielvereinbarungsprozess den internen gehirntechnischen Vorgang zu berücksichtigen. Orientieren Sie sich daher immer an den drei Grundfragestellungen:

1. Was haben wir in der Vergangenheit erreicht (Ausgangslage, Ergebnisse der vergangenen Zielperiode et cetera)?
2. Was wollen und können wir in der Zukunft erreichen (Zielvorstellungen für die nächste Zielperiode)?
3. Was müssen wir tun, um die Ziele zu erreichen (Konkretisierung der Maßnahmen und Prozessabläufe)?

Kommunizieren Sie in der Sprache, Gedankenwelt und den Handlungsebenen Ihrer Mitarbeiter. Überprüfen Sie immer wieder, ob die Ziele verstanden wurden. Untergliedern Sie Gesamtziele in Teilziele, beispielsweise in die folgenden:

Wettbewerbsziele

Bei welchen Kundengruppen wollen wir mit welchen Leistungen gegenüber dem Wettbewerb punkten? Welche Ressourcen werden wir gezielt einsetzen, um Wettbewerbsvorteile zu erlangen?

Kundenziele

Welche Kunden oder Kundengruppen werden zukünftig gezielt durch den Innendienst bearbeitet? Mit welchen Maßnahmen wird die Kundenbindung erhöht?

Produktziele

Welche Produkte werden wir gezielt definierten Kunden anbieten, um die Cross-Selling-Quote zu erhöhen? Welche Produkte werden wir nicht mehr aktiv ansprechen, um das Produktportfolio sukzessive zu bereinigen?

Kommunikationsziele

Wie kann der Innendienst gezielt die Werbungs- und Verkaufsförderungsbemühungen unterstützen? In welcher Form und Betreuungsfrequenz werden welche Kunden proaktiv angesprochen?

Ressourcenziele

Welche Mitarbeiterfähigkeiten werden konsequent ausgebaut? Welche Werkzeuge und Systeme werden gezielt eingesetzt und ausgebaut?

Teamziele

Wie können wir die Teamarbeit weiter stärken? Wie wird die Zusammenarbeit zwischen dem Innendienst und den anderen Unternehmensbereichen gestaltet?

Um Ziele auf einvernehmlicher Basis zu vereinbaren, hat sich in der Praxis das folgende 6-Phasen-Modell bewährt:

1. Der Vorgesetzte vermittelt die generellen Vertriebsziele an die Mitarbeiter oder das Team und achtet darauf, dass diese Ziele auch verstanden werden (nicht geliebt).

2. Der Vorgesetzte und die Mitarbeiter oder das Team formulieren unabhängig voneinander auf Basis der generellen Ziele ihre Einzelziele.
3. Der Vorgesetzte und die Mitarbeiter oder das Team präsentieren ihre Einzelziele und identifizieren Gemeinsamkeiten und Abweichungen. In dem Treffen geht es nicht darum, die Vorschläge zu bewerten, sondern sie zu verstehen. Die Beteiligten vereinbaren, dass jeder für sich die Ziele des anderen überdenkt und prüft, zu welchen Kompromissen er bereit ist.
4. Die Kompromissvorschläge werden präsentiert und bewertet. Übrig bleiben in der Regel wenige Punkte, die jetzt einer intensiven Diskussion bedürfen.
5. Der Vorgesetzte und die Mitarbeiter oder das Team suchen jetzt nach Lösungsmöglichkeiten im Sinne der generellen Ziele. Diese dürfen nie verändert werden, sondern nur die Umsetzungsmaßnahmen auf dem Weg dorthin.
6. Auf dieser Grundlage werden nun die Zielvereinbarungsgespräche geführt sowie die Ergebnisse schriftlich fixiert und von beiden Parteien unterschrieben.

Führen Sie im Zielvereinbarungsprozess durch Fragen, welche die Mitarbeiter intellektuell nicht überfordern, die sie berühren, neugierig machen und herausfordern. Lassen Sie den Mitarbeitern Zeit zum Nachdenken und reduzieren Sie nicht den Schwierigkeitsgrad einer Frage, wenn einmal nicht sofort eine Antwort kommt, sondern geben Sie ergänzende Erklärungen zu Ihrer Frage ab. Vermeiden Sie rhetorische Fragen und Moralappelle, Befehle, Drohungen, Oberlehrerhaftigkeit oder vorschnelle Urteile und Vorwürfe.

15.4 Der Einsatz von Feedback

Feedback ist ein wichtiger Bestandteil im Zielvereinbarungsprozess. Eine offene und teamorientierte Innendienstkultur kann nur ausgebaut werden, wenn das Vertrauen so weit entwickelt ist, dass ein persönliches Feedback als Teil der Persönlichkeitsentwicklung wahrgenommen wird. Feedback schärft die Selbstwahrnehmung und verdeutlicht unterschiedliche Sichtweisen von Vorgesetzten und Teams oder Mitarbeitern. Feedback erhöht die Chancen, Offenheit, Transparenz, Vertrauen und Respekt zu entwickeln und die Kooperationsbereitschaft der Teammitglieder zu erhöhen. Fragen im Feedback sind unter anderem:

- *Bewertung von Fremdurteilen:* Wie werde ich von anderen eingeschätzt (subjektiv)?
- *Bewertung durch das Team:* Wie steht das Team zu mir, bin ich beliebt, gefürchtet oder anderen gleichgültig?
- *Überprüfung der Eigenerwartung:* Kann ich meine eigenen Erwartungen an meine Person innerhalb des Teams leben?
- *Rollen- und Perspektivwechsel:* Wenn ich mich in die Sichtweise des anderen versetze, möchte ich dann mit einem solchen Kollegen oder Vorgesetzten zusammenarbeiten?

Konflikte und Widerstand sind in einem Teambildungsprozess völlig normal. Wenn diese nicht vorkommen, haben Sie entweder alles richtig gemacht (was illusorisch ist) oder die Innendienstkultur ist von Angst und Vorbehalten geprägt. Ablesbar ist dies an Ablehnung und Widerstand, Aggressivität und Feindseligkeit oder Sturheit und Uneinsichtigkeit. Typische Symptome für ein negatives Teamklima sind:

Die Mitarbeiter vermeiden den Kontakt untereinander oder es kommt zu Gruppenbildungen; Meetings verlaufen nicht selten sehr wortkarg; die Mitarbeiter äußern kaum eigene Ideen und vermeiden Kritik; die Mitarbeiter schalten ab und beharren auf Richtlinien.

Ein Konflikt kann sich latent entwickeln, wenn sich Mitarbeiter durch Pläne des Vorgesetzten behindert oder beeinträchtigt fühlen. Die Mitarbeiter benennen vielleicht den Konflikt, doch er muss nicht der Kern der Auseinandersetzung sein und kann eventuell auch vom eigentlichen Thema ablenken. Hemmschwellen wie Teamspielregeln oder Hierarchiefragen verzögern den Ausbruch von Konflikten. Er kann aber jederzeit durch einen Auslöser losgetreten werden. Jeder Streit hat Konsequenzen. Siege oder Niederlagen ziehen in der Regel eine anhaltende Störung nach sich, während Kompromisse oftmals für nachhaltige Lernprozesse sorgen. Konflikte werden durch objektive und subjektive Kriterien ausgelöst. Hierzu nachfolgend einige Beispiele:

Objektive Kriterien

- Die vermittelten Werte sind nicht identisch mit den angestrebten generellen Zielen.
- Die vorhandene Organisationsstruktur ist nicht geeignet, einen verkaufsaktiven Innendienst aufzubauen.
- Normen und Regeln behindern die Innendienstmitarbeiter dabei, die Ziele umzusetzen.

- Es stehen nicht die Ressourcen zur Verfügung, um Maßnahmen zielgerichtet umzusetzen.
- Die bestehenden Aufgaben und Arbeitsabläufe sind nur bedingt geeignet, kundenorientiert zu arbeiten.

Subjektive Kriterien

- Die Teamzusammensetzung ist wenig geeignet, ein Teamklima zur Erreichung der Teilziele zu schaffen.
- Die Einstellungen, Motive, Beziehungen und Verhaltensweisen der Mitarbeiter untereinander tragen nicht dazu bei, Teamgeist zu erzeugen.

Konflikte im Zielvereinbarungsprozess kommen sehr häufig dann zustande, wenn Ziele, Aufgaben oder Ressourcenverteilung von den Mitarbeitern nicht akzeptiert oder verstanden werden und es zu Bewertungs-, Beurteilungs- oder Verteilungskonflikten kommt. Das größte Konfliktpotenzial lauert allerdings im persönlichen Bereich, zum Beispiel wenn die persönliche oder sachliche Vielfalt im Team zu groß ist oder der Vorgesetzte einzelne Mitarbeiter bevorzugt. Meine These lautet: Es gibt keine Sachprobleme, sondern nur Beziehungsprobleme! Typische Problemfelder sind:

- *Die Einstellung der Mitarbeiter:* Zum Problem kommt es bei einer egozentrischen Einstellung der Mitarbeiter, wenn also der eigene Vorteil im Vordergrund steht und Teaminteressen nur dann vertreten werden, wenn sie dem eigenen Vorteil dienen.
- *Die Einhaltung von Spielregeln:* Einzelne Mitarbeiter halten sich nicht an die selbst gesetzten Normen wie Fairness oder Hilfsbereitschaft.
- *Eine kooperative Innendienstkultur:* Teammitglieder legen Wert auf Gewinn für alle Beteiligten. Zum Problem kommt es, wenn die erwartete Kompromissfähigkeit zur Erreichung der sachlichen Ziele nicht vorhanden ist.
- *Eine kompetitive Innendienstkultur:* Die Teammitglieder werden als Kontrahenten angesehen beziehungsweise die Maximierung des persönlichen Vorteils steht im Vordergrund.

15.5 Der Umgang mit Konflikten

Eine Konfliktbewältigung beginnt mit der Vermeidung unnötiger Probleme. Betrachten Sie Konflikte aber als positiv und wichtig, denn sie erhalten die Dynamik in Ihrem Innendienst. Ein Innendienst ohne Konflikte »lebt« nicht. Schränken Sie Bewertungskonflikte (hierbei besteht Uneinigkeit über unterschiedliche Sichtweisen zu ein und demselben Gegenstand) ein, indem Sie die Funktionen je nach Anforderung immer neu ausrichten, ein auf Kooperation zielendes variables Belohnungssystem einführen und für die Auswahl geeigneter Mitarbeiter sorgen. Reduzieren Sie Beurteilungskonflikte (diese sind gekennzeichnet durch Uneinigkeit über verschiedene Wege, eine Aufgabe zu erfüllen oder ein Ziel zu erreichen) durch einen intensiveren Informationsaustausch. Minimieren Sie Verteilungskonflikte (hier besteht Uneinigkeit über die Verteilung von knappen Ressourcen) durch klare institutionelle Regelungen. Verhindern Sie eine kompetitive Innendienstkultur durch Stärkung von Vertrauen, Offenheit, Transparenz, Fairness und klare Vereinbarungen von Spielregeln.

Stehen Sie positiv zu Konflikten und analysieren Sie realistisch und ohne Emotionen gemeinsam mit dem Team einen offenen Konflikt. Sprechen Sie mit dem Team auch dann schon über einen möglichen Konflikt, wenn dieser nur latent vorhanden ist. Prüfen Sie, ob ein Interessenausgleich zwischen den Beteiligten möglich ist, und diskutieren Sie mit dem Team verschiedene Optionen. Grundvoraussetzung für die Bewältigung eines Konfliktes auf freiwilliger Basis ist allerdings die positive Einstellung aller Beteiligten. Beziehungsprobleme und Gruppenbildungen erschweren die Konfliktbewältigung. Wenn das Team zu keiner freiwilligen Lösung im Sinne der Zielerreichung kommt, haben Sie keine Hemmung, Ihre Autorität in die Waagschale zu werfen und im kritischen Fall auch einmal eine Top-down-Entscheidung zu treffen. Nehmen Sie dann aber so schnell wie möglich die »Tretminen« durch andere Aufgabenstellungen oder Entfernung aus Ihrem Team.

Nutzen Sie Widerstände und Ängste für die Dynamisierung Ihres Innendienstes. Lassen Sie sich die Gründe für den Widerstand erklären und tolerieren Sie die Sicht der Mitarbeiter. Prüfen Sie, ob sich die Mitarbeiter bei einer Einwandklärung aktiv am weiteren Klärungsprozess beteiligen oder ob noch weitere Widerstände vorhanden sind. Erkennen Sie gute Absichten an und versuchen Sie nicht, Einwände auszureden oder Mitarbeiter verbal zu manipulieren.

Besprechen Sie stattdessen die Einwände und hinterfragen Sie, welche negativen Auswirkungen die Mitarbeiter durch geplante Maßnahmen befürchten. Suchen Sie nach Lösungen und ermuntern Sie die Mitarbeiter, ebenfalls Lösungsvorschläge aus ihrer Sicht zu unterbreiten, die der Zielerreichung dienen. Vereinbaren Sie Lösungen und integrieren Sie die gefundenen Lösungen in die Zielvereinbarung. Seien Sie vorsichtig mit ungebetenen Ratschlägen:

- Geben Sie nicht sofort Antworten, wenn Sie nicht sicher sind, was die Mitarbeiter eigentlich meinen.
- Stellen Sie ausreichend Fragen, um die Mitarbeiter zum Nachdenken und Reflektieren ihrer Anliegen anzuregen.
- Stellen Sie nur dann Fragen, wenn Sie an einer Antwort tatsächlich interessiert sind.
- Stellen Sie so lange Fragen, bis die Mitarbeiter selbst Lösungen, Antworten, Ideen oder neue Sichtweisen entwickeln.
- Geben Sie sich nicht mit den erstbesten Antworten der Mitarbeiter zufrieden.
- Bohren Sie weiter nach anderen Sichtweisen, Möglichkeiten oder Lösungen.
- Drängen Sie darauf, dass für jede gefundene Lösung dann auch ein Handlungsplan mit konkreten Zielen entwickelt wird.

Aktives Zuhören während des Zielvereinbarungsprozesses erfordert Empathie. Damit ist die Fähigkeit gemeint, in Kopf und Herz des Mitarbeiters »spazierengehen« zu können, sich also in den anderen einzufühlen. Dafür sind folgende Faktoren wichtig:

- *Aufmerksamkeit:* Passen Sie sich dem verbalen und nonverbalen Kommunikationsstil der Mitarbeiter an.
- *Intensive Nachfrage:* Diese erleichtert Ihnen, den Bezugsrahmen der Mitarbeiter zu verstehen, und gibt Ihnen gleichzeitig die Möglichkeit, die Richtung des Gesprächs zu bestimmen.
- *Spiegelung:* Fühlen Sie sich in die Mitarbeiter ein und versuchen Sie, ihre Standpunkte zu verstehen. Eine Spiegelung zwischen Gesprächspartnern tritt ein, wenn sich beide sehr gut aufeinander einstellen.
- *Strukturierung:* Sorgen Sie für eine gute zwischenmenschliche Atmosphäre, damit greifbare Ergebnisse erzielt werden.
- *Unterschiedliche Blickwinkel:* Beleuchten Sie ein Problem aus unterschiedlichen Blickwinkeln, um ein umfassenderes Verständnis zu erzeugen und zu besseren Entscheidungen zu kommen.
- *Direkte Ansprache:* Sprechen Sie vorhandene oder vermutete Diskrepanzen direkt und sofort an.
- *Führung:* Überzeugen Sie die Mitarbeiter durch eine zielgerichtete Führung.

Wer nicht zuhört, der dokumentiert damit, dass er an den Aussagen der Mitarbeiter nicht interessiert ist. Nicht zuhören ist die Ursache für viele Führungsprobleme in der Organisation. Wirksame Fragen liefern die

Grundlage für Informationen, mit denen komplexe Situationen verstanden und gute Entscheidungen getroffen werden können. Bemühen Sie sich daher um ausreichende Sachinformationen und um ein umfassendes Verständnis dafür, was die Mitarbeiter von den Fakten halten. Erkennen Sie widersprüchliche oder mehrdeutige Botschaften und weisen Sie offen auf konfliktträchtige Positionen hin. Typische Beispiele hierfür sind:

- *Aussagen und Verhalten:* Worte und Taten passen nicht zusammen.
- *Äußerungen und nonverbales Verhalten:* Die Körpersprache stimmt nicht mit dem gesprochenen Wort überein.
- *Äußerungen und Wahrnehmungen:* Äußerungen und Aktivitäten stimmen nicht überein.
- *Zwischen zwei oder mehr Menschen gibt es Widerspruch:* Es ist selten sofort klar, aus welchem Motiv die Menschen widersprechen.

Hören Sie in der Problemfindungsphase eines Mitarbeitergesprächs sehr genau zu und versuchen Sie, unterschiedliche emotionale Aspekte und Interessen zu entdecken. Zeigen Sie durch eine Zusammenfassung, dass Sie die Standpunkte der Mitarbeiter verstanden haben. Suchen Sie nach Widersprüchen in der Argumentation der Mitarbeiter und versuchen Sie, den Bezugsrahmen zu verstehen. Fassen Sie die Mitarbeiterargumentation noch einmal zusammen, machen Sie aber klar, dass dies kein Einverständnis Ihrerseits bedeutet. Finden Sie Gemeinsamkeiten heraus und legen Sie Ihren Standpunkt ruhig und freundlich dar. Geben Sie keine Position auf, die Sie für richtig halten. Probleme sind gleichzeitig Chancen. Neue Ideen entstehen durch Differenzen, durch unterschiedliche Sichtweisen, durch Konflikte und Wettbewerb.

15.6 Zielvereinbarungen einvernehmlich »leben«

Kreative Prozesse machen es erforderlich, auch unvereinbare Gedanken nebeneinander zu stellen, nach verschiedenen Möglichkeiten zu suchen und sie miteinander zu verbinden. Geschickte Einfühlung und Aufmerksamkeit gegenüber Diskrepanzen sind der Schlüssel zur kreativen Führung. Wenn Sie trotz wichtiger und nachvollziehbarer Mitarbeitereinwände Ihre Zielvorstellungen durchsetzen, haben Sie sich aus dem Zielvereinbarungsprozess verabschiedet und greifen zum Mittel des Diktats. Das kann in einzelnen Fällen als letztes Mittel erfolgreich sein, zum Beispiel wenn Sie sich von einem Mitarbeiter trennen und über dieses Mittel Druck aufbauen wollen. Generell werden Sie sich aber den Weg zu mehr Eigenverantwortung und Selbststeuerung der Mitarbeiter verbauen. Entweder Sie befähigen die Mitarbeiter und können den Fähigkeiten entsprechende Aufgaben anbieten oder Sie trennen sich von nicht fähigen oder willigen Mitarbeitern. Denn ein fauler Apfel befällt den ganzen Korb. Ergebnismessungen auf Basis von Diktaten sind reine Soll-Ist-Abgleiche. Im Zielvereinbarungsprozess beruht jede Ergebnismessung jedoch auf einem freiwillig vereinbarten Ziel und einer entsprechenden Aufgabenzuteilung. Beantworten Sie in diesem Zusammenhang folgende Fragen:

- Werden die Mitarbeiter den vereinbarten Anforderungen gerecht?
- Erreichen sie die qualitativen und quantitativen Ziele?
- Stärken die Mitarbeiter durch ihr Handeln die Teamkultur?
- Geben die Mitarbeiter ein Commitment für die Ziele ab?

In der Zielumsetzungsphase ist es die Aufgabe des Vorgesetzten, Schwachstellen aufzuzeigen und Lösungsvorschläge zu unterbreiten, ohne den Mitarbeiter aus der Verantwortung zu lassen. Eine regelmäßige und zeitnahe Rückmeldung über den Stand der Zielerreichung ist notwendig. Wenn sich die Rahmenbedingungen ändern, nehmen Sie keine Veränderungen der generellen Ziele vor, weder in Form neuer Ziele noch bei der Zielvereinbarungsdauer. Es liegt beim Mitarbeiter, auf anderem Wege die Ziele zu erreichen. Prüfen Sie nach Ablauf der Zielvereinbarungsperiode in einem gemeinsamen Gespräch die Gründe für Erfolg oder Nichterfolg und lernen Sie daraus für die Zukunft.

Fazit
- ✔ Der Innendienst wird verstärkt zu einem gleichwertigen Vertriebswerkzeug innerhalb eines Multi-Channel-Vertriebs. Damit wird es notwendig, die Mitarbeiter nicht mehr über Anwesenheit und wahrgenommenen Fleiß zu führen und zu beurteilen, sondern über klare Zielvereinbarungen.
- ✔ Den Namen »Zielvereinbarung« verdienen sich nur die Absprachen, die einerseits auf freiwilliger Basis – Mitarbeiter müssen auch Nein sagen können – entstanden sind und andererseits die Fähigkeiten der Mitarbeiter berücksichtigen.
- ✔ Einvernehmlich erarbeitete Zielvereinbarungen mit dem Innendienstteam verstärken bei den Mitarbeitern die Sinnhaftigkeit des eigenen Tuns.
- ✔ Es ist die Aufgabe der Vorgesetzten, die externen und internen Ziele miteinander zu verknüpfen. Wer als Mitarbeiter oder als Team bei der Zielerarbeitung mitwirkt, kann die Notwendigkeit von Aktivitäten besser erkennen und ist eher bereit, an der Zielerfüllung mitzuwirken.

- ✔ Mitarbeiter möchten exakt wissen, welche Kompetenzen sie für welche Aufgaben erhalten, nach welchen Kriterien die Zielerreichung bewertet wird und mit welchen Maßnahmen sie zu welchem Gesamtvertriebsziel beitragen können.
- ✔ Viele Mitarbeiter wünschen sich klare Rahmenbedingungen und sind daran interessiert, den Rahmen für Zielvereinbarungen mit zu gestalten.
- ✔ Kommunizieren Sie in der Sprache, Gedankenwelt und den Handlungsebenen Ihrer Mitarbeiter. Überprüfen Sie immer wieder, ob die Ziele verstanden wurden.
- ✔ Führen Sie im Zielvereinbarungsprozess durch Fragen, welche die Mitarbeiter intellektuell nicht überfordern, die sie berühren, neugierig machen und herausfordern.
- ✔ Eine offene und teamorientierte Innendienstkultur kann nur ausgebaut werden, wenn das Vertrauen so weit entwickelt ist, dass ein persönliches Feedback als Teil der Persönlichkeitsentwicklung wahrgenommen wird.
- ✔ Konflikte im Zielvereinbarungsprozess kommen sehr häufig dann zustande, wenn Ziele, Aufgaben oder Ressourcenverteilung von den Mitarbeitern nicht akzeptiert oder verstanden werden und es zu Bewertungs-, Beurteilungs- oder Verteilungskonflikten kommt.
- ✔ Wer nicht zuhört, der dokumentiert damit, dass er an den Aussagen der Mitarbeiter nicht interessiert ist. Nicht zuzuhören ist die Ursache für viele Führungsprobleme in der Organisation.
- ✔ Kreative Prozesse erfordern, auch unvereinbare Gedanken nebeneinander zu stellen, nach verschiedenen Möglichkeiten zu suchen und sie miteinander zu verbinden.

16 Incentives und variable Entlohnung

16.1 Incentives – Leistungstreiber oder Erziehung zur Unmündigkeit?

Ich habe meinen Berufsweg 1972 in einem Unternehmen begonnen, in dem Incentives zur Entlohnungskultur gehörten. Es »siegten« fast immer die gleichen Mitarbeiter und die »Verlierer« standen meist schon vorher fest. Obwohl ich meistens zu den Siegern gehörte, war mir das Prozedere eher unangenehm. Der endgültige innere Bruch mit dieser Art von Motivation vollzog sich bei mir fünf Jahre später, als ich einer Vertriebstagung einer Tochtergesellschaft mit 100 Teilnehmern beiwohnte. Auf der Tagung wurden die Incentive-Sieger bekannt gegeben. Als Incentive war eine attraktive Reise für zwei Personen ausgelobt worden. Die drei Sieger durften nach vorn treten und wurden vom Geschäftsführer beglückwünscht. Im Saal saßen allerdings 97 »Verlierer«. Haben Sie schon ähnliche Erfahrungen gemacht?

Incentives gibt es seit langer Zeit. In bestimmten Branchen, zum Beispiel in der Versicherungsbranche, gehören Incentives zum Vertriebsalltag. Ich bin nicht grundsätzlich gegen Belohnungen für besondere Leistungen. In meiner nun 35-jährigen Praxis habe ich allerdings erlebt, dass eine an sich gute sportliche Belohnungsidee meist ein Ersatz für ungenügende Führungsarbeit beziehungsweise fehlendes Vertrauen in die Leistungsbereitschaft von Mitarbeitern ist.

Viele Mitarbeiter kennen nicht die generellen Ziele und sind sich daher nicht sicher, welchen Beitrag ihre Arbeit zu einem Gesamtziel leistet. Ein weiteres Manko: Zur Erreichung von Zielen behindern oftmals Hürden, die nicht auf der Entscheidungsebene der Mitarbeiter liegen, eine konsequente Umsetzung. Führungsverantwortliche können es sich leicht machen und die negative Grundhaltung von Mitarbeitern beklagen. Sie können allerdings auch darüber nachdenken, ob sie klar und konsequent führen. Im ersteren Fall werden Manager wahrscheinlich eher dazu neigen, durch Wettbewerbe und Incentives mangelhafte Führung zu kaschieren.

Damit beginnt meist eine Spirale: Es festigt sich die Meinung, dass die Mitarbeiter ohne Incentives nicht mehr leistungsbereit sind. Mitarbeiter gewöhnen sich an diese »Mohrrüben« und warten zunehmend auf einen Leistungsanschub dieser Art. Allerdings muss seitens des Unternehmens der Anreiz kontinuierlich erhöht werden, um die Spannung zu erhalten – wobei dieser Prozess nicht unbegrenzt fortgesetzt werden kann. Vorgesetzte, welche die Sackgasse erkannt haben, suchen dann in Seminaren und durch Beratungen einen Ausweg. Prüfen Sie deshalb vor der Auslobung von Incentives, ob die Ziele verstanden und akzeptiert werden, ob Hürden die Zielerreichung behindern können und ob sich ausreichend Chancen aus Mitarbeitersicht ergeben.

Die Basis für jede erfolgreiche Vertriebsarbeit sind eine klare Vertriebsstrategie und das Einfordern einer konsequenten Umsetzung von den Mitarbeitern. Es ist eine wichtige Führungsaufgabe, die Teamideen während des Vertriebsentwicklungsprozesses zu sammeln und zu überdenken. Gleichwohl ist die Führung für die Entscheidungen verantwortlich sowie für deren Vermittlung in die Organisation. Es kann nicht sein, dass Mitarbeiter darüber entscheiden, ob sie mitspielen oder nicht. Eine zielführende Innendienstkultur basiert auf dem Verständnis der Ziele. Mitarbeiter werden eingestellt und dafür bezahlt, die vom Unternehmen vorgegebenen Ziele umzusetzen. Wenn die Beteiligten nicht mitspielen, stimmt entweder die Führung nicht oder den Mitarbeitern gehört die Frage gestellt, ob sie in ihrem Unternehmen mit dessen Kultur richtig aufgehoben sind. Auf jeden Topf gehört der entsprechende Deckel. Hier ein Beispiel, das diese Situation gut illustriert:

> Die Innendienstleitung gibt als Ziel »Reduktion der Fehlerquote« heraus. In Abstimmung mit dem Vertriebsteam werden individuelle Ziele mit entsprechenden Kennzahlen vereinbart. Mit diesem Commitment gilt ein Zielkorridor als vereinbart. Welchen Sinn machen in diesem Fall ein Wettbewerb »Reduktion Fehlerquote« und extra ausgelobte Incentives?

Diese Vorgehensweise reizt gute Mitarbeiter, nur noch dann Top-Leistungen zu bringen, wenn Extras – gleich welcher Art – zu holen sind, und sie führt mittelmäßige Mitarbeiter eher in die Unmündigkeit. Gleichzeitig wird ein Menschenbild betonnt, dass Mitarbeiter angetrieben werden müssen, um Leistungen zu bringen. Damit wird die Vorgehensweise zunehmend zu einer sich selbst erfüllenden Prophezeiung und es entsteht eine Misstrauenskultur, die den Vertriebserfolg bremsen wird.

Um den Prozess noch besser zu verstehen, nachfolgend einige Bemerkungen zum grundsätzlichen Verhalten von Menschen. Rufen Sie sich die in den vorangehenden Kapiteln beschriebenen Grundsäulen der Psyche »Lustgewinnung« (ist kurzfristig und bedarf immer einer Steigerung oder Veränderung) und »Schmerzvermeidung« (alle negativ erlebten Situationen und Gefühle werden auf einer inneren Datei abgespeichert und behindern teilweise lebenslang ein Engagement in als schmerzhaft erlebten Bereichen) noch einmal in Erinnerung. Menschen fragen in Wettbewerbssituationen unbewusst erst die Datei »Schmerzvermeidung« ab. Erst wenn das Gehirn meldet, dass keine »Schmerzen« zu erwarten sind, wird die Datei »Lustgewinnung« aktiviert.

Stellen Sie sich nun vor, ein Innendienstmitarbeiter hat in zwei Wettbewerben nicht die in ihn gesetzten Erwartungen erfüllt und ist vielleicht noch vor versammelter Mannschaft – bewusst oder unbewusst – vorgeführt worden. Dieser Mitarbeiter wird nicht mehr locker in den Wettbewerb gehen, sondern eher verkrampfen – doch Verkrampfung führt selten zum Erfolg. Irgendwann heißt es, der Mitarbeiter sei nicht leistungsbereit oder begeisterungsfähig. Es wird kaum gesagt, dass der verantwortliche Vorgesetzte in seiner Führung versagt habe.

Es hat sich inzwischen eine kleine Incentive-Industrie gebildet: Berater, die Wettbewerbe entwickeln; Trainer, die Incentives begleiten, und Incentive-Agenturen, die Incentive-Prozesse verkaufen. Mit allerlei psychologischen »Erkenntnissen« oder »harten« Kennzahlen wird da argumentiert. Das wird dann als Wahrheit verkauft. Wahrheit für wen?

Es wurde bereits deutlich darauf hingewiesen: Mitarbeiter werden dafür bezahlt, vom Unternehmen vorgegebene und realistische Ziele zu verfolgen und umzusetzen. Das ist keine Beliebigkeit und bedarf keiner Diskussion. Mitarbeiter benötigen einen klaren Handlungsrahmen – wo alles gleich gültig ist, werden Menschen schnell gleichgültig. Wenn auf dieser Basis Mitarbeiter für außerordentliche Leistungen durch Incentives belohnt werden, ist nichts dagegen einzuwenden. Incentives als Leistungstreiber machen dagegen Mitarbeiter aus meiner Sicht eher unmündig. Incentives als Anerkennung für besondere Leistungen dienen hingegen der Leistungsförderung.

16.2 Variable Entlohnung – Zukunft oder Irrweg?

Das Thema »Leistungsbezogene Steuerung des Innendienstes« steht derzeit bei vielen Führungsverantwortlichen auf der Tagesordnung. Für andere kundennahe Unternehmensbereiche, zum Beispiel Außendienst, Key-Account-Management et cetera, sind variable Komponenten schon seit langer Zeit üblich. Ich persönlich glaube nicht, dass sie die Leistungsbereitschaft der Mitarbeiter erheblich erhöht haben. Deshalb möchte ich Sie im Folgenden auf eine kleine grundsätzliche Gedankenreise bezüglich finanzieller Anreizsysteme mitnehmen.

Seit den Zeiten von Frederick Taylor Anfang des 20. Jahrhunderts wird in zahlreichen Wirtschaftstheorien immer wieder darüber diskutiert, inwieweit durch finanzielle Anreize die Arbeitsbereitschaft von Mitarbeitern gesteigert werden kann. Viele Führungskräfte glauben, dass finanzielle Anreize die stärksten Antriebskräfte für Leistungen von Organisationen sind. Diese Annahme ist bis heute aber noch nicht durch klare Fakten belegt, es handelt sich eher um eine Glaubensfrage als um eine gesicherte Erkenntnis. Sie haben drei Möglichkeiten, durch Anreize eine Steigerung der Mitarbeiterleistungen zu erreichen:

1. *Ziel »Motivation«:* Finanzielle Belohnungen können unter Umständen den Leistungswillen von Mitarbeitern steigern, nicht aber kurzfristig die Mitarbeiterfähigkeiten. Die Voraussetzung für Leistungssteigerungen ist aber, dass keine Motivationsblockaden wie Ressourcen- und Organisationsprobleme vorliegen. Es wird vorausgesetzt, dass der einzelne Mitarbeiter die Plattform für sein Handeln selbst bestimmen beziehungsweise verändern kann. Aber kann der Innendienst mangelhafte Organisationsprozesse maßgeblich beeinflussen? In der Regel nein, denn er kann nur sehr geringfügig Marktbedingungen und Managemententscheidungen steuern. Wenn diese Faktoren also gravierend in die Beurteilung von Innendienstmitarbeitern einfließen, kann ein gut gemeintes Anreizsystem schnell in Demotivation umschlagen.
2. *Ziel »Positive Botschaften«:* Das Management vermittelt den Mitarbeitern Ziele und Botschaften und verbindet mit deren Erreichung eine finanzielle Belohnung. Schwierig wird es dann, wenn die Innendienstmitarbeiter unterschiedliche Signale vernehmen, zum Beispiel »Steigerung des Kundenservice bei gleichzeitiger Senkung der Kundenbeziehungskosten«. Erleben Sie nicht auch des Öfteren diametral postulierte Botschaften unterschiedlicher Unternehmensbereiche? Der Innendienst ist eine wichtige Schnittstelle zwischen Unternehmen und Kunden. Wenn hier die Ziele und Botschaften nicht homogen sind, wird ein Belohnungssystem schnell von den Mitarbeitern als »Bedrohung« empfunden.
3. *Ziel »Leistungsselektion«:* Mitarbeiter sollen auf Basis ihres Leistungsvermögens und -willens unterschiedlich entlohnt und damit selektiert werden. Es ist aber schwierig, Leistungsbereitschaft mit Risikobereitschaft zu koppeln. Außerdem hängen gerade Mitarbeiter des Innen-

dienstes von den Leistungen anderer Unternehmensteams ab. Wenn der einzelne Mitarbeiter die Bedingungen seines Arbeitsumfelds maßgeblich beeinflussen kann, ist eine leistungsbezogene Mitarbeiterbewertung möglich. Ansonsten wird es schwierig, eine faire Beurteilung vorzunehmen.

An früherer Stelle in diesem Buch wurde erwähnt, dass nur ein geringer Prozentsatz der Mitarbeiter die Ziele des Managements kennt. Die Mitarbeiter benötigen aber klare Botschaften, um ihr Handeln auf diese Ziele auszurichten. Prozesskosten sind zum Beispiel Informationen, mit denen der Innendienst seine Aktivitäten steuern kann. Hierzu ein Denkbeispiel:

Kennen Ihre Innendienstmitarbeiter die Kosten eines Angebots? Wahrscheinlich in der Mehrzahl nicht. Die Erfolgsquote Angebot zu Auftrag beträgt in vielen Unternehmen 10 bis 15 Prozent. Nicht berücksichtigt werden bei der Kostenerfassung zum Beispiel die Kosten des Arbeitsplatzes, die kostenmäßig erfassten Beiträge der anderen Unternehmensbereiche bei der Erstellung eines Angebots et cetera. Es wird auch nicht in die Betrachtung einbezogen, dass ein erfolgreiches Angebot die Kosten eines nicht erfolgreichen Angebots tragen muss.

Um die Motive der Mitarbeiter anzusprechen, ist die Vermittlung klarer und zeitnaher Informationen unabdingbar. Viele Botschaften sind aber zu undifferenziert und kollidieren mit grundsätzlichen Interessen des Unternehmens. Finanzielle Anreize signalisieren, was dem Unternehmen wichtig ist, und können dadurch die Aktivitäten der Mitarbeiter beeinflussen. Viele Anreizsysteme sind allerdings leider zu undifferenziert und die Zielsetzung ist zu eng formuliert. Wenn dann ein Entlohnungssystem noch sehr komplex ist, werden sich die Mitarbeiter auf das konzentrieren, was aus ihrer Sicht schnell zu erreichen ist und den geringsten Ärger verursacht. Dabei geraten sehr häufig leider die Unternehmensziele aus dem Fokus.

Individuelle Entlohnungssysteme sind besonders dann erfolgreich, wenn Fähigkeiten beziehungsweise Fertigkeiten für die zu erfüllenden Aufgaben schnell erlernbar sind und die Tätigkeiten nur bedingt eine Zusammenarbeit mit anderen Mitarbeitern erfordern. Aber genau dies ist im Innendienst nicht der Fall. Das Tätigkeitsspektrum ist oft sehr komplex und eine vernetzte Zusammenarbeit mit anderen Teammitgliedern und Unternehmensbereichen ist die Regel.

Passen Sie auf, wofür Sie bezahlen – es könnte sein, dass Sie es auch bekommen!

Anreizsysteme signalisieren die Wertvorstellungen und die Kultur eines Unternehmens. Unternehmen bekommen die Mitarbeiter, die sie »verdienen«. Wenn ein Unternehmen sehr stark die finanzielle Komponente betont, wird es stark finanzorientierte Mitarbeiter anlocken. Diese Mitarbeiter werden aber auch wegen des Geldes wieder gehen. Wenn dagegen die Möglichkeit der Mitgestaltung, die Umsetzung einer Idee oder die Identifikation mit dem Unternehmen im Vordergrund steht, werden Sie eher Mitarbeiter anziehen, denen »innere« Belohnungen wichtiger sind als »äußere« Symbole.

Der Einsatz von variablen Entlohnungssystemen kann, wenn nicht nach dem Gießkannenprinzip vorgegangen wird, zu einer Streuung der Einkommenssituation führen. Aus Sicht des Managements bietet ein variables Einkommenssystem die folgenden Vorteile:

- Erfolgreiche Mitarbeiter bekommen die finanzielle Anerkennung, die sie verdienen und die sie sich wünschen.
- Es wird der Tatsache Rechnung getragen, dass Mitarbeiter nicht akzeptieren, dass Kollegen die gleiche Belohnung erhalten, wenn sie sich nicht im gleichen Maße für ein definiertes Ziel einsetzen.

Was auf den ersten Blick nachvollziehbar ist, beschreibt ein Problem: Die meisten Menschen denken, dass sie überdurchschnittlich sind (Selbstaufwertungseffekt), sie denken positiver über sich als die beurteilende Umwelt. Erfolge verbuchen sie auf ihrer Haben-Seite, Defizite verweisen sie auf außerhalb ihres Zuständigkeitsbereiches. Wenn dann Ziele festgesetzt werden und anschließend die Zielerreichung beurteilt wird, werden die unterschiedlichen Wahrnehmungen von Mitarbeitern und Unternehmen sichtbar. Die Konsequenz: Die Mitarbeiter sind unzufrieden mit den variablen Anreizsystemen. Bei einer Umfrage von Hewitt unter 350 Unternehmen zeigte sich, dass »83 Prozent der Unternehmen glaubten, ihre leistungsbasierten Anreizprogramme seien nur bedingt erfolgreich oder sogar völlig erfolglos bei der Erreichung ihrer Ziele«.

Prüfen Sie, welche Auswirkungen die Einteilung in gute und schlechte Mitarbeiter auf die Status- und Selbstwertgefühle der Mitarbeiter hat. Mitarbeiter wünschen sich Erfüllung aus sozialen Beziehungen in einem als fair empfundenen Arbeitsumfeld. Differenzierte Anreizsysteme können dazu führen, dass die Mitarbeiter in »Gewinner« und »Verlierer« unterteilt werden. Die Folgen: Neid, unterentwickelte soziale Beziehungen, mangelndes Vertrauen und Verteidigung von Ego-Interessen in der Teamarbeit. Wenn das Arbeitsumfeld Zusammenarbeit und Kooperation erfordert, wirken sich differenzierte Bezahlungen eher negativ auf die Organisationsentwicklung aus.

In dem Wort »Entlohnung«, steckt der Sinn: »Der Mitarbeiter erhält Geld für seine Leistung und dann sind wir quitt.« Deshalb berücksichtigen viele Anreizsysteme nicht die persönliche Motivation der Mitarbeiter. Dazu zwei Beispiele:

- *Beispiel 1:* Der Innendienstleiter eines Unternehmens hatte im abgelaufenen Jahr die vereinbarten Ziele alle erreicht und der Inhaber hatte die Absicht, ihm einen Betrag in Höhe von 10.000 Euro zu überweisen. Ich wies den Inhaber darauf hin, dass dieses Vorhaben aus meiner Sicht nicht zielführend sein würde. Gründe: Der Mitarbeiter war finanziell durch ererbten Immobilienbesitz bestens versorgt, die Kinder waren mit einer guten Ausbildung aus dem Haus und er war Mitglied in anerkannten Vereinen. Sein Manko aus seiner Sicht: Er hatte nicht studiert und verfügte über keine Fremdsprachenkenntnisse. Das hatte Auswirkungen auf sein Verhalten: Der Mitarbeiter suchte die ständige Anerkennung von außerhalb. Deshalb schlug ich dem Inhaber vor, dem verdienten Mitarbeiter ein VIP-Essen in einem anerkannten Nobelrestaurant (25 Plätze mit mehrmonatiger Buchungsfrist) für zwei Personen und anschließender Übernachtung in einem Fünf-Sterne-Hotel zu spendieren. Die Gesamtkosten für Essen und eine Übernachtung beliefen sich auf 2.000 Euro. Für den Mitarbeiter und seine Gattin wurde dieser Event arrangiert. Montags erzählte der Innendienstleiter mit leuchtenden Augen, welche Prominente er in dem Restaurant kennengelernt und wie er mit seiner Gattin den Brunch im Hotel genossen hatte. Ein herausragendes Erlebnis für ihn mit Geschichten, die er seinen Kindern und den Mitgliedern in seinen diversen Vereinen erzählen konnte. Der Vorteil für den Inhaber: Er hatte 8.000 Euro gespart und dem Mitarbeiter sein wichtigstes Motiv erfüllt: Anerkennung.
- *Beispiel 2:* Ein Innendienstteam saß beisammen und beratschlagte über die Weiterentwicklung in der Kundenbearbeitung. Ich hinterfragte, was das eigene Unternehmen von einem Wettbewerbsunternehmen unterschied. Es wurde viel diskutiert, greifbare Ergebnisse kamen aber kaum zustande. Eine Mitarbeiterin bemerkte nach einiger Zeit: »Die Mitarbeiter des Wettbewerbsunternehmens sind stolzer auf ihr Unternehmen als die meisten unserer Mitarbeiter auf unser Unternehmen. Hier arbeiten die meisten nur für Geld.« Das war ein interessanter Ansatz, den wir

intensiv diskutierten. Heraus kam, dass Anreizsysteme dazu geführt hatten, dass sich viele Mitarbeiter nur noch für Ziele einsetzten, für die sie finanziell belohnt wurden.

16.3 Optionen in der variablen Entlohnung

Viele variable Anreizsysteme sprechen nicht oder nur geringfügig die Motive der Mitarbeiter an. Welche Möglichkeiten haben Sie hinsichtlich variabler Anreizsysteme für Ihre Innendienstteams?

Äußere Belohnung

- *Finanzielle Anreize:* Variable Belohnungen sind für die Mitarbeiter sehr wichtig. Die persönliche Wahrnehmung spielt dabei eine große Rolle.
- *Ideelle Anreize:* Statussymbole sind für die Mitarbeiter sehr wichtig. Der Wahrnehmung von außen kommt hierbei eine bedeutende Rolle zu.

Innere Belohnung

- *Tätigkeiten:* Die Mitarbeiter suchen immer wieder neue Herausforderungen und wünschen sich Freiraum und Vertrauen.
- *Positionen:* Die Mitarbeiter wünschen sich mehr Einfluss im Team oder in der Organisation. Funktionen sind nicht immer wichtig für sie, sondern die von außen wahrgenommenen Positionen.
- *Ziele:* Die Mitarbeiter geben sich überwiegend Zielen hin. Sie interessieren weder Belohnungen noch Positionen, Tätigkeiten tangieren sie nur am Rande.

Hinweis zum Punkt Ziele: Die Anforderungen an das Profil der Innendienstmitarbeiter ändern sich erheblich. Wo früher Vorgaben, Pflichterfüllung und Kontrolle im Vordergrund standen, werden heute die Mitarbeiter verstärkt an Zielformulierungen beteiligt. Zukünftig wird sich die Selbststeuerung auf der Basis von klaren Zielen und Botschaften erhöhen. Prüfen Sie: Haben Sie die »richtigen« Mitarbeiter für die definierten Aufgaben eingesetzt? Sind die Aufgaben präzise genug definiert – was soll erreicht/ nicht erreicht werden? Besitzen die Mitarbeiter die notwendigen Fähigkeiten zur Erreichung der Ziele? Gibt es Einvernehmen darüber, wie miteinander umgegangen wird bei der Nichterreichung von Zielen?

Wenn Sie sich zu einem variablen Entlohnungssystem entschlossen haben, hinterfragen Sie, welche Positionen die Innendienstmitarbeiter beeinflussen können. Herstellkosten zum Beispiel sind in der Regel durch den Innendienst nicht beeinflussbar. Steuerbar sind aber die Kundenbeziehungskosten, unter anderem Kommunikationskosten, Angebotskosten, Verkaufsförderungskosten oder Produktmodifikationskosten. Viele Führungskräfte neigen dazu, überwiegend »harte« Ziele zu vereinbaren, da hier die Diskussionen über Erreichung oder Nicht-Erreichung über vorliegende Kennzahlen im Rahmen gehalten werden können. Seien Sie mutig und vereinbaren Sie auch »weiche« Ziele, auch wenn Sie manchmal nur nach dem »Nasenfaktor« die Zielerreichung beurteilen können. Faktoren leistungsorientierter Anreizsysteme sind unter anderem:

- *Leistungs- und Arbeitsergebnisse*: Zielerreichungsgrad, Arbeitsausführung und Arbeitsqualität, Arbeitsleistung.
- *Berufliche Qualifikation:* Ausbau der beruflichen Fähigkeiten und des Fachwissens.
- *Arbeitsverhalten:* Kooperationsverhalten im Team, Übernahme von Teamaufgaben, Anpassungsbereitschaft gegenüber Veränderungsprozessen.
- *Entwicklungspotenziale:* Steigerung der Produktivität, Durchführung von Sonderprojekten, Übernahme von Teamverantwortung.

16.4 Variable Entlohnung von Teams

In den letzten Jahren haben Unternehmen verstärkt auf Teams gesetzt – an sich eine gute Entwicklung. Leider wurde Teamarbeit als Heilung mangelhafter Unternehmensprozesse missbraucht. Teamarbeit ist immer dann sinnvoll, wenn zwei Personen zusammen mehr erreichen als zwei einzelne Mitarbeiter für sich. Wenn dies nicht der Fall ist, können Sie auf Teamarbeit auch verzichten. Bei der Entlohnung von Teams birgt ein variables Anreizsystem auch einige Fallstricke, zum Beispiel die folgenden:

- Einzelmitglieder von Teams sind nicht immer objektiv zu beurteilen.
- Innendienstteams haben in der Regel keine Vorgesetzten. Deshalb können Informationen zur Beurteilung der Teammitglieder nur bedingt herangezogen werden.
- Beurteilungen durch einen eventuellen Gruppensprecher sind aufgrund seiner fehlenden Weisungs- und Entscheidungsbefugnis zweifelhaft.
- Die Beschränkung auf Teambeurteilungen kann überdurchschnittliche Teammitglieder benachteiligen und damit Unzufriedenheit hervorrufen.

- Variable Anreizsysteme, die nicht von den Teammitgliedern akzeptiert werden, schaden der Motivation und Leistungsbereitschaft.

Variable Anreizsysteme werden dann anerkannt, wenn sie als gerecht, einfach, klar und nachvollziehbar empfunden werden. Um sich die Möglichkeit der individuellen Leistungsbeurteilung offenzuhalten, bietet sich eine Mischung aus Einzel- und Team-Anreizelementen an. Dabei können zum Beispiel folgende Kriterien als Basis herangezogen werden:

Teamziele

Kriterien: Deckungsbeitrag des Innendienstteams unter Berücksichtigung der Kundenbeziehungskosten, Erreichung von Umsatz- und Absatzzielen, Forcierung strategischer Produkte und Kunden.

Individualziele

Kriterien: Erfolgsquote Angebots- zu Auftragserfolg, Erfolgsquote bei der Durchführung von Kundenbefragungen, Qualität der administrativen Tätigkeiten, Einhaltung beeinflussbarer Liefertermine, Einhaltung der Arbeitsplatzkosten.

16.5 Richtlinien für den Einsatz von Anreizsystemen

Es ist nicht leicht, Anreizsysteme zu entwickeln, die sowohl die Mitarbeiter ansprechen und anspornen als auch gleichzeitig den Unternehmenszielen dienen. Anreizsysteme können keine Leistungsprobleme Ihres Unternehmens lösen, doch sie können sehr schnell die Kosten ohne den entsprechenden Gegenwert in die Höhe treiben. Unternehmen neigen dazu, auftretende Unternehmens- oder Leistungsprobleme durch Anreize der Mitarbeiter heilen zu wollen. Das wird nicht funktionieren. Und bedenken Sie außerdem: Die Mitarbeiter gewöhnen sich sehr schnell an diesen Anreiz und betrachten ihn als Selbstverständlichkeit.

Was können Sie tun, bevor Sie über Anreizsysteme nachdenken? Ganz einfach – binden Sie Ihre Mitarbeiter in einen ständigen Gärungs- und Zielentwicklungsprozess ein. Die Mitarbeiter sind häufig mutiger, als es manchem Führungsverantwortlichen lieb ist. Sie formulieren die Messlatte für Bestleistungen oftmals ehrgeiziger als gewünscht und erinnern damit die Führungsverantwortlichen an ihre Aufgabe, Hürden auf dem Wege der Zielerreichung wegzuräumen und die notwendigen Ressourcen

Richtlinien für den Einsatz von Anreizsystemen

Abbildung 17: Voraussetzung für die Einführung eines variablen Vergütungssystems

zur Verfügung zu stellen. Versuchen Sie, die Mitarbeiter für die Unternehmenskultur zu begeistern.

Meistens ist nicht die Höhe des variablen Anreizes entscheidend über den Einsatz für ein Ziel (außer bei absoluten Geringverdienern), sondern die anschließende Anerkennung, etwas Besonderes geleistet zu haben. Und wenn schon ein variabler Anreiz ausgelobt wird, muss er aus Mitarbeitersicht auch anerkennend genug sein.

Organisationen sind soziale Gefüge und Mitarbeiter soziale Wesen. Mitarbeiter ziehen Vergleiche zwischen sich selbst und anderen Teammitgliedern. Unterschiedliche Bezahlungen sind deshalb meist auch ein Symbol des Wertes der eigenen Person. Deshalb können selbst kleine Unterschiede einen erheblichen Einfluss auf die Motivation von Mitarbeitern und deren Einstellung zu ihrem Unternehmen haben. Werden Sie sich darüber bewusst, welche Botschaften Sie mit variablen Anreizsystemen vermitteln.

Innendienstmitarbeiter werden heutzutage überwiegend fix bezahlt. Es herrschen immer noch erhebliche Einkommensunterschiede gegenüber dem Außendienst vor. Deshalb sieht sich der Innendienst zu Recht oftmals als Vertrieb zweiter Klasse. Ich bin persönlich davon überzeugt, dass sich diese Einkommensunterschiede in den kommenden Jahren teilweise nivellieren werden. Dafür gibt es verschiedene Gründe:

- Gute verkaufsaktive Innendienstmitarbeiter sind rar und werden von den Unternehmen gesucht. Diese Mitarbeiter kennen ihren Wert und fordern ihn entsprechend ein.
- Der verkaufsaktive Innendienst wird zunehmend zu einem gleichwertigen Vertriebswerkzeug innerhalb eines Multi-Channel-Vertriebs mit definierten Kundenverantwortlichkeiten und Marktaktivitäten.
- Der Innendienst wird zukünftig immer stärker für sein Kostenmanagement verantwortlich sein.
- Die Innendienststeuerung und Bezahlung erfolgt verstärkt auf Basis von Kennzahlen und Zielen.

Die Frage von Führungsverantwortlichen lautet des Öfteren: »Sollen wir die finanziellen Anreize nach oben deckeln?« Entscheiden Sie, ob dies für Ihre Situation, Ihr Unternehmen und Ihre Mitarbeiter motivierend und zielführend ist. Möglichkeiten sind zum Beispiel:

- Bonifizieren Sie bis zu einem definierten Prozentsatz keine Vergangenheitsleistungen. Bilden Sie zum Beispiel einen Anreizkorridor zwischen 85 Prozent (alles darunter wird nicht bewertet) der Altleistungen und 30 Prozent über Ziel.
- Erfassen Sie die Kosten des Mitarbeiters und seines Arbeitsplatzes und bonifizieren Sie erst nach Abdeckung dieser Kosten.

Speisen Sie aber dann die Mitarbeiter nicht mit »homöopathischen« Beträgen ab, sondern schütten Sie einen Anreiz aus, der diesen Namen auch verdient. Denn die Mitarbeiter haben bei den vorgenannten Beispielen ihre Kosten eingespielt: Das Unternehmen erzielt Gewinn mit diesem Arbeitsplatz und beteiligt angemessen die Mitarbeiter an dem Erfolg.

16.6 Einführung eines variablen Anreizsystems

Die Einführung variabler Anreizsysteme bedarf meist der Zustimmung der Mitarbeiter und des Betriebsrates. Außerdem sind unter Umständen Änderungskündigungen der Verträge erforderlich. Stellen Sie sich in diesem Zusammenhang einmal die Frage: Wie empfinden Mitarbeiter, die über keine Erfahrung mit variablen Anreizsystemen verfügen, die Variabilisierung eines Teils ihres Gehalts? Als Lustgewinnung oder als Schmerzvermeidung? Mit hoher Wahrscheinlichkeit als Schmerzvermeidung. Die Mitarbeiter können mögliche Risiken aus ihrer Sicht nicht einschätzen und neigen dann eher dazu, Risiken statt Chancen zu sehen. Aus Mitarbeitersicht absolut verständlich. Nehmen Sie diese Ängste ernst, denn das ist die Voraussetzung dafür, gemeinsam neue Wege zu gehen. Aus meiner Praxis heraus kann ich die folgende Vorgehensweise bei der geplanten Einführung eines variablen Anreizsystems empfehlen:

1. Versammeln Sie Ihr Team und vermitteln Sie den Teammitgliedern die grundsätzlichen Ziele eines variablen Anreizsystems aus Ihrer Sicht.
2. Lassen Sie die Teammitglieder untereinander diskutieren (ohne Ihre Präsenz), wie das Team grundsätzlich zu diesem Ziel steht und welche Komponenten die Mitarbeiter als fair und berechenbar erachten.
3. Lassen Sie sich vom Team die Meinung der Mitglieder erklären. Bei unterschiedlichen Positionen geben Sie sich beide Bedenkzeit. Beide Parteien können jetzt überlegen, welche Kompromisse aus der jeweiligen Sicht möglich sind.
4. Üben Sie keinen Druck aus, wenn der Kompromiss aus Ihrer Sicht kleiner ausfällt als von Ihnen gewünscht. Sie haben so lange mit fixen Gehältern im Innendienst »gelebt«, da kommt es meist nicht auf einen schnellen Veränderungsprozess an. Wichtiger ist, dass Einvernehmen zwischen den Partnern hergestellt wird.
5. Ändern Sie im ersten Schritt nicht die Arbeitsverträge, sondern bieten Sie den Mitarbeitern Folgendes an: Wenn das veränderte System Vorteile bringt, werden die Mitarbeiter nach dem neuen System belohnt; wenn das alte System günstiger für die Mitarbeiter ist, wird weiterhin nach dem alten System entlohnt.
6. Prüfen Sie gemeinsam mit dem Team nach einem halben Jahr mit einer Prognose für die weiteren sechs Monate, welches System Vorteile für die Mitarbeiter und das Unternehmen bietet, und diskutieren Sie über die weitere Vorgehensweise.
7. Führen Sie nach Ablauf eines Jahres eine grundsätzliche Diskussion mit den Mitarbeitern über die weitere Vorgehensweise. Wer danach einen variablen Anteil wünscht, ändert seinen Vertrag. Mit den anderen Mitarbeitern drehen Sie eine neue Runde.
8. Erfahrungsgemäß sind 70 bis 80 Prozent der Mitarbeiter nach zwei Jahren von einem fairen variablen Anreizsystem überzeugt. Überprüfen Sie dann, wie Sie mit den verbleibenden 20 bis 30 Prozent der Mitarbeiter umzugehen gedenken.

Die Vorteile dieser Vorgehensweise: Sie brauchen sich nicht mit unakzeptierten Änderungskündigungen herumschlagen; Sie nehmen die Mitarbeiter mit in den Veränderungsprozess; Sie vermeiden unnötige Drucksituationen; Sie geben den Mitarbeitern das Gefühl, Teil des Prozesses zu sein. Bleiben Sie geduldig.

16.7 Risiken durch nicht akzeptierte Anreizsysteme

Variable Entlohnungssysteme bringen fachliche und emotionale Risiken mit sich. Je direktiver ein System eingeführt wurde, desto größer ist meistens das Unbehagen der Mitarbeiter. Einige immer wiederkehrende Risiken sind nachfolgend aufgelistet:

- Die Anreize werden nicht als fair und gerecht empfunden. Die Folge: Die Mitarbeiter spielen nicht mit und der Anreiz verpufft.
- Mitarbeiter versuchen, Schwächen im System zu finden und auszunutzen. Die Folge: Das System wird mehrmals geändert, was zu Irritationen und Reibungsverlusten führt.
- Die Bewertungsgrundlagen werden nicht einvernehmlich akzeptiert, ungleiche Leistungen verschlechtern die Atmosphäre im Team. Die Folge: Eine einheitliche Ziel- und Stoßrichtung auf den Markt und die Kunden wird erschwert.
- Das Anreizsystem ist zu kompliziert. Die Folge: Das System wird nicht verstanden und emotional als Bedrohung empfunden.
- Das Anreizsystem bezieht Faktoren ein, welche die Mitarbeiter nicht beeinflussen können. Die Folge: Die Mitarbeiter identifizieren sich nicht mit den Ergebnissen.
- Nicht leistungsbereite oder leistungsfähige Mitarbeiter werden nicht aus dem Team herausgenommen. Die Folge: Die restlichen Mitarbeiter fühlen sich dadurch »bestraft« und das Klima im Team ist nicht leistungsfördernd.

Überlegen Sie genau, welche Vor- und Nachteile variable Entlohnungssysteme bieten. Diskutieren Sie weniger über die harten Fakten und Methoden, sondern mehr über die Werte und die Kultur Ihres Unternehmens.

Fazit

✔ Viele Mitarbeiter kennen nicht die generellen Ziele und sind sich daher nicht sicher, welchen Beitrag ihre Arbeit zu einem Gesamtziel liefert.
✔ Mitarbeiter gewöhnen sich an Incentives und warten zunehmend auf einen Leistungsanschub dieser Art. Der Einsatz von Incentives ist deshalb sorgfältig zu überlegen.
✔ Mitarbeiter werden dafür bezahlt, vom Unternehmen vorgegebene und realistische Ziele zu verfolgen und umzusetzen. Das ist keine Beliebigkeit und bedarf keiner Diskussion.
✔ Finanzielle Belohnungen können unter Umständen den Leistungswillen von Mitarbeitern steigern, nicht aber kurzfristig die Mitarbeiterfähigkeiten.
✔ Um die Motive der Mitarbeiter anzusprechen, ist die Vermittlung klarer und zeitnaher Informationen unabdingbar.
✔ Wenn ein Unternehmen sehr stark die finanzielle Komponente betont, wird es stark finanzorientierte Mitarbeiter anlocken. Diese Mitarbeiter werden aber auch wegen des Geldes wieder gehen.
✔ Viele variable Anreizsysteme sprechen nicht oder nur bedingt die Motive der Mitarbeiter an.
✔ Um sich die Möglichkeit der individuellen Leistungsbeurteilung offenzuhalten, bietet sich eine Mischung aus Einzel- und Team-Anreizelementen an.
✔ Es ist nicht leicht, Anreizsysteme zu entwickeln, die sowohl die Mitarbeiter ansprechen und anspornen als auch gleichzeitig dem Unternehmen und seinen Zielen dienen.
✔ Variable Entlohnungssysteme bringen fachliche und emotionale Risiken mit sich.

17 Die Arbeitsbelastung im Innendienst messen

Es ist nicht damit getan, Kästchen in Organigrammen zu malen und Aufgaben zu verteilen. Alle Aufgaben müssen auch auf Machbarkeit (Ressourcenverfügbarkeit) und Kundenorientierung hin überprüft werden. Was erwarten zum Beispiel Kunden heute und was bemängeln sie?

- *Kundenerwartungen:* Die Kunden von heute wünschen sich unter anderem individuelle Problemlösungen, ein kundenorientiertes Marketing sowie exzellente Service- und Beratungsleistungen.
- *Dagegen sind die Kunden unzufrieden bei:* schlechter Erreichbarkeit des Anbieters, langen Reaktionszeiten, Nicht-Einhaltung von Zusagen, »lausiger« Informationspolitik und mangelnder Fachkompetenz.

Wenn Sie heute Innendienstmitarbeiter fragen, wie ihre zeitliche Belastung aussieht, werden sie Ihnen häufig antworten: »Wir wissen nicht mehr, wie wir es schaffen sollen.« Damit haben Ihnen viele Beteiligte aus ihrer Sicht sicherlich eine ehrliche und realistische Wahrnehmung vermittelt. Die Innendienstmitarbeiter spielen tagtäglich Feuerwehr, sie versuchen, als Schnittstelle zum Kunden intern nicht optimal laufende Prozesse zu »heilen«, erfüllen Sonderwünsche von diversen internen Bereichen et cetera. Kurzum, sie sehen sich als »Mädchen für alles« und sind es wahrscheinlich auch.

Mit dem Turnaround im Innendienst steigen Sie in einen umfassenden Veränderungsprozess ein. Rufen Sie sich dabei immer wieder ins Gedächtnis, dass die Rolle des Innendienstes seit Jahrzehnten verinnerlicht wurde, sowohl von den Innendienstmitarbeitern als auch von den anderen Unternehmensbereichen und den Kunden.

Die Voraussetzung, um ein festgefügtes Bild positiv und nachhaltig zu verändern, ist eine Neuausrichtung der Denkhaltung. Jetzt stellen Sie sich vor, Sie treten vor die Innendienstmannschaft und verkünden: »Zukünftig werden wir den Innendienst verkaufsaktiv ausrichten. Vergesst eure jahrzehntealte Erfahrung.« Und vielleicht kommt noch ein wenig Druck dazu: »Administration wird abgebaut. Jetzt wird telefoniert, was die Telefonanlage hergibt.« Und am besten werden noch die Begriffe »Kaltakquise« und »Prämiensystem« in die Diskussion eingeführt. Was meinen Sie, was jetzt die Mitarbeiter empfinden: »Lustgewinn« oder »Schmerzvermeidung«?

Häufig handelt es sich nicht um Unwilligkeit oder Unverständnis der Mitarbeiter, wenn sie den Veränderungsprozess nicht ohne Vorbehalte mitgehen, sondern das Problem ist die nicht hirn- und motivgesteuerte Ansprache der Mitarbeiter durch die Führungsverantwortlichen. Jeder merkt es bei sich selbst, wie schwierig es ist, einen eingefahrenen Weg zu verändern, auch wenn die Ratio ausreichend gute Gründe dafür anführt. Das Gesetz der Trägheit in der Psychologie führt dazu, dass sich die Mitarbeiter gegen Neues wehren, dass sie versuchen, das Alte zu bewahren, und dass sie daraus ihre »Wahrheit« konstruieren. Besonders schwierig wird es, wenn kein Leidensdruck oder Problembewusstsein vorhanden ist.

17.1 Mitarbeiter für die Erfassung von Arbeitsbelastungen gewinnen

Setzen Sie auf Freiwilligkeit, um die Mitarbeiter von sich aus dazu zu bewegen, die Arbeitsbelastung über einen längeren Zeitraum zu erfassen, Denken Sie dabei immer daran, dass die Messung der Arbeitsbelastung in vielen Unternehmen mit der Arbeitnehmervertretung abgestimmt werden muss.

Menschen denken nicht zukunftsorientiert, sondern orientieren sich bei Informationen erst einmal an Vergangenheitserfahrungen. Wie bereits an früherer Stelle ausgeführt, überdecken dabei Negativerfahrungen im Zweifel Positiverfahrungen. Außerdem ist zu beachten, dass wir in der Übermittlung von Botschaften meist zu schnell sind. Wir diskutieren mit den Mitarbeitern schon über Ziele, wenn sie sich noch nicht klar über die Ist-Situation sind. Deshalb ist es erforderlich, sich erst einmal gemeinsam auf den Status quo zu einigen. Wer die Ausgangsbasis nicht einvernehmlich skizziert, hat anschließend Probleme, die Mitarbeiter auf die Ziele lenken. Für die Erfassung von Arbeitsbelastungen schlage Ihnen ein 10-Schritte-Konzept vor, mit dem ich in der Praxis erfolgreich arbeite:

- *Schritt 1:* Laden Sie die Innendienstmitarbeiter zu einem Treffen ein. Ziel: Vermittlung der *generellen* Ziele. Warten Sie bitte nicht mit einem fertigen Konzept aus Ihrer Sicht auf, sondern verdeutlichen Sie, dass Sie mit den Mitarbeitern einen gemeinsamen Weg gehen wollen und dass Ihnen die Vorschläge der Mitarbeiter wichtig sind.
- *Schritt 2:* Arrangieren Sie einen Workshop, an dem Sie *nicht* teilnehmen. Ziel: Die Teilnehmer erarbeiten einen Status-quo-Bericht mit positiven

und negativen Beispielen aus ihrer Sicht (in der Regel sehr viel »Schmerzvermeidung«) und machen darauf aufbauend Vorschläge, wie die Arbeitsbelastungen gemessen und Optimierungsvorschläge abgeleitet werden können.
- *Schritt 3:* Bilden Sie Tätigkeitsblöcke, zum Beispiel die Bearbeitung von Reklamationen, Korrespondenz, aktive und reaktive Telefonate, Störungen et cetera, und bitten Sie die Teilnehmer abzuschätzen, wie hoch die zeitliche Verteilung für die einzelnen Bereiche ist. Lassen Sie dann die Teilnehmer definieren, wie sie sich in Zukunft die zeitliche Verteilung vorstellen können und was zu tun ist – Organisation, Prozesse, Reduktion von Verwaltungsarbeiten et cetera –, um verkaufsaktiver zu werden.
- *Schritt 4:* Lassen Sie sich das Ergebnis von den Mitarbeitern präsentieren und bedingen Sie sich eine Nachdenkphase von maximal sechs Wochen aus.
- *Schritt 5:* Vermitteln Sie in einem nachfolgenden Treffen, welchen Vorschlägen der Teilnehmerrunde Sie folgen werden; welchen Vorschlägen Sie unter Angabe von Gründen nur teilweise oder gar nicht folgen werden und wie Ihre Alternativvorstellungen dazu aussehen.
- *Schritt 6:* Bilden Sie jetzt kleine Projektteams und übertragen Sie diesen Einzelmaßnahmen mit klaren Terminfestlegungen auf der Basis einvernehmlicher Absprachen.
- *Schritt 7:* Führen Sie regelmäßige Review-Termine mit dem Team durch und dokumentieren Sie dadurch, dass Ihnen der Fortgang des Projekts sehr am Herzen liegt.
- *Schritt 8:* Lassen Sie nicht zu, dass bei ersten Schwierigkeiten eine Rückdelegation der Probleme an Sie vorgenommen wird. Jeder, der von einem Problem berichtet, muss auch gleichzeitig eine Lösungsidee präsentieren.
- *Schritt 9:* Geben Sie während des Veränderungsprozesses den Mitarbeitern ausreichend emotionale Geborgenheit, rücken Sie nah an die Mitarbeiter heran.
- *Schritt 10:* Lassen Sie die Mitarbeiter von der »Leine« und ihren eigenen Weg finden. Akzeptieren Sie, dass auch einmal etwas schiefgeht. Das gehört zu diesem Prozess dazu.

Clustern Sie die Tätigkeiten in »passive«, reagierende, Tätigkeiten, wie Inbound-Telefongespräche, Bearbeitung von Anfragen, Erstellung von Angeboten, Auftragsbearbeitung, Reklamationsbearbeitung und Statistiken, Verwaltung und Stammdatenpflege, sowie in »aktive«, agierende, Tätigkeiten, wie After-Sale-Service, Kundenbetreuung, Mailing-Aktionen und Telefonverkauf.

Versichern Sie sich noch einmal der Bereitschaft der Mitarbeiter, Aufzeichnungen ihrer Einzeltätigkeiten über mehrere Tage oder Wochen vorzunehmen und den Bereichen »administrativ« und »verkaufsaktiv« zeitmäßig oder prozentual zuzuordnen.

Ein wichtiger Block ist die Erfassung von unproduktiven internen Störungen. Hinterfragen Sie die Anlässe der Störungen und eventuelle Lösungsalternativen. Die folgende Übersicht gibt Hinweise zur Erfassung von Tätigkeitsprofilen:

- *Telefonverkauf:* eingehende Gespräche, ausgehende Gespräche, interne Gespräche.
- *Korrespondenz:* externe Korrespondenz, interne Korrespondenz.
- *Planungsaufgaben:* Absatz-, Umsatz-, DB-Planungen, Kundenkontakte, Verkaufsförderungsaktionen, Verkaufswettbewerbe.
- *Sonstige Tätigkeiten:* Stammdatenpflege, Berichtswesen, Statistiken, interne Besprechungen, externe Besprechungen, Pflege der Verkaufsunterlagen, Außendienstunterstützung.
- *Akquisitionsarbeiten:* Auswahl der Zielgruppen, Adressbeschaffung, Entwicklung von Mailings, Anfragen- und Angebotsbearbeitung.
- *Auftragsbetreuung:* Kontrolle, Auftragserfassung, Produktionsplanung, Terminüberwachung, Fakturierung, Logistik.
- *Reklamationsbearbeitung:* Überprüfungen, Bewertungen.

Diskutieren Sie regelmäßig die Ergebnisse mit den Mitarbeitern und überlegen Sie gemeinsam, welche Ablaufprozesse optimiert werden können und welche Tätigkeiten eventuell eingestellt oder verändert werden müssen. Überprüfen Sie außerdem, ob die jetzt eingesetzten Mitarbeiter gemäß ihren Fähigkeiten auf den richtigen Plätzen sitzen und ob Sie im Zweifelsfall Möglichkeiten haben, Änderungen vorzunehmen.

Oftmals ist eine einseitige Änderung von Tätigkeitsprofilen nicht problemlos möglich. Setzen Sie deshalb auf Freiwilligkeit. Wenn die Mitarbeiter Vorschläge erarbeiten, wie sie verkaufsaktiver werden können, machen sie die Angelegenheit zu ihrer Herzenssache. Überall dort, wo Anweisungen erfolgen oder über die Befindlichkeiten der Mitarbeiter hinweggegangen wird, wird Druck erzeugt. Doch Druck erzeugt nun einmal Schmerzvermeidung und leider keine Lustgewinnung.

	Plan	Berichtsmonat	Jahresdurchschnitt
		November	8
Verkaufsaktive Zeit			
Telefonannahme	25%	31%	29%
Korrespondenz	5%	7%	9%
Auftragsbetreuung	5%	6%	8%
Reklamationsbearbeitung	3%	5%	3%
Planungsaufgaben	9%	5%	4%
Akquisitionsarbeiten	15%	10%	8%
Sonstiges	8%	5%	6%
Gesamt	70%	69%	67%
Zeitaufwand nach Warengruppen			
Produktgruppe A	60%	63%	58%
Produktgruppe B	25%	40%	20%
Produktgruppe C	15%	5%	22%
Kundenkontaktanlass			
Erstkontakt aktiv	30%	25%	24%
Nachfasskontakt aktiv	30%	35%	32%
Kundenkontakt passiv	35%	41%	39%
Sonstiges	5%	9%	5%
Kontaktierte Kunden nach ABC			
A-Kunde	20%	12%	15%
B-Kunde	30%	45%	35%
C-Kunde	50%	43%	50%
Sonstiges / Tage			
Besprechungen	2	3	3
Abstimmung andere Unternehmensbereiche	3	2	4
Krankheit	1	0	1
Urlaub	0	0	30

Abbildung 18: Innendienstprozesse und Arbeitsbereiche

17.2 Verlagerung von Außendienstaufgaben an den Innendienst

Dass der Außendienst Sorge um seine Position hat, ist verständlich. Gerade die älteren Außendienstmitarbeiter sehen sich geistig schon auf dem Abstellgleis und wehren sich gegen Veränderungen ihrer Tätigkeitsprofile. Besonders deutlich können Sie die Einstellungen erkennen, wenn es darum geht, Informationen mit den Kollegen des Innendienstes auszutauschen. Auf den Punkt gebracht hat es ein Außendienstmitarbeiter, der mir in einer Runde erklärte: »Ich bin doch nicht blöd und riskiere meinen Arbeitsplatz, wenn ich meine Kollegen schlau mache. Mein Wissen ist meine Arbeitsplatzversicherung.« Dies ist kurzfristig gedacht und auch nicht besonders clever. Aber so denken nicht wenige Außendienstmitarbeiter.

Wie kann man sie »packen« und ihnen verdeutlichen, dass es nicht um ihre Arbeitsplätze geht, sondern um die Überlegung, wie der eigene Vertrieb aufgestellt werden muss, um im dauerhaften Wettbewerb bestehen zu können? Und damit auch die Arbeitsplätze der Mitarbeiter zu sichern? Hierbei helfen Ihnen die beiden nachfolgend dargestellten Werkzeuge »Besuchsbedarfsanalyse« und »Besuchskostenanalyse«.

Besuchsbedarfsanalyse

Die persönliche Betreuung von Kunden durch den Außendienst ist die teuerste Ressource des Vertriebs. Der Außendienst wird auch weiterhin eine wichtige Stütze in der Vertriebsarbeit sein, aber eben nicht mehr für C-Tätigkeiten.

Immer wieder wurde dem Außendienst von vielen Führungsverantwortlichen nahegelegt, sich den A-Kunden-Ausbau, die Umsetzung von Marketingideen und die Gewinnung neuer Top-Kunden zur Aufgabe zu machen. Geholfen haben diese Appelle in der Regel kaum, der Außendienst fährt immer noch gern zu C-Kunden. Dies wird jedoch in der Zukunft nicht mehr möglich sein. Da die persönliche Betreuung wichtiger Kunden einen immer höheren Stellenwert einnimmt, entscheidet der effiziente und effektive Umgang mit der sehr knappen Ressource »Zeit« über den Erfolg im Vertrieb. Die Übertragung von Kundenkompetenzen an den Innendienst wird zur Voraussetzung für zukünftigen Vertriebserfolg.

Der Vertrieb hat in der Regel mehr Chancen, als er mit seinen Ressourcen – Zeit, Geld, Mitarbeiter – nutzen kann. Um zu klären, ob Kunden künftig durch den Außen- oder Innendienst bearbeitet werden, beantworten Sie sich folgende Fragen:

- Wie oft muss ein Kunde besucht werden, um ihn mit seinen Bedürfnissen zufriedenzustellen?
- Ist der Kunde wertig genug, dass der aktuelle Besuchsrhythmus gerechtfertigt ist?
- Ist die Besuchsplanung der Ressourcensituation angepasst?
- Wird die Besuchsplanung nach strategischen Grundsätzen durchgeführt?
- Bietet der Kunde ausreichend Erfolgschancen, um den Besuchsaufwand zu rechtfertigen?

Vorgehensweise und Nutzen

So gehen Sie bei der Analyse des Betreuungsbedarfs von Kunden vor:

1. Notieren Sie alle kaufenden Kunden eines Verkaufsgebiets nach A-, B- und C-Kategorien.
2. Notieren Sie alle potenziellen Kunden eines Verkaufsgebiets nach den Kriterien »wichtige Kunden« und »weniger wichtige Kunden«.

3. Addieren Sie die Gesamtkundenzahl – kaufende Kunden und Potenzialkunden.
4. Legen Sie jetzt die erforderliche Besuchsfrequenz für kaufende A-, B- und C-Kunden fest.
5. Das Gleiche machen Sie für die (potenziellen) »wichtigen Kunden« und die »weniger wichtigen Kunden«.
6. Schauen Sie sich jetzt die Ressourcen des Mitarbeiters an: Kalenderjahr/Jahr abzüglich Samstage/Sonntage/Feiertage, Urlaubs- und Krankheitstage, Schulungs- und Besprechungstage sowie eventuelle Bürotage.
7. Zum Schluss legen Sie fest, wie viele Besuche der Außendienstmitarbeiter maximal/minimal pro Tag durchführen kann.
8. Die Zahl der Kunden multipliziert mit der Zahl der erforderlichen Besuche ergibt das notwendige Besuchsvolumen. Die Multiplikation der Arbeitstage mit dem Durchschnitt der möglichen Besuche ergibt die zur Verfügung stehende Ressource.

Betreuungskunden-Analyse für Vertriebsgebiet ...	Name/Gebiet	
Betreuungsbedarf		
Aktive Kunden im Verkaufsgebiet		180
• davon A-Kunden	10	
• davon B-Kunden	50	
• davon C-Kunden	120	
Potenzielle Kunden im Verkaufsgebiet		60
• wichtige potenzielle Kunden	10	
• weniger wichtige potenzielle Kunden	50	
Jährliche Besuchsfrequenz		
Erforderliche Besuche pro Jahr		700
• erforderliche Besuchsfrequenz bei A-Kunden	10	100
• erforderliche Besuchsfrequenz bei B-Kunden	6	300
• erforderliche Besuchsfrequenz bei C-Kunden	1	120
• erforderliche Besuchsfrequenz wichtiger potenzieller Kunden	8	80
• erforderliche Besuchsfrequenz weniger wichtiger potenzieller Kunden	2	100
Ressourcen		
Kalendertage pro Jahr		365
• Samstage und Sonntage	116	

• Urlaubstage	30	
• Krankheitstage	5	
Verbleibende Arbeitstage		214
• Schulungstage	5	
• Besprechungstage	6	
• Bürotage	40	
Verbleibende Besuchstage		163
Maximal mögliche Besuche pro Tag	5	
Minimal mögliche Besuche pro Tag	3	
Durchschnittliche Zahl Besuche pro Tag	4	
Mögliche Zahl Besuche pro Jahr		652
Abdeckungsrate des Außendienstmitarbeiters		**93 %**

Abbildung 19: Analyse des Betreuungsbedarfs

Die meisten Außendienstmitarbeiter werden schnell erkennen, dass sie kaum eine Chance haben, Kundenpotenzial und Ressourcen in Einklang zu bringen.

Besuchskostenanalyse

Neben der Kundenbedarfsanalyse spielen die Besuchskosten eine erhebliche Rolle bei der Entscheidung, welche Aufgaben zukünftig der Außendienst und welche der Innendienst übernehmen wird. Fragen Sie sich:

- Wie hoch sind die Kosten durchschnittlich für einen Kundenbesuch?
- Wie hoch sind die jährlichen Kundenbeziehungskosten?

Den meisten Außendienstmitarbeitern ist kaum bekannt, welche direkten und indirekten Kosten sie durch ihre tägliche Arbeit verursachen. Umsatzanalysen allein sind nicht zielführend, um den Wert eines Kunden für das Verkaufsgebiet abzuschätzen. In der Zukunft wird es wichtiger denn je, die Kundenbeziehungskosten nach dem Verursacherprinzip dem jeweiligen Kunden zuzuordnen. Erst dann kann der Außendienstmitarbeiter erkennen, wie profitabel einzelne Kunden wirklich sind.

Die Erfassung der Besuchskosten ist ein wichtiges Element zur Bewertung der Kunden. Mit der Besuchskostenanalyse erfassen Sie die jährlichen Kosten, die ein Vertriebsmitarbeiter verursacht. Berücksichtigt werden:

Lohn- und Gehaltskosten, Lohnnebenkosten, Bürokosten, PKW-Kosten, Reisekosten und sonstige Kosten wie Weiterbildung, Tagungen et cetera.

Vorgehensweise und Nutzen

So führen Sie eine Besuchskostenanalyse durch:

1. Erfassen Sie alle Kosten des Außendienstmitarbeiters wie Gehalt, Lohnnebenkosten, Reisekosten, Weiterbildungskosten et cetera (siehe oben).
2. Identifizieren Sie die mögliche Jahresbesuchszeit des Außendienstes – Jahrestage minus Samstage, Sonntage, Feiertage, Urlaubstage, Besprechungstage, Weiterbildung, Bürotage et cetera.
3. Legen Sie die möglichen maximalen und minimalen Besuche pro Tag fest.
4. Teilen Sie die gesamten Kosten durch die Zahl der notwendigen Besuche pro Jahr. So erhalten Sie die durchschnittlichen Kosten pro Besuch.

Diskutieren Sie mit den Außendienstmitarbeitern die Ergebnisse und prüfen Sie gemeinsam, ob die besuchten Kunden es wert sind, in der jetzigen Intensität persönlich betreut zu werden. Rechnen Sie mit den Mitarbeitern ein Praxisbeispiel durch:

> Ein Außendienstmitarbeiter erzielt mit einem Kunden einen Jahresumsatz in Höhe von 10.000 Euro. Es schlagen Erlösschmälerungen von 10 Prozent und Herstellkosten von 50 Prozent vom Umsatz zu Buche. Damit verbleiben noch 4.000 Euro Bruttoertrag. Wenn jetzt der Außendienst zehn Mal pro Jahr für 250 Euro pro Besuch den Kunden betreut, bleiben nur noch 1500 Euro übrig. Noch nicht mitgerechnet sind bis jetzt die internen Betreuungskosten, Marketingkosten, Produktmodifikationen et cetera. Die Wahrscheinlichkeit, dass dieser Kunde keinen Gewinn für das Verkaufsgebiet darstellt, ist sehr hoch.

Meine Erfahrung: Wenn Sie die Außendienstmitarbeiter auf Basis der beiden genannten Werkzeuge mit harten Fakten konfrontieren, erkennen die meisten den Handlungsbedarf. Dann ist es leichter, mit ihnen darüber zu diskutieren, warum eine Übertragung von Außendienstaufgaben an den Innendienst nicht nur ratsam, sondern auch aus wirtschaftlichen

Gründen unumgänglich ist. Psychologisches Einfühlungsvermögen ist hier wichtiger als Druckerzeugung.

Überlegen Sie zusammen mit dem Innendienstteam, wie die zusätzlichen Aufgaben aus dem Außendienst in die bestehenden Tätigkeiten eingegliedert werden können. Scheuen Sie auch nicht davor zurück, sich von Tätigkeiten zu trennen, die entweder nicht mehr zeitgemäß sind oder die eine so niedrige Priorität haben, dass man ohne Gefahr für die Vertriebsperformance auf die Erledigung verzichten kann.

17.3 Automatisierung und Standardisierung von administrativen Tätigkeiten

Die Arbeitsbelastung im Innendienst wird künftig eher noch zunehmen statt abzunehmen. Soll man entsprechend neue Mitarbeiter einstellen? Für Unternehmen, die unter Kostendruck stehen, ist dies keine Option. Und was heißt dies für expandierende Unternehmen mit Wachstumschancen? Sie wissen, dass Wachstum keine sichere Option in stark schwankenden Märkten ist. Deshalb müssen zusätzliche Arbeitsplätze genauestens auf Zukunftssicherheit hin abgeprüft werden. Outsourcing beziehungsweise Automatisierung und Standardisierung sind Möglichkeiten, den Mitarbeiterstamm und damit die fixen Kosten nur bedingt wachsen zu lassen.

»Automatisierung« ist nicht nur ein faktisches Thema, sondern berührt auch die Werte und Kultur eines Unternehmens. Der Innendienstmitarbeiter als Profitcenter? Wenn ich mit Seminarteilnehmern auf das Thema zu sprechen komme, wird diese Sichtweise als unmenschlich und kalt empfunden. Es klingt nach »hire and fire«, nach Degradierung eines Menschen auf die Stufe einer x-beliebigen Unternehmensinvestition.

Wenn ein Unternehmen ein Investitionsgut anschafft, wird es abgeschrieben. Der Return on Investment soll möglichst bald eintreten, um schnell mit der Investition Geld zu verdienen. Doch was ist anders bei der Eingliederung eines neuen Mitarbeiters in die Organisation? Es gibt aus meiner Sicht keinen prinzipiellen Unterschied – Unternehmen stellen Mitarbeiter ein, um aus deren Tätigkeiten Gewinne zu generieren.

Stellen Sie sich vor, ein neuer Mitarbeiter kommt ins Unternehmen. Wird er sofort seine volle Leistungsfähigkeit erlangen? Nein, denn er muss, selbst wenn er gut ausgebildet ist, sich erst einmal im Unternehmen mit seinen Eigenheiten einfinden. Das Unternehmen bildet den neuen Mitarbeiter aus und begleitet ihn in seiner Entwicklung. Ist der Mitarbeiter nach einigen Monaten warmgelaufen? Vielleicht, sicher wird er aber weiter an seine Aufgaben herangeführt werden müssen. Dieser Prozess ist normal und notwendig. Die damit verbundenen Kosten für das Unternehmen werden investiert, um mit der Arbeitskraft und den Mitarbeiterfähigkeiten Geld zu verdienen. Wenn ich Führungsverantwortlichen die Frage stelle, um wie viel höher der Nettoertrag aus dem Arbeitsergebnis des Mitarbeiters im Verhältnis zu seinen Gesamtkosten aus ihrer Sicht sein muss, um die Beschäftigung zu rechtfertigen, herrscht meist Irritation vor. Was spricht dagegen, wenn die Gesamtkosten eines Innendienstmitarbeiters 50.000 Euro betragen, 100.000 Euro Nettogewinn aus seiner Arbeitsleistung anzustreben? Was spricht dagegen, wenn ein Unternehmen einen Mitarbeiter ein Jahr ausgebildet beziehungsweise entwickelt hat, dass dieser anschließend diese Investition durch gewinnorientierte Leistungen zurückzahlt?

Wie gesagt, dieses Thema berührt sehr stark die Werte und ethischen Grundsätze eines Unternehmens. Wenn es nur nach betriebswirtschaftlichen Betrachtungen ginge, wäre die Diskussion schnell auf einen Punkt gebracht. Unternehmen haben jedoch auch eine soziale Funktion und Verantwortung gegenüber Menschen und da ist es nicht immer so leicht, eine Vernetzung zwischen Betriebswirtschaft und Werten zu erreichen. Es sei aber an dieser Stelle noch einmal explizit betont: Unternehmen sind keine Sozialstation. Wer jeden einzelnen Mitarbeiter »retten« möchte, gefährdet unter Umständen das Unternehmen.

Gerade im Innendienst wird die Diskussion zu diesem Thema nicht leichter. Die administrativen Innendienstaktivitäten kommen hinsichtlich Wertigkeit und Kundenorientierung auf den Prüfstand. Als Kunden erleben wir es jeden Tag. Wenn Sie bei Amazon ein Buch bestellen, freuen Sie sich über die problemlose Abwicklung – leichte Auswahl, unkomplizierte Bestellung, Auftragsbestätigung per E-Mail innerhalb weniger Sekunden, Versandankündigung per E-Mail, sichere Abbuchung bei der Bank. Fragen Sie einmal bei Amazon nach, wie viele Mitarbeiter sich durch persönliche Tätigkeiten mit diesem Prozess beschäftigen. Wenige, die IT erledigt fast den gesamten Prozess. Schauen Sie sich Ihre Kaufwelt an, in der Sie es vor einigen Jahren noch gewohnt waren, von Mitarbeitern persönlich bedient zu werden. Heute erledigen standardisierte Systeme die Arbeit. Früher habe ich im Reisebüro meine Hotels gebucht, heute mache ich dies per Computer.

Es ist wichtig, die Innendienstmitarbeiter von administrativen Arbeiten zu entlasten und sie für verkaufsaktive Tätigkeiten einzusetzen. Das bedeutet aber auch, sich über eine Verstärkung der Automatisierung und Standardisierung Gedanken zu machen. Nachfolgend zwei Unternehmensbeispiele für gelungene Standardisierungen:

- *Beispiel 1:* Die Innendienstmitarbeiter eines Automotive-Zulieferers benötigten früher für ein Standardangebot in der Regel zwei Manntage. Die Erfolgsquote »Angebot zu Auftrag« betrug 25 bis 30 Prozent. Nicht schlecht, aber im Verhältnis zum Aufwand nicht hoch genug. Die Mitarbeiter probierten sogenannte Budgetangebote (Grobkalkulationen) aus. Der Nachteil war, dass die Kunden damit den Anbieter schon im Vorfeld bei zu hohen Budgetangeboten aussortierten. Der Innendienst kam nun auf die Idee, einen Angebotskonfigurator zu erstellen. Die Vertriebsmitarbeiter, nicht die IT-Abteilungen, entwickelten schrittweise Angebotsmodule, die mit wenig Aufwand zu einem Ganzen zusammengefügt werden konnten. Beispiele: Wenn ein Hauptaggregat eingegeben wurde, fügte das System sofort nachgeordnete Einzelprodukte hinzu. Oder wenn ein Einzelprodukt eingegeben wurde, das nicht zum Hauptteil passte, meldete das System »Kombination nicht möglich«.

  Heute benötigen die Innendienstmitarbeiter circa 20 Prozent der vorherigen Zeit für ein Budgetangebot. Ein weiterer Vorteil: Fehler in der Zusammenstellung von Produktkombinationen sind fast ausgeschlossen.

- *Beispiel 2:* Ein Anbieter von Entwässerungssystemen liefert seine Produkte über den Großhandel an die Verarbeiter. Die Produkte werden von Planern vorgegeben und von Bauherren genutzt. Alle Beteiligten wünschen sich technische Informationen und Anwendungsberatung von dem Unternehmen. Der Innendienst des Unternehmens ist gut ausgebildet und verfügt über ein hohes technisches Know-how. Bedingt durch erfolgreiches Agieren am Markt stand die Frage eines Ausbaus des Innendienst-Mitarbeiterstamms auf der Tagesordnung. Alternativ wurde die Möglichkeit diskutiert, Beratungsleistungen zu standardisieren und zu automatisieren. Interessant war, dass gerade der Innendienst, der zuvor über die hohe Arbeitsbelastung gestöhnt hatte, Gegner der Automatisierung war. Es herrschte die Angst vor, dass durch IT-Systeme Arbeitsplätze abgebaut werden könnten. Das Unternehmen analysierte die inbound und outbound geführten Telefonate bezüglich Beantwortung technischer Fragen. Das Ergebnis: Rund 70 Prozent der Fragen betrafen ähnliche technische Details. Es wurde deshalb grundsätzlich entschieden, ein umfassendes IT-System einzuführen, um die Beratungsprozesse auf hohem Standard zu verkürzen.

  Heute können Planer und Bauherren sich auf der Internetseite des Unternehmens einloggen. Sie klicken menügesteuert sieben bis neun Fragen an und erhalten sofort einen Produktvorschlag, technische Daten und Einbauskizzen. Die Händler können zusätzlich die Produktverfügbarkeit prüfen, über einen Code ihren Preis abfragen und einen elektronischen Bestellvorgang auslösen.

Das Ergebnis: Das Unternehmen verzeichnet heute 200 bis 300 »Klicks« pro Tag auf seiner Internetseite, die Anfragen betreffen, die früher von Innendienstmitarbeitern persönlich bearbeitet werden mussten. Ein weiterer Vorteil der Automatisierung: Die technischen Unterlagen und Ausschreibungstexte sind jederzeit up to date und können jetzt zentral gepflegt werden.

In beiden Unternehmen kam es nicht zu Entlassungen. Die Mitarbeiter können sich heute proaktiv um wichtige Projekte, Neukundengewinnung et cetera kümmern. Die anfängliche Skepsis ist gewichen und die Mitarbeiter haben Spaß daran, die Systeme immer weiter auszubauen.

Durchleuchten auch Sie Ihre Innendienstprozesse. Hinterfragen Sie, welche Aufgaben wertig genug sind, dass sie durch persönlichen Einsatz der Mitarbeiter erledigt werden, und welche standardisiert gehören. Aber noch einmal: Betrachten Sie dieses Thema nicht nur durch eine betriebswirtschaftliche Brille. Es ist hoch emotional und führt schnell zu einer Wertediskussion in Ihrem Hause. Beide Aspekte sind wichtig und können nicht in der Betrachtung vernachlässigt werden.

Fazit

✔ Wenn Sie Methoden zur Messung der Arbeitsbelastung von Mitarbeitern einführen wollen, dann setzen Sie auf Freiwilligkeit. Druck oder Anweisungen erzeugen Angst und Gegendruck.
✔ Führen Sie die Mitarbeiter in zehn Schritten zur Selbsterkenntnis, wie zukünftig der Arbeitsalltag kundenorientiert gestaltet werden kann.
✔ Legen Sie Tätigkeitsblöcke zur Messung der Arbeitsbelastung fest und diskutieren Sie mit den Mitarbeitern, welche Aufgaben verändert werden können beziehungsweise müssen.
✔ Diskutieren Sie mit den Mitarbeitern die Messergebnisse und überlegen Sie gemeinsam, welche Konsequenzen beziehungsweise welche Möglichkeiten der Veränderungsich daraus ergeben.
✔ Bewegen Sie den Außendienst, Aufgaben an den Innendienst abzugeben.
✔ Nutzen Sie die Werkzeuge Besuchsbedarfsanalyse und Besuchskostenanalyse, um dem Außendienst auf Basis harter Kennzahlen den Handlungsbedarf zu vermitteln.
✔ Erarbeiten Sie gemeinsam mit dem Innendienstteam ein Zeitkonzept, um neue und alte Aufgaben miteinander zu vernetzen.
✔ Die Themen Automatisierung und Standardisierung stehen auf der Tagesordnung vieler Unternehmen. Dabei sind nicht nur betriebswirtschaftliche Überlegungen zu beachten, sondern auch die Frage nach Werten und ethischen Grundüberzeugungen.

18 Arbeiten mit Kennzahlen im Innendienst

Im Vertrieb ist die Prozessorientierung nur gering entwickelt. Hier einige Beispiele:

- Das Markt- und Kundenwissen ist trotz vorhandener CRM-Systeme noch immer nicht ausreichend.
- Vertriebsziele werden nicht auf einzelne Kunden heruntergebrochen.
- Notwendiges Wissen, um einen kundenorientierten Dialog zu führen, wird nur bedingt aufgebaut.
- Es werden Kundenbeziehungskosten akzeptiert, ohne Risiken und Chancen bei den Kunden zu bewerten.
- Das Vertriebscontrolling beschränkt sich auf quantitative Kennzahlen und vernachlässigt qualitative Ziele.
- Zu viele Kunden werden im Dialog, zum Beispiel im Bereich Angebotsmanagement, verloren.
- Vertriebsergebnisse werden nur quantitativ bewertet und Prozesse zu wenig qualitativ betrachtet.

18.1 Konzentration auf wichtige Daten

Es fehlt ja nicht an Daten. Die Frage ist nur: Was geschieht mit diesen Daten? Der Innendienst kämpft eher mit einer unüberschaubaren Datenflut, als dass er über eine magere Datenbasis jammert. Gleichzeitig versinken viele Daten im Bermuda-Dreieck des Unternehmens. Kein Mitarbeiter weiß so richtig, was mit diesen Daten geschieht. Die Folge: Den Mitarbeitern fällt es schwer, sich für die Datenerhebung zu begeistern, wenn sie ihren eigenen Vorteil aus einer verbreiterten Datenbasis nicht erkennen.

Gewonnene Zahlen und Fakten sind zunächst einmal »nackt« und werden erst durch Interpretation mit Leben erfüllt. Das heißt: Zahlen und Fakten, die nicht regelmäßig durchleuchtet und interpretiert werden, sind es nicht wert, gesammelt zu werden. Zahlen und Fakten sind die Basis für dauerhafte Lernprozesse und dienen nicht der Sammelwut von Unternehmensbereichen, die damit ihre Daseinsberechtigung dokumentieren wollen.

Ich habe in der Beschreibung des Aufgabenprofils des zukünftigen Innendienstmitarbeiters dokumentiert, dass der verkaufsaktive Innendienst der Zukunft aus meiner Sicht eine wichtige Rolle im Vertriebscontrolling spielen wird. Es muss eine Stelle in der Vertriebsorganisation geben, welche die Informationen aller kundennahen Bereiche – Kundendienst, Marketing, Außendienst, Produktmanagement et cetera – bündelt und dafür sorgt, dass diese der Organisation zur Verfügung stehen. Um einen Wildwuchs der Daten zu vermeiden, ist es ratsam, die Informationen nach vier Kriterien zu untergliedern:

1. *Muss-Kennzahlen:* Diese Kennzahlen und Fakten sind unbedingt wichtig, um das Kundenmanagement erfolgreich und zukunftsorientiert zu steuern.
2. *Kann-Kennzahlen:* Diese Kennzahlen und Fakten ergänzen die Muss-Kennzahlen, besitzen aber nicht die höchste Priorität.
3. *Unnötige Kennzahlen:* Diese Kennzahlen und Fakten liegen zwar vor, werden aber nicht konsequent ausgewertet und bringen auch keine Erkenntniswerte für die zukünftige Vertriebsarbeit.
4. *Hinderliche Kennzahlen:* Diese Kennzahlen und Fakten stören die Konzentration auf das Wesentliche und stellen häufig eine Beschäftigung mit sich selbst dar.

18.2 Ermittlung von internen und externen Kennzahlen

Differenzieren Sie bei der Ermittlung des Informationsstands nach den Bereichen Informationsbedarf, Informationsangebot und Informationsnachfrage. Der Informationsbedarf beschreibt die Informationen, die zur Erfüllung der betrieblichen Aufgaben benötigt werden. Voraussetzungen für die Feststellung des Informationsbedarfs sind in der Regel Stellenplatz- und Funktionsbeschreibungen. Das Informationsangebot definiert die zur Verfügung stehenden Informationen. Die Informationsnachfrage ist häufig subjektiv geprägt, weil unterschiedliche Umfeldbedingungen den Informationsbedarf verändern oder weil die unternehmensinternen Informationen nicht transparent für alle Mitarbeiter sind. Möglich ist auch, dass durch selektive Aufmerksamkeit, Vorurteile oder Spezialisierung der Informationsnachfrage bestimmte Informationen nicht bewusst nachgefragt werden. Ein weiterer Grund kann sein, dass der Besitz unnötiger Informationen ein höheres Prestige und Sicherheit vermittelt.

Der Informationsstand ist die Schnittmenge von Informationsbedarf, -angebot und -nachfrage. Unterscheiden Sie im Berichtswesen nach Standardberichten (starre Berichtssysteme), Abweichungsberichten (Melde- und Warnsysteme) und Bedarfsberichten (Abruf- und Auskunftssysteme). Im Kapitel »Die Arbeitsbelastung im Innendienst messen« wurde schon auf interne Kennzahlen eingegangen. Externe Informationen zur Gewinnung und Bindung von Kunden sind unter anderem:

- *Akquisitionsphase:* Adressqualifizierung; Anfragenqualifizierung; Angebotserfassung; Terminvereinbarungen für den Außendienst; Vorbereitung von Sonderaktionen; telefonische Marktforschung.
- *Auftragsabwicklung:* Auftragsverhandlung; Cross-Selling; B- und C-Kundenbetreuung; aktive Außendienstunterstützung.
- *Kundencontrolling:* After-Sale-Service; Kundenanalysen; Bestandskundenmanagement; Kundenbindungsprogramme; Vertriebscontrolling.
- *Kennzahlen für interne Leistungsdaten:* Absatz, Umsatz, Deckungsbeiträge; Zahl der Aufträge, Auftragspositionen; Zahl der Kunden, Kundengruppen; Zahl der Bürotage, Urlaubstage, Krankheitstage; Zeit und Zahl der Telefonmarketing-Aktionen, Mailing-Aktionen, Reklamationsbearbeitung; Zahl der Telefonate und Auftragserfolge; Zahl der Angebote und Umsatzerfolg; Teamumsatz, -menge und -deckungsbeitrag; Ergebniskennzahlen Umsatz pro Auftrag, Umsatz pro Auftragsposition, Kosten pro Auftrag, Kosten pro Kunde.

Wie schon beschrieben, verfügen viele Unternehmen über umfangreiche Informationen, die nicht hinterfragt werden und deshalb zu keinem Lernprozess führen. Stellen Sie deshalb zuerst die Frage: Welche Informationen sind wichtig für die Optimierung des Vertriebsprozesses? Definieren Sie anschließend das erwartete Ergebnis und die Wahrscheinlichkeit, mit der das erwartete Ergebnis dann auch tatsächlich eintrifft. Wenn es zu Abweichungen kommt, finden Sie konsequent die Gründe der Abweichungen heraus. Diskutieren Sie jetzt mit dem Team: Was ist zu tun, welche Optionen stehen offen und wer erhält welche Kompetenzen zur Durchführung von Veränderungen? Gerade der letzte Punkt wird oftmals vernachlässigt. Schon Goethe hat das Problem beschrieben: »Es ist nicht genug, zu wissen, man muss auch anwenden; es ist nicht genug zu wollen, man muss auch tun.«

18.3 Wichtige Daten im Überblick

Es ist wichtig, sich auf die Muss- und Kann-Kennzahlen zu konzentrieren. Die Reduktion von überbordenden Verwaltungsarbeiten erfordert auch ein Abspecken bei den unnötigen und hinderlichen Kennzahlen. Legen Sie deshalb gemeinsam mit dem Innendienst fest, welche Kennzahlen und

Fakten wirklich zielführend sind. Die folgenden Fragen sollen Sie bei diesen Überlegungen unterstützen.

Abbildung 20: Kennzahlen aus dem Workflow ableiten

Allgemeine Kundeninformationen

- Wie hoch ist der Gesamtumsatz des Kunden und welchen Anteil haben wir in unserem Bereich an seinem Einkaufspotenzial?
- Aus welchen Leistungen setzt sich der Kundenumsatz zusammen und wie ist die Struktur der Kundenumsätze nach Produkten, Absatz und Produktgruppen?
- Welche Markteinflüsse wirken sich beim Kunden aus – wirtschaftlich, konjunkturell, gesetzlich, sozial, politisch oder technisch?
- Welche generellen langfristigen Ziele und Strategien hat der potenzielle Kunde?
- Welche Prozessabläufe und Strukturen sind bei dem Kunden vorhanden?
- Welches sind die Brancheneigenarten im Markt des Kunden?
- Wie lauten die betriebswirtschaftlichen Daten – Umsatz, Profit, Mitarbeiteranzahl et cetera?
- Welche Jahresvereinbarung, Konditionen, Bonität des Kunden, Zahlungsziele und Zahlungsmoral liegen vor?

Einkaufsziele des Kunden

- Welche Einkaufsstrategie verfolgt der Kunde?
- Wie wichtig sind Ihre Produkte für die Wertschöpfungskette des Kunden?
- Wird eine Partnerschaft mit ausgesuchten Lieferanten angestrebt?
- Wird die Festlegung auf möglichst einen Partner oder aus taktischen/ strategischen Gründen auf mehrere Lieferanten für verschiedene Einkaufsfelder bevorzugt?
- Werden Outsourcing-Ideen vom Kunden begrüßt?

Vertriebs- und Marketingziele des Kunden

- Welchen Markt und welche Abnehmer bearbeitet der Kunde?
- Wer sind die Mitbewerber des Kunden?
- Welchen Marktanteil besitzt der Kunde zurzeit und welches Potenzial könnte er noch erreichen?
- Ist das Kundenunternehmen Vorreiter im Innovationswettbewerb oder gehört es eher zu den Imitatoren?

Personeninformationen

- Wie ist die Kundenorganisation ausgerichtet und wie kam es zu dieser Organisationsform?
- Ist das Unternehmen zentral oder dezentral organisiert?
- Welche Unternehmens- und Führungskultur pflegt das Management des Kunden?
- Ist die Entscheidungskultur von Vertrauen und Delegation von Kompetenz und Verantwortung geprägt oder herrscht im Kundenunternehmen eine Top-down-Kultur?
- Wer sind beim Kunden die Ansprechpersonen und welche Funktionen mit welchen Befugnissen nehmen sie wahr?
- Welche individuellen Ziele haben die wichtigen Ansprechpartner und wie können wir dazu beitragen, dass sie erfüllt werden?
- Welche meiner Gesprächspartner besitzen Budgetverantwortung?

Das klassische Controlling beschäftigt sich überwiegend mit Vergangenheitsbetrachtungen, das Vertriebscontrolling vernetzt Vergangenheitsdaten und Zukunftstrends und analysiert, wie sich die Zukunft gestalten könnte und welche Konsequenzen sich daraus für die Vertriebsarbeit ergeben. Der verkaufsaktive Innendienst beschäftigt sich demzufolge mit den folgenden Themen:

- *Markt:* Wie stellt sich die Marktsituation heute dar und in welche Richtung kann sie sich entwickeln?
- *Wettbewerb:* Welche Wettbewerbsleistungen stehen heute im Vordergrund und mit welchem Wettbewerbsverhalten ist zukünftig zu rechnen?
- *Kunden:* Auf welche Kundentypen treffen wir heute und morgen und welche Einkaufsziele verfolgen diese?
- *Produkt- und Leistungsangebot:* Welche Produkte und Leistungen werden derzeit angeboten und welche werden zukünftig von den Kunden gewünscht?
- *Organisation:* Welche Prozesse sind heute und morgen zur Erbringung von kundenorientierten Leistungen erforderlich?
- *Prozesse:* Welche Aktivitäten erzeugen heute und morgen welche Wertschöpfung innerhalb des Kundenmanagementprozesses?

Weniger ist mehr! Messen Sie nur die wichtigen Schlüsselvariablen und verknüpfen Sie Kennzahlen mit Erfolgsfaktoren, die das Unternehmen unbedingt erfüllen muss, um die Bedürfnisse und Erwartungshaltung der Kunden und anderer wichtiger Interessengruppen zu berücksichtigen.

Fassen Sie einzelne Faktoren zu möglichst wenigen Faktoren zusammen, um eine bessere Gesamtbewertung vornehmen zu können. Kennzahlen müssen auf recherchierte Ziele oder Vorgaben ausgerichtet sein und nicht auf willkürlich gewählte Zahlen. Wenn sich das Umfeld und/oder die Strategie ändert, müssen auch die Kennzahlen geändert oder angepasst werden.

Der Innendienst als Vertriebscontroller ist in der Lage, klassische Frühwarnindikatoren zu identifizieren. Dazu einige Beispiele:

- *Auftragseingangsquote:* Auftragseingang ÷ Umsatz (unter 1 = Schrumpfung des Geschäftsumfangs).
- *Markterschließungsgrad:* Anfragen/Angebote ÷ Aufträge (Anfragen-/Angebotserfolgsquote).
- *Marktanteil:* Eigener Umsatz ÷ Branchenumsatz (Marktstellung).
- *Kalkulationsabweichungen:* Vorkalkulationswerte ÷ Nachkalkulationswerte (unter 1 = Verluste; über 1 = Unternehmen rechnet sich aus dem Markt).
- *Preiselastizität:* Prozentuale Absatzänderung ÷ Prozentuale Preisänderung (Entscheidung über die Preispolitik).

- *Vertriebserfolgsquote:* Vertriebskosten ÷ Umsatz (Effizienz des Vertriebsapparats).
- *Umschlagshäufigkeit:* Umsatz ÷ Durchschnittsbestand (Bestimmung des gebundenen Kapitals).
- *Reichweite:* Durchschnittsbestand × 365 ÷ Jahresumsatz (Zuverlässigkeit der Kundenbelieferungen, aber auch Identifikation von Ladenhütern).

Alle genannten Kennzahlen können durch den verkaufsaktiven Innendienst jederzeit ermittelt werden.

18.4 Durch CRM das Kundenverständnis erhöhen

»Customer-Relationship-Management (CRM)« wird häufig als Software-Thema verstanden. Doch bei dieser Betrachtungsweise läuft die Organisation Gefahr, dass die Software den Vertrieb steuert und nicht umgekehrt. CRM bedeutet viel mehr.

- *CRM ist eine ganzheitliche Kundensicht:* Nicht die einzelne Transaktion, sondern die langfristige Beziehung zum Kunden steht im Mittelpunkt aller Aktivitäten.
- *CRM schafft eine nachhaltig höhere Wertschöpfung:* Es geht nicht darum, die zufriedensten Kunden im Markt zu haben, sondern mit den »richtigen« Kunden langfristige Partnerschaften aufzubauen, um gemeinsam eine höhere Wertschöpfung zu erzielen.
- *CRM sieht den Kunden als Kapital:* Zahl und Qualität der Kundenbeziehungen werden in Zukunft zu einem zentralen Gradmesser zur Bestimmung des Marktwertes eines Unternehmens.

Der verkaufsaktive Innendienst steuert zukünftig viele Vertriebsaktivitäten und benötigt dabei unterstützende Muss- und Kann-Zahlen. »Schneiden« Sie für deren Ermittlung den Vertriebsprozess in einzelne »Scheiben« und legen Sie fest, welche Kennzahlen die Mitarbeiter benötigen beziehungsweise erheben sollen. Die folgende Auflistung soll Sie dabei unterstützen.

	benötigt	erhoben
Kontaktmanagement		
Sammlung und Bündelung der Kundenkontakte über alle Kontaktmedien	❏	❏

Verwaltung der Kontakthistorie	☐	☐
Erstellung von Kundenkontaktprofilen	☐	☐
Erzeugung von Kontaktlisten	☐	☐
Follow-up bei erfolglosen Kontaktversuchen	☐	☐
Zeitmanagement		
Zeit- und Terminmanagement für einzelne Mitarbeiter und Teams	☐	☐
Verwaltung von To-do-Listen	☐	☐
Wiedervorlagemanagement bei Kontakten, Aktionen und Aufträgen	☐	☐
Strukturierte Kontrolle der Zielerreichung	☐	☐
Verwaltung der Fax- und E-Mail-Dokumente	☐	☐
Marketingunterstützung		
Verwaltung und Bereitstellung von Wettbewerbsinformationen	☐	☐
Verwaltung und Bearbeitung von Interessentenanfragen	☐	☐
Konfigurationsmanagement von Preisen und Produkten	☐	☐
Kampagnenmanagement		
Selektion von Zielgruppen	☐	☐
Datenbereitstellung für Kommunikationsmaßnahmen	☐	☐
Sammlung und Auswertung von Ergebnissen	☐	☐
Telemarketing und Telefonverkauf		
Zusammenstellung von Anruflisten	☐	☐
Planung und Erstellung von Gesprächsleitfäden	☐	☐
Strukturierte Auswertung von Verkaufsgesprächen	☐	☐
Vertriebssteuerung		
Planung und Verwaltung von Verkaufsgebieten	☐	☐
Verwaltung der Besuchs- und Aktionsberichte	☐	☐
Planung von Verkaufsaktionen	☐	☐
Auftragsverwaltung		
Analyse von Verkaufszyklen	☐	☐
Ermittlung von Wiederbeschaffungszeitpunkten	☐	☐

Verwaltung und Verfolgung von Interessenten und potenziellen Kunden	❏	❏
Kundenservice und Reklamationsmanagement		
Bereitstellung von Statusinformationen zur Auftragsausführung	❏	❏
Registrierung und Dokumentation der Beschwerdebearbeitung	❏	❏
Reklamationsauswertungen	❏	❏
Analyseformen – Mining, Scoring und Segmentierung		
Ermittlung typischer Kundenverhaltensweisen (Data-Mining)	❏	❏
Bewertung von Bonitätsrisiken und Abwanderung (Risiko-Scoring)	❏	❏
Einteilung der Kunden in Verhaltensmuster/ Risikogruppen (Segmentierung)	❏	❏
Managementinformationen		
Abfragen und Auswertungen (Reporting)	❏	❏

Zugegeben, wenn Sie sich heute die Tätigkeiten vieler Innendienstmitarbeiter ansehen, erscheinen diese Aufgaben utopisch. Bedenken Sie jedoch, dass administrative Tätigkeiten im Innendienst immer mehr standardisiert und automatisiert werden und dass der Außendienst die teuerste Vertriebsressource ist – und damit zu wertvoll für vorbereitende Verkaufstätigkeiten. Der verkaufsaktive Innendienst ist der Bereich, wo viele der vorgenannten Tätigkeiten gut angesiedelt werden können.

CRM als Software ist ein Baustein zur Erreichung zielgerichteter Vertriebsaktivitäten. Der wichtigere Baustein aus meiner Sicht ist die fachliche und mentale Ausrichtung der Innendienstmitarbeiter auf die veränderten Aufgaben in der Marktbearbeitung.

CRM ist ein kostenintensives Konzept! Der Nutzen liegt in der Festigung der Kundenbeziehung und damit in der potenziellen Erhöhung des Kundenlebenswerts. Die umfassende Betrachtung der Kundenbeziehung zeigt operative Synergiepotenziale auf. Achten Sie auf eine strikte Kostenkontrolle beim Einsatz der Instrumente, denn ein Zuviel an CRM rechnet sich nicht.

Fazit

✔ Im Vertrieb ist die Prozessorientierung nur gering entwickelt.
✔ Den Innendienstmitarbeitern fällt es dann schwer, sich für die Datenerhebung zu begeistern, wenn sie nicht ihren eigenen Vorteil aus einer verbreiterten Datenbasis erkennen.
✔ Zahlen und Fakten, die nicht regelmäßig durchleuchtet und interpretiert werden, sind es nicht wert, gesammelt zu werden.
✔ Es ist wichtig, sich auf die Muss- und Kann-Kennzahlen zu konzentrieren.
✔ Das klassische Controlling beschäftigt sich überwiegend mit Vergangenheitsbetrachtungen; das Vertriebscontrolling vernetzt Vergangenheitsdaten und Zukunftstrends und analysiert, wie sich die Zukunft gestalten könnte und welche Konsequenzen sich daraus für die Vertriebsarbeit ergeben.
✔ Der verkaufsaktive Innendienst steuert zukünftig viele Vertriebsaktivitäten und benötigt dabei unterstützende Muss- und Kann-Zahlen.
✔ CRM ist ein kostenintensives Konzept! Der Nutzen liegt in der Festigung der Kundenbeziehung und damit in der potenziellen Erhöhung des Kundenlebenswerts.
✔ Ein Zuviel an CRM rechnet sich nicht.

19 Werkzeuge des verkaufsaktiven Innendienstes

Der Innendienst wickelt heute noch häufig reaktiv die an ihn herangetragenen Prozesse ab. Zukünftig wird er aber einen aktiven Part im Kundenmanagement übernehmen. Es wird zum Alltag der Mitarbeiter gehören, strategisch oder operativ ausgerichtete Werkzeuge zu erlernen und einzusetzen. Der Innendienst übernimmt Analyse- und Steuerungsaufgaben und klinkt sich in die Gestaltung von Vertriebsplanungen ein. Aus diesem Grunde ist es unabdingbar, dass die Leistungsträger im Innendienst wenigstens über Grundkenntnisse im Controlling, in der Vertriebssteuerung und im Umgang mit Analysewerkzeugen verfügen.

Zeit- und Selbstmanagement gehörten in den vergangenen Jahren auf die Weiterbildungsagenda für den Innendienst, ebenso Doing-Themen wie Telefonkommunikation und Korrespondenz mit Kunden. Dies sind sicherlich wichtige Werkzeuge in der Gestaltung des bisherigen Arbeitsalltags. Doch sie allein werden nicht mehr ausreichen, um die Herausforderungen des verkaufsaktiven Innendienstes zu erfüllen. Analyse- und Steuerungswerkzeuge werden zum Handwerkszeug des verkaufsaktiven Innendienstmitarbeiters in Zukunft gehören. Einige der nachfolgend beschriebenen Werkzeuge sind einfache, aber sehr effektive Hilfsmittel für die operative Vertriebsarbeit.

Es ist sinnvoll, Werkzeuge im Team zu erarbeiten. Binden Sie deshalb die Mitarbeiter in den Meinungsbildungsprozess mit ein, denn nur dann ist die Chance besonders groß, dass die Ergebnisse anschließend vom Team akzeptiert und verwendet werden. Beachten Sie dabei die folgenden Regeln:

- Die internen Abläufe und Strukturen sind bekannt.
- Die Teilnehmer verfügen über ausreichendes Know-how.
- Kenntnisse über Kunden und Märkte sind vorhanden.
- Die Mitarbeiterfähigkeiten ergänzen sich.
- Der Workshop gerät nicht zu einer Meckerveranstaltung.
- Die Ergebnisse basieren auf realistischen Einschätzungen.

19.1 Durchführung von SWOT-Analysen

Fragen Sie zehn Mitarbeiter Ihres Unternehmens nach den Stärken und Schwächen Ihrer Vertriebsorganisation. Sie werden mit hoher Wahrscheinlichkeit eine große Anzahl unterschiedlichster Kriterien für beide Bereiche erhalten. Dies ist eine Gefahr für Ihre Vertriebsperformance. Denn Vertriebsorganisationen, die sich nicht ihrer Stärken bewusst sind und mit gleicher Sprache diese den Kunden vermitteln, stehen aus Kundensicht nicht für eine bestimmte Botschaft und werden damit beliebig und schnell austauschbar. Auch das positiv besetzte Bewusstsein, dass jedes Unternehmen Ressourcenlimits besitzt und bestimmte Fähigkeiten nicht nutzen kann oder will, ist wichtig für die nach außen vermittelten Leistungsprofile. Hier ein Beispiel aus der Praxis:

> Ein Unternehmen der Beschlagsbranche hat sich auf die Herstellung und den Vertrieb hochwertiger Bauelementebeschläge spezialisiert, zum Beispiel für Wintergärten und konstruktive Bauteile. Jahrelang beklagten die Vertriebsmitarbeiter, dass das Unternehmen keine »Massenprodukte«, einfache Dreh-Kipp-Beschläge für Fenster und Türen, anbot.
> Es bedurfte einiger Überzeugungsarbeit, den Mitarbeitern zu klar zu machen, dass dies kein Mangel war, sondern eine strategische Entscheidung. Heute vermitteln die Mitarbeiter nach außen, dass sie *der* Anbieter von Spezialbeschlägen sind und kein Massenhersteller.

Der Innendienst ist der Unternehmensbereich, der meist den häufigsten Kontakt zu den Kunden pflegt. Deshalb ist das Vertriebswerkzeug SWOT-Analyse besonders gut geeignet, die »Stärken und Schwächen« des eigenen Unternehmens zu formulieren und »Chancen und Risiken« auf der Kundenseite zu identifizieren. Ziel ist, durch den gezielten Einsatz von eigenen Stärken und Minimierung von Schwächen Möglichkeiten zum Ausbau der eigenen Wettbewerbsposition zu finden.

Verwendung und Vorteile

Eine SWOT-Analyse betrachtet sowohl die externen als auch die internen Faktoren. Die externen Faktoren – Chancen und Risiken – werden durch die Kunden bestimmt, auch wenn der Vertrieb versuchen wird, durch Mehrwertideen seine Chancen bei den Kunden zu verbessern beziehungsweise Risiken zu vermeiden. Die internen Faktoren – Stärken und Schwächen – werden durch das eigene Unternehmen bestimmt. Wenn der

Vertrieb seine Stärken von Kunden oder dem Wettbewerb abhängig macht, wird er beliebig. Betrachten Sie die wahrgenommenen Stärken und Schwächen Ihres Unternehmens unabhängig von einem einzelnen Kunden. Für Ihr Unternehmen sind Stärken und Schwächen absolut, für den einzelnen Kunden gesehen sind sie relativ. Die Chancen und Risiken dagegen sind pro Kunde sehr unterschiedlich und müssen immer neu analysiert werden.

Ein SWOT ist immer eine Vernetzung der eigenen Interessen mit den Interessen eines Kunden. Konzentrieren Sie sich zuerst auf Ihre Stärken – diese verschaffen Ihnen Wettbewerbsvorteile aus Kundensicht – und Schwächen – diese behindern Sie im Wettbewerbsumfeld. Analysefragen können beispielsweise sein:

- Was lief in der Vergangenheit besonders gut?
- Warum arbeiten bestimmte Kunden gern mit Ihnen zusammen?
- Warum gingen in der Vergangenheit wichtige Aufträge verloren?
- Welche wichtigen Kundenwünsche können Sie nicht ausreichend erfüllen?

Analysieren Sie anschließend die Chancen – welche Faktoren begünstigen eine Zusammenarbeit – und Risiken – welche Faktoren behindern eine Zusammenarbeit mit Kunden. Hier könnten die Fragen lauten:

- Welche technologischen Trends wünschen sich die Kunden?
- Wie richten sich die Kunden international aus?
- Welche Formen der Partnerschaften sind möglich?
- Welche Wettbewerbsbedingungen verändern sich?

Erarbeiten Sie jetzt nach dem folgenden Muster eine SWOT-Analyse:

- *Schritt 1:* Festlegung der wesentlichen fünf »Stärken« Ihres Unternehmens: Welche Kriterien verschaffen Ihnen aus Ihrer Sicht Wettbewerbsvorteile?
- *Schritt 2*: Formulierung der wesentlichen fünf »Schwächen«: Welche Kriterien behindern Sie aus Ihrer Sicht im Wettbewerb?
- *Schritt 3*: Definition der »Chancen«, die ein Kunde Ihrem Unternehmen bringen kann: Welche Faktoren passen zu Ihren Vertriebszielen und -ressourcen?
- *Schritt 4*: Definition der »Risiken«, die für Ihr Unternehmen bei einem Kunden bestehen: Welche Veränderungen gibt es im Kundenumfeld, auf die Sie keinen oder nur geringen Einfluss haben?

Tragen Sie sämtliche Kriterien in ein Excel-Blatt ein und bestimmen Sie die Wertigkeit je Kriterium nach folgendem Muster:

- *Stärken und Chancen:* 1 = niedrige Wertigkeit; 5 = sehr hohe Wertigkeit
- *Schwächen und Risiken:* –1 = niedrige Wertigkeit; –5 = sehr hohe Wertigkeit

Erstellt am: 22.03.2005				Beispiel AG	
Chancen / Risiken (externe Faktoren)	(Chancen...)	(Risiken...)		Bewertung (-5 bis +5)	Zuordnung
01 Ausrichtung der Kunden auf eig. Kernkompetenze				4	Chance
02 Zahlungsfähigkeit /Zahlungsmoral				-2	Risiko
03 Preisverfall				-3	Risiko
04 Bedarf an hoch qualifizierten Servicetechnikern				3	Chance
05 Wettbewerber verlagern in Billigländer				-4	Risiko
06 Kunden bevorzugen Komplettanbieter				4	Chance
07 Bedarf an professionellem Projektmanagement				5	Chance
08 Kosten deutsche Montagekräfte				-3	Risiko
09 Intern. Standorte Wettb.				-3	Risiko
10 Steigender Bedarf im Export				3	Chance
Stärken / Schwächen (interne Faktoren)	(Stärken...)	(Schwächen...)		(-5 bis +5)	
01 Keine Konzernbindung				3	Stärke
02 Hoch qualifizierte Mitarbeiter mit breitem Einsatz				4	Stärke
03 Mangelnde Sprachkenntnisse der Mitarbeiter				-3	Schwäche
04 Projektabwicklung				3	Stärke
05 Kurze Reaktionszeiten				3	Stärke
06 Keine systematische Kundenbetreuung				-3	Schwäche
07 Sehr gute Referenzen				3	Stärke
08 Termingerechte Ausführung				2	Stärke
09 Markt- und Kundenwissen				-5	Schwäche
10 Interne Kommunikation				-5	Schwäche

Abbildung 21: Beispiel für eine SWOT-Analyse

Steigen Sie jetzt in die Vernetzung der »internen Faktoren« (Stärken und Schwächen) und »externen Faktoren« (Chancen und Risiken) nach folgendem Muster ein:

- *Vernetzung der Stärken und Chancen mit folgender Fragestellung:* »Wie nutzen wir gezielt unsere Stärken, um die uns bietenden Chancen zu nutzen?«
- *Vernetzung der Schwächen und Chancen mit folgender Fragestellung:* »Wie können wir trotz unserer Schwächen die Chancen beim Kunden nutzen?«
- *Vernetzung der Stärken und Risiken mit folgender Fragestellung:* »Wie können wir gezielt unsere Stärken einsetzen, um vorhandene Risiken abzubauen oder zu minimieren?«
- *Vernetzung der Schwächen und Risiken mit folgender Fragestellung:* »In welche Situation können wir geraten, wenn unsere Schwächen und die Risiken beim Kunden aufeinandertreffen?«

Wichtig bei der Ausarbeitung ist, dass konkrete Handlungsanweisungen nach dem Muster »Wer macht was bis wann mit welchem Ressourceneinsatz« formuliert werden. Ein SWOT ist kein Werkzeug für Allgemeinplätze, sondern beschreibt klare Aktionen aus den Vernetzungen.

19.2 Kompetenzfeldanalyse und Polaritätenanalyse

In der Kompetenzfeldanalyse wird die interne Situation des eigenen Vertriebs relativ zu der des jeweils stärksten Wettbewerbers beschrieben. Betrachtet werden die im Wettbewerb entscheidenden und zur Verfügung stehenden Fähigkeiten und Ressourcen. Die Mitarbeiter vergleichen im Rahmen einer Kompetenzfeldanalyse die eigenen Vertriebsleistungen mit den Wettbewerbsleistungen und beurteilen, ob die eigenen Vertriebsstärken gezielt eingesetzt werden, um die Kundenanforderungen zu erfüllen. Diese Informationen, verglichen mit den identifizierten Erfolgsfaktoren, liefern eine Aussage über die tatsächliche Wettbewerbsstärke.

- *Schritt 1:* Der Innendienst erhebt Daten und Informationen durch systematische Kundenbefragungen und die Auswertung von Wettbewerbsverhalten. Berücksichtigen Sie bei internen Befragungen die »Betriebsblindheit« der eigenen Mitarbeiter und bei externen Auswertungen von Reklamationen die tendenziell negativen Kundeneinschätzungen.
- *Schritt 2:* Arbeiten Sie die wesentlichen Vergleichsfelder für ein Stärken/Schwächen-Profil heraus. Kriterien dafür können beispielsweise sein: Fähigkeiten und Engagement der Mitarbeiter, Unternehmenskultur, Finanzstruktur, Beschaffung, interne Prozesse, Kundenbeziehung, Marktwissen und Marktposition – Produktportfolio – technologischer Stand.
- *Schritt 3:* Fügen Sie die Daten in eine Excel-Tabelle ein.
- *Schritt 4:* Bestimmen Sie, wie professionell Ihr Unternehmen und der beste Wettbewerber auf den Handlungsfeldern agiert.
- *Schritt 5:* Identifizieren Sie Kompetenzfelder, auf denen Ihr Vertrieb Wettbewerbsvorteile beziehungsweise -nachteile besitzt.

Das beschriebene Werkzeug erleichtert den Mitarbeitern die Identifikation von Vertriebschancen und Wettbewerbsrisiken. Daraus können Maßnahmen abgeleitet werden, um die Vertriebsziele zu erreichen.

Professionelle Einkäufer erstellen ein kennzahlenbasiertes Einkaufs-Cockpit mit dem Ziel, potenzielle Lieferanten zu analysieren und zu bewerten. In der Regel umfasst ein Einkaufs-Cockpit eine große Zahl an

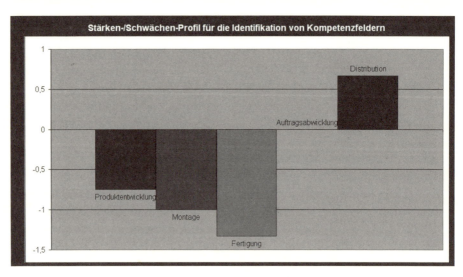

Abbildung 22: Kompetenzfeldanalyse und Stärken-/Schwächen-Profil

Einzeldaten aus dem Einkaufscontrolling. Es ist aber schwer für den verkaufsaktiven Innendienst, sich umfassendes Wissen über diese Kennzahlen anzueignen. Dennoch ist es möglich, diese wesentlichen Kriterien zu ermitteln, die dazu führen, dass sich ein Einkäufer für oder gegen einen Lieferanten entscheidet. Für diese Aufgabe eignet sich die Polaritätenanalyse. Dort wird die eigene Performance mit der des besten Anbieters aus Kundensicht verglichen. Dabei muss es sich nicht unbedingt um den unmittelbaren Wettbewerber handeln. Sinnvoll ist es, sich gegenüber dem besten Anbieter, unabhängig von der eigenen Wettbewerbssituation und der Branche, messen zu lassen. Denn der Einkäufer wünscht sich immer den Vergleich mit der Performance des besten Lieferanten.

- *Schritt 1:* Der Innendienst findet – oftmals durch mehrmaliges Fragen über einen längeren Zeitraum – heraus, nach welchen Kriterien sich ein Kunde grundsätzlich für oder gegen einen Lieferanten entscheidet. Diese Kriterien werden in das Werkzeug Polaritätenanalyse eingetragen.
- *Schritt 2:* Finden Sie heraus, welchen Anbieter der Kunde für den besten Anbieter hält.
- *Schritt 3:* Befragen Sie nun den Kunden, welche Qualität er Ihrem Hause und dem besten Anbieter auf einer Skala von 0 bis 10 zuweist, und tragen Sie diesen Wert in das Polaritätenprofil ein.
- *Schritt 4:* Sie erkennen an den Eintragungen, bei welchen Kriterien Ihr Unternehmen Wettbewerbsvorteile beziehungsweise Wettbewerbsnachteile besitzt, und sollten nun Maßnahmen diskutieren, wie diese entweder ab- oder ausgebaut werden können.

Mit der Polaritätenanalyse können schnell und unkompliziert Wettbewerbspositionen beurteilt und eventuelle Maßnahmen abgeleitet werden. Der Innendienst ist durchaus in der Lage, die Einkaufskriterien und die Sichtweise des Kunden hinsichtlich der Performance des eigenen Hauses und besten Anbieters zu hinterfragen. Er beeinflusst damit wichtige strategische Weichenstellungen.

19.3 Nachlass-Mehrverkaufs-Rechner

Der Innendienst kalkuliert in vielen Vertriebsorganisationen die Abgabepreise. Vielfach fehlen aber das notwendige Wissen oder transparente Zahlen, um die Auswirkungen von Preissenkungen abschätzen zu können. Das Wissen kann vermittelt werden, die Bereitstellung von transparenten Zahlen obliegt aber der Verantwortung der Vorgesetzten. Diese haben nicht selten Sorge, dass Kalkulationsdaten nach außen gelangen, zum Beispiel beim Austritt eines Mitarbeiters aus dem Unternehmen. Oder sie fürchten, dass unbefriedigende Prozesse und deren Auswirkungen auf die Kalkulation innerhalb des Unternehmens offensiv diskutiert werden. Doch wie soll es möglich sein, die Mitarbeiter für Kalkulationsentscheidungen und deren Auswirkungen auf den Ertrag zu sensibilisieren? Das Management muss sich der Konsequenzen bewusst sein: Ohne verlässliche und transparente Daten werden die Mitarbeiter weiterhin nach Bauchge-

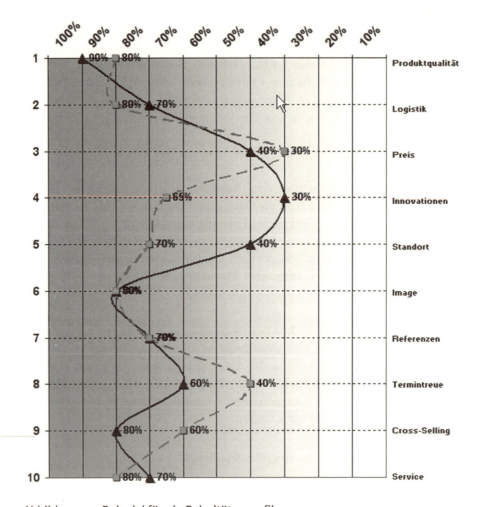

Abbildung 23: Beispiel für ein Polaritätenprofil

fühl oder Vorgabe Preise gestalten und dadurch Gefahr laufen, entweder Erträge oder Kunden zu verlieren.

Das Arbeiten mit kalkulationsunterstützenden Werkzeugen ist sinnvoll, zum Beispiel durch Nutzung eines Nachlass-Mehrverkaufs-Rechners:

- Der Kunde erwartet einen Nachlass in Höhe von 3,8 Prozent und stellt als Gegenleistung einen Mehrumsatz für die neue Geschäftsperiode in Aussicht. *Frage:* Wie muss sich der Umsatz verändern, um den Deckungsbeitragsverlust durch Mehrumsatz auszugleichen?

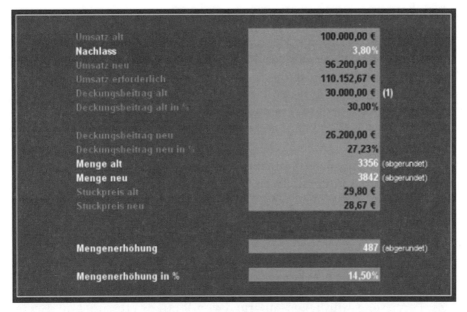

Abbildung 24: Beispiel für einen Nachlass-Mehrverkaufs-Rechner

- Der Kunde stellt eine höhere Bestellmenge in Aussicht und erwartet ein preisliches Entgegenkommen. *Frage:* Wie darf sich maximal der Preis nach unten verändern, um mindestens den bestehenden Deckungsbeitrag zu sichern?

Ohne aufwendige Kalkulationen sind meist nur ungenaue Annahmen möglich. Kalkulationen werden durch Nutzung von elektronischen Werkzeugen sicherer und schneller. Außerdem wird die Gefahr verringert, dass der Abschluss um jeden Preis gesucht wird.

In den Apricot-Mehrwert-Nachlass-Rechner (www.apricot-partner.de/download) können schnell und problemlos Preisnachlässe oder mögliche Mehrmengen eingegeben werden. Das Werkzeug berechnet im ersten Fall, wie sich die Absatzmenge verändern muss, um den gleichen Gewinn zu erzielen; im zweiten Fall berechnet es, wie hoch maximal der Rabatt bei einer bestimmten Mehrmenge sein darf, um nicht einen Verlust zu erzielen.

Dadurch können sich die Innendienstmitarbeiter besser auf Preisgespräche vorbereiten oder die Erkenntnisse in die Erstellung schriftlicher Angebote einfließen lassen. Außerdem unterstützt das Werkzeug die Innendienstverkäufer bei Argumentationen gegenüber Kunden durch konkrete Zahlen.

19.4 Kunden bewerten und zuordnen

Der Ist-Umsatz ist in der Mehrzahl der Unternehmen der Maßstab zur Beurteilung der Kunden. Das Pareto-Prinzip gilt dabei leider in den meisten Vertriebsorganisationen immer noch: Es werden mit nur 20 Prozent der Kunden 70 bis 80 Prozent des Umsatzes und Ertrags erwirtschaftet. Vielen Vertriebsverantwortlichen ist dabei in der Regel unklar, ob das eigene Unternehmen mehr ein Lückenbüßer, ein Neben- oder ein Hauptlieferant ist.

Ebenso sind mögliche Kundenpotenziale wenig bekannt. Der Vertrieb neigt dazu, sich an quantitativen Messgrößen zu orientieren. Qualitative Bewertungen werden kritischer gesehen, da sie nicht immer eindeutig messbar sind.

Kundenbewertungssysteme auf Basis von eindeutigen Kennzahlen sind eher die Seltenheit. Quantitative Kundenklassifizierungselemente sind zum Beispiel: Umsatz und Umsatzentwicklung; Ist-Ertrag und Ertragspotenzial; Umsatz- und Ertragspotenziale; Steigerungschance des Lieferanteils; Forcierungswürdigkeit aufgrund von Wettbewerbssituation, Beeinflussbarkeit, Gewährung von Konditionen; Marktposition des Kunden; Bonität; Kundenbetreuungskosten; Preis und Wertbewusstsein; Einkaufsverhalten.

Doch wie steht es um die qualitativen Kundenklassifizierungselemente? Hierzu zwei Beispiele:

1. *Outgoing-Wert:* Referenzwert (Wert, der durch die Einflussnahme eines referenzaktiven Kunden auf die Kaufentscheidung Dritter entsteht).
2. *Ingoing-Wert:* Informationswert (Wert, der durch eingehende Kundeninformationen, zum Beispiel Verbesserungsvorschläge oder Wettbewerbsinformationen entsteht).

Unternehmen können es nicht zulassen, Kunden zu verlieren beziehungsweise wichtige Kunden nicht zu gewinnen. Die Vertriebsressourcen sind in jedem Unternehmen begrenzt. Es ist also die Frage, welche Verantwortung der Innen- und Außendienst für die Bearbeitung der Kunden übernimmt.

Der Außendienst ist eine sehr effektive, aber auch sehr teure Vertriebsform. Deshalb muss sichergestellt werden, dass er sich auf die Top-Kunden und wichtige Marketingaufgaben konzentriert. Dagegen ist die Betreuung von Basisvertriebsprozessen und Kleinkunden durch den Außendienst wenig zielführend und kaum noch bezahlbar.

Die Wertigkeit Ihrer kaufenden und potenziellen Kunden ist die entscheidende Größe für die richtige Betreuung. Einfache ABC-Analysen zur Kundenbewertung sind im Vertrieb kaum brauchbar, weil sie folgende Nachteile aufweisen:

- Sie bewerten nur die Vergangenheit.
- Sie lassen lediglich eindimensionale Betrachtungen nach nur einem Kriterium zu.
- Kunden mit großem Potenzial werden falsch bewertet.
- ABC-Analysen funktionieren nicht bei Neukunden, da keine Vergangenheitswerte vorhanden sind.
- Sie berücksichtigen nicht die Vertriebsstrategie.

Um im Vertrieb die knappen Ressourcen wirtschaftlich einzusetzen und langfristige Vertriebsstrategien zu verfolgen, brauchen Sie mehr als nur vergangenheitsbezogene Kennzahlen.

Die Bewertungsfaktoren sind abhängig von der Strategie eines Unternehmens und somit variabel. Um eine messbare Optimierung der Kundenbearbeitung zu erreichen, sind die Bewertungskriterien von jedem Unternehmen unter Berücksichtigung der Vertriebsziele zu erarbeiten. Ihr Vorteil bei dieser Vorgehensweise: Kriterien, die von allen beteiligten Vertriebsmitarbeitern erarbeitet werden, werden auch besser akzeptiert und reduzieren zeitraubende Diskussionen über den Sinn einzelner Aktivitäten auf ein Minimum.

Definieren Sie mit den Vertriebsmitarbeitern die Kriterien, nach denen in Zukunft Ihre kaufenden und Ihre potenziellen Kunden bewertet werden. Wählen Sie keine zu allgemeinen Kriterien, damit die Bewertungen nicht austauschbar werden, und konzentrieren Sie sich auf Ihre Vertriebsziele. Erstellen Sie für diese Kunden Entwicklungspläne, aus denen alle am Verkaufsprozess beteiligten Mitarbeiter konkrete Aktivitäten ableiten können.

Die Wertigkeit eines Kunden wird durch die Kundenattraktivität für das eigene Unternehmen und die eigene Position in der Geschäftsbeziehung zum Kunden (Wettbewerbsposition) bestimmt.

Nutzen Sie Scoring-Verfahren und Portfolio-Analysen, um die Kriterien zu gewichten. Bilden Sie für die einzelnen Kriterien Einzelkennzahlen, zum Beispiel auf einer Skala von −3 (»lausiger« Kunde) bis +3 (Top-Kunde), um das heutige Bauchgefühl in handfeste und messbare Zahlen zu verwandeln.

Auf diese Art erhalten Sie sehr konkrete Ableitungen für Ihre Aufgabenverteilung im Innen- und Außendienst, zum Beispiel:

- *Investitionskunden:* Diese werden überwiegend durch den Außendienst betreut.
- *Betreuungskunden:* Dies werden überwiegend durch den Innendienst betreut.

Gleichzeitig können Verantwortlichkeiten besser bewertet werden und Sie bekommen damit eine ideale Basis für Planungsgespräche und Zielvereinbarungen mit den Vertriebsmitarbeitern.

Die Kundenbewertung erfolgt in neun Schritten:

- *Schritt 1:* Definieren Sie bis zu neun Kriterien, warum ein Kunde für Ihr Unternehmen attraktiv ist.
- *Schritt 2:* Definieren Sie sechs Kriterien, worin sich Ihr Unternehmen gegenüber Ihren Wettbewerbern aus Kundensicht unterscheidet.
- *Schritt 3:* Führen Sie eine Paar-Vergleichs-Analyse für die Attraktivitätsbestimmung nach folgendem Schema durch:
    - Wenn beide Kriterien vergleichbar attraktiv sind, vergeben Sie eine 1 – 1.
    - Wenn eines der beiden Kriterien attraktiver ist, vergeben Sie eine 2 = leicht attraktiver, 3 = mittel attraktiver, 4 = stark attraktiver, 5 = extrem attraktiver.
    - Wenn das erste Kriterium attraktiver ist, verändern Sie die linke Zahl, wenn das zweite Kriterium attraktiver ist, verändern Sie die rechte Zahl.
    - Vergleichen Sie jetzt Attraktivitätskriterium eins mit dem Attraktivitätskriterium zwei, dann Attraktivitätskriterium eins mit Attraktivitätskriterium drei et cetera.
    - Gehen Sie Reihe für Reihe durch und vergleichen Sie die einzelnen Attraktivitätskriterien miteinander.
- *Schritt 4:* Führen Sie eine Paar-Vergleichs-Analyse nach gleichem Schema für die Bestimmung der eigenen Stärken durch.
- *Schritt 5:* Vor Durchführung der Paar-Vergleichs-Matrix waren alle Kriterien gleich wichtig. Nach der Durchführung stellen Sie fest, dass sich die Wichtigkeit der einzelnen Kriterien verändert hat, und Sie erkennen jetzt, welche Kriterien und Stärken besondere Beachtung verdienen.
- *Schritt 6:* Definieren Sie jetzt für jedes Kriterium – Attraktivität und eigene Stärken – globale Kennzahlen und Einzelkennzahlen auf der Skala von – 3 bis + 3, um die Kriterien messbar zu machen.

Beispiele für Attraktivität

Ist-Umsatz und Umsatzpotenzial:

- *Globale Kennzahl:* Umsatz in Euro.
- *Einzelkennzahlen:* – 3: ⇐ 5 T Euro; + 3: ⇒ 500 T Euro.

Anteil am Einkaufsvolumen:

- *Globale Kennzahl:* Prozentualer Anteil am Gesamteinkaufsvolumen des Kunden in unserer Warengruppe.
- *Einzelkennzahlen:* – 3: > 5 Prozent; + 3: > 40 Prozent.

Deckungsbeitragsentwicklung:

- *Globale Kennzahl:* Prozentuale Steigerung oder Absenkung des definierten Deckungsbeitrags.
- *Einzelkennzahlen:* – 3: Absenkung um 5 Prozent; + 3: Steigerung von 5 Prozent.

Höhe der Kundenbetreuungskosten:

- *Globale Kennzahl:* Kosten in Prozent vom Umsatz.
- *Einzelkennzahlen:* –3: > 15 Prozent; + 3: < 6 Prozent.

Flexibilität:

- *Globale Kennzahl:* Reaktionsgeschwindigkeit auf Kundenwünsche.
- *Einzelkennzahlen:* –3: 1 Woche; + 3: 1 Tag.

Serviceleistungen:

- *Globale Kennzahl:* Anzahl der Serviceleistungen.
- *Einzelkennzahlen:* – 3: Nur Standardleistungen; + 3: Umfassende Servicepakete.

Internationalität:

- *Globale Kennzahl:* Regionale Präsenz.
- *Einzelkennzahlen:* –3: Eingeschränkte regionale Präsenz; + 3: Weltweite Präsenz.

- *Schritt 7:* Analysieren Sie Ihre Kunden und ermitteln Sie die Position, die sie auf der Skala der einzelnen Kriterien einnehmen; tragen Sie dann die ermittelte Kennzahl in das Kundenerfassungsblatt ein.
- *Schritt 8:* Die ermittelte Punktzahl – Gewichtungsanteil × Einzelkennzahl – ergibt einen Kundenwert. Diesen können Sie in eine Matrix übertragen, zum Beispiel nach den Kriterien »Investitions-Kunde, Ernte-Kunde, Halten-Kunde oder Rückzugs-Kunde«.

Kundenwert-Matrix

Attraktivität des Kunden			
Hoch	Investieren/Halten	Investieren	Investieren
	Investieren/Halten	Investieren/Halten/Ernten	Investieren
Niedrig	Zurückziehen	Ernten	Halten/Ernten
	Niedrig	Attraktivität des Kunden	Hoch

Resultierende Maßnahmen

Investieren
Investieren Sie die Kundenbeziehung in Produkte und Leistungen. Der Kunde hat alle Voraussetzungen für eine lange und profitable Geschäftsbeziehung. Erfahrene Mitarbeiter sollten die Betreuung durchführen.

Halten
Halten Sie den Kunden durch eine gute aber nicht überragende Betreuung. Prüfen Sie, ob die Betreuung von Innendienst übernommen werden kann. Machen Sie Investitionen davon abhängig, ob der Kunde ausreichendes Entwicklungspotenzial hat.

Ernten
Für eine langfristige Geschäftsbeziehung fehlt die Grundlage. Prüfen Sie alle Leistungen, die der Kunde erhält, und überprüfen Sie den Ertrag. Prüfen Sie, ob Sie nicht aufgeschobene, aber längst fällige Preiserhöhungen endlich durchsetzen. Riskieren Sie den Verlust des Kunden, um frei werdende Ressourcen für wertigere Kunden einzusetzen. Nehmen Sie Gelegenheitsgeschäfte mit. Prüfen Sie, diesen Kunden an einen Vertriebspartner abzugeben.

Zurückziehen
Die Geschäftsbeziehung ist nachweislich unrentabel und ohne Zukunftsperspektive. Hier können Ressourcen im Innen- und Außendienst eingespart werden.

Abbildung 25: Beispiel einer Kundenwert-Matrix

- *Schritt 9:* Definieren Sie, welche Kunden der Innen- oder Außendienst zukünftig eigenverantwortlich übernehmen wird und welche Betreuungsleistungen für welche Kunden geeignet oder bezahlbar sind.

Verwendung und Vorteile

Für die Erarbeitung eines Kundenbewertungssystems hat sich das Transfer-Workshop-System in der Praxis bewährt. In dem Workshop werden die Kriterien erarbeitet, die Gewichtung vorgenommen und dann die globalen Kennzahlen und Einzelkennzahlen definiert.

Nach der Vorstellung vor anderen Teammitgliedern erfolgt nach der Akzeptanz durch die Führungsverantwortlichen und des Teams die Einspeicherung der Kundendaten. Anschließend kann eine bessere Entscheidung darüber getroffen werden, welche Kunden durch den Innen- und/oder den Außendienst bearbeitet werden.

Das Arbeiten mit Kundenbewertungssystemen setzt in der Regel einen Lernprozess in Gang. Die Mitarbeiter zwingen sich selbst zu klaren

Aussagen und Bewertungskriterien und definieren ihre eigenen Messgrößen, an denen die Ergebnisse ihrer Arbeit beurteilt werden können. Die Zusammenarbeit wird durch gemeinsame Zielformulierungen stark unterstützt und die Teamleistungen und -ergebnisse verbessern sich.

> **Praxisbeispiel: Kundenbewertungssystem**
>
> Ein Unternehmen bewertet und gewichtet die Attraktivität von Kunden nach den folgenden Kriterien:
>
> - Umsatzpotenzial (9,1 Prozent),
> - Deckungsbeitrag II (11,4 Prozent),
> - Marktsegment (2,8 Prozent),
> - Ist-Umsatz (5,7 Prozent),
> - passt zu unserem Standardprogramm (6,9 Prozent),
> - er ist Multiplikator (14,6 Prozent),
> - Cross-Selling ist möglich (8,1 Prozent),
> - gemeinsame Produktentwicklung möglich (6,2 Prozent),
> - Bonität (35,2 Prozent).
>
> Als wichtigste Stärken werden angesehen und gewichtet:
>
> - vorhandener Modulbaukasten Produktlösungen (12,9 Prozent),
> - Laufruhe der Motoren (23,2 Prozent),
> - technische Kompetenz des Unternehmens (24,1 Prozent),
> - Erarbeitung kundenindividueller Produktlösungen (24,1 Prozent),
> - Einhalten von Zusagen (10,1 Prozent),
> - exzellente Zusammenarbeit aller kundennahen Bereiche (5,5 Prozent).
>
> Für jedes dieser Kriterien wurden die folgenden globalen Kennzahlen gebildet, um sie messbar zu machen:
>
> - Umsatzpotenzial = Möglicher Umsatz in Tausend Euro in unserer Warengruppe mit unserem Unternehmen.
> - Deckungsbeitrag = Deckungsbeitrag II in Prozent vom Umsatz.
> - Marktsegment = Marktsegment des Kunden.
> - Ist-Umsatz = Ist-Umsatz in Tausend Euro in unserer Warengruppe mit unserem Unternehmen.
> - Passt zu unserem Standardprogramm = Anzahl der Warengruppen, die der Kunde standardmäßig bezieht.

- Er ist Multiplikator = Marktanteil des Kunden in seinem Marktsegment.
- Cross-Selling ist möglich = Anzahl der jetzt bezogenen Warengruppen.
- Bonität = Zahlungsverhalten.
- vorhandener Modulbaukasten Produktlösungen = Anzahl angebotener Warengruppen.
- Laufruhe der Motoren = Lautstärke (Dezibel) der Motoren.
- Technische Kompetenz des Unternehmens = Anzahl der Innovationen pro Jahr.
- Erarbeitung kundenindividueller Produktlösungen = Anzahl der kundenindividuellen Lösungen pro Jahr.
- Einhalten von Zusagen = Retourenquote pro Jahr.
- Exzellente Zusammenarbeit aller kundennahen Bereiche = Reaktionsgeschwindigkeit bei Kundenkontakten.

Auf Basis der globalen Kennzahlen wurden jetzt Einzelkennzahlen für die Bewertung der Kundenattraktivität auf einer Skala von –3 (»lausiger« Kunde) bis +3 (Top-Kunde) gebildet, beispielsweise:

- Umsatzpotenzial = –3 (< 10.000 Euro) bis +3 (> 500.000 Euro).
- Deckungsbeitrag = –3 (< 10 Prozent) bis +3 (> 45 Prozent).
- Bonität = –3 (zahlt nur nach Mahnungen) bis +3 (Banklastschrift).

Auf Basis der globalen Kennzahlen wurden jetzt Einzelkennzahlen für die Bewertung der eigenen Stärke auf einer Skala von –3 (»lausige« Performance) bis +3 (Top-Performance) gebildet, beispielsweise:

- Vorhandener Modulbaukasten Produktlösungen = –3 (1 Warengruppe) bis +3 (8 Warengruppen).
- Laufruhe der Motoren = –3 (> 78 Dezibel) bis +3 (< 70 Dezibel).
- Einhalten von Zusagen = –3 (Retourenquote > 1 Prozent) bis +3 (Retourenquote < 0,2 Prozent).

Jetzt wird die Bewertung der Kundenattraktivität auf Basis der Einzelkennzahlen vorgenommen. Das bedeutet, der Vertrieb vergibt für jeden Kunden anhand der Kennzahlen eine Bewertung von –3 bis +3.
Bei der Bewertung der eigenen Stärken werden die Kunden befragt, wie sie die Stärken auf Basis der Einzelkennzahlen sehen oder als wichtig erachten (Stärken sind nur dann Stärken, wenn die Kunden diese positiv bestätigen). Der Vertrieb vergibt für jede Stärke eine Bewertung von –3 bis +3 aus Kundensicht.
Die Bewertungen korrelieren mit der Gewichtung, denn eine +3-Bewertung bei einer Gewichtung von 24,1 Prozent wiegt schwerer als bei einer Gewichtung von 5,5 Prozent. Das Kundenbewertungssystem errechnet jetzt den jeweiligen Faktor und verdeutlicht die Position des jeweiligen Kunden in der Matrix als Schnittmenge zwischen Kundenattraktivität und Kundenakzeptanz der eigenen Stärken.

19.5 Die Wettbewerbsanalyse

Der systematische Aufbau von Wissen über Wettbewerber wird von allen Vertriebsverantwortlichen als äußerst wichtig erachtet. Die Realität sieht aber leider so aus, dass das Wettbewerbswissen teilweise nur sehr dürftig ausgeprägt ist. Zwar sammeln viele Mitarbeiter Wettbewerbsdaten, doch diese werden – trotz heutiger CRM-Systeme – nicht immer zentral erfasst und ausgewertet. Der Innendienst ist prädestiniert für diese Aufgabe.

Der Innendienst kann nicht nur die Wettbewerbsdaten sammeln, sondern auch analysieren und den anderen kundennahen Bereichen zur Verfügung stellen. Daten kommen aus vielen Unternehmensbereichen, zum Beispiel von Außendienst und Key-Account-Management, von Kundenservice und Anwendungstechnik, Forschung und Entwicklung, Einkauf oder Geschäftsführung.

Über die Auswertung der internen Quellen hinaus gibt es weitere Möglichkeiten, um systematisch Wettbewerbswissen zusammenzutragen. Das können zum Beispiel Geschäftsberichte der Wettbewerber, Interviews, Presseberichte, Vorträge, Messeauftritte, Patentanmeldungen, Internetauftritte oder Stellenanzeigen sein.

Verwendung und Vorteile

Um Wettbewerbsinformationen in einer Wettbewerbsanalyse konzentriert zusammenfassen zu können, gehen Sie in folgenden Schritten vor:

- *Schritt 1:* Bestimmen Sie maximal vier Wettbewerber, mit denen Sie eine Wettbewerbsanalyse durchführen werden.
- *Schritt 2:* Legen Sie die Kriterien fest, die Sie für den Vergleich betrachten werden.
- *Schritt 3:* Bewerten Sie die Kriterien nach Wichtigkeit von 1 = geringe Wertigkeit bis 5 = sehr hohe Wertigkeit.
- *Schritt 4:* Legen Sie fest, wie gut Ihr Unternehmen und die definierten Wettbewerber bei den festgelegten Kriterien sind; legen Sie dazu eine Skala von 1 = sehr schlecht über 5 = befriedigend bis 10 = sehr gut zugrunde.
- *Schritt 5:* Prüfen Sie jetzt, bei welchen Kriterien Ihr Unternehmen aus dieser Sicht heraus Wettbewerbsvorteile besitzt und bei welchen Kriterien Nachholbedarf besteht.

Auf diese einfache Weise erhalten Sie erste Hinweise auf die Wettbewerbssituation. Sie können nun entscheiden, auf welchen Feldern weiter-

	Gew.	Meier AG	Bew.	Klein GmbH	Bew.	Walter KG	Bew.	Otto AG	Bew.
Logistische Faktoren	*12*	*16*	*67*	*15*	*62*	*16*	*70*	*21*	*82*
Vollständigkeit	4	3	12	5	20	4	16	3	12
Pünktlichkeit	5	8	40	6	30	9	45	8	40
Schnelligkeit	3	5	15	4	12	3	9	10	30
Kommerzielle Faktoren	*19*	*56*	*123*	*56*	*108*	*67*	*133*	*52*	*96*
Handelsspanne	4	8	32	3	12	7	28	3	12
Preis/Leistung	4	5	20	7	28	8	32	7	28
Finanzierungsmodelle	5	4	20	4	20	5	25	4	20
Zahlungskonditionen	3	9	27	9	27	8	24	8	24
Einstandspreis	3	8	24	7	21	8	24	4	12
Werbung	*20*	*22*	*117*	*26*	*135*	*31*	*143*	*26*	*141*
Proben	3	6	18	4	12	6	18	3	9
Image	4	8	32	8	32	7	28	7	28
POS-Aktivitäten	5	4	20	7	35	9	45	7	35
Schulungen	5	4	20	7	35	9	45	9	45
AD-Beratung	3	9	27	7	21	3	9	8	24
Produkte	*13*	*28*	*84*	*27*	*89*	*33*	*107*	*34*	*108*
Qualität	3	6	18	4	12	8	24	8	24
Aufmachung	3	10	30	7	21	9	27	8	24
Verpackung	5	4	20	8	40	8	40	8	40
Sortimentsbreite	2	8	16	8	16	8	16	10	20
Summe		122	391	124	394	147	455	133	427

Abbildung 26: Beispiel für eine Wettbewerbsanalyse

gehende Informationen zu erheben sind. Nutzen Sie den Innendienst als Schnittstelle zwischen den einzelnen Unternehmensbereichen.

19.6 Die Bewertung der Kundenbindungsquote

Der Vertrieb hat ein Interesse daran, herauszufinden, wie Kunden gebunden werden konnten. Die Kundenbindungsrate ist der Quotient aus der Anzahl der Kunden, die

- während des laufenden Geschäftsjahres gekauft haben,
- als Neukunden gewonnen werden konnten,
- zurückgewonnen werden konnten,
- über viele Jahre treue Kunden waren.

Die Formel für die Kundenbindungsrate lautet:

$$\text{Kundenbindungsrate} = \frac{\text{aktive Kunden}^1 - \text{Neukunden}^2 - \text{reaktivierte Kunden}^3}{\text{Stammkunden}^4}$$

[1] Alle Kunden, die in einer Periode gekauft haben.
[2] Kunden, die in der Periode erstmalig gekauft haben oder nach mindestens 3 Perioden erneut gekauft haben.
[3] Innerhalb der letzten 3 Perioden verlorene Kunden, die im Betrachtungszeitraum zurückgewonnen wurden.
[4] Kunden, die schon zu Beginn des Betrachtungszeitraumes mindestens eine Periode gekauft haben.

Die Bewertung der Kundenbindungsquote

Eine Kundenbindungsrate von 80 Prozent bedeutet beispielsweise, dass am Ende eines Geschäftsjahres von ursprünglich 100 aktiven Kunden zu Beginn des Jahres nur noch 80 Kunden gekauft haben. Je nach Unternehmen kann eine Periode, wie im vorgenannten Beispiel, ein Jahr sein oder bei größerer Kaufhäufigkeit auch ein Quartal oder ein Monat.

	Periode (-2)	Periode (-1)	Periode
Wenn möglich immer drei Perioden betrachten, da nur dann das Ergebnis ausreichend genauer wird!	2003	2004	✪ 2005
Kunden am Anfang der Periode (*) (haben die letzten 2 Perioden in Folge gekauft)	654	546	582
Alle kaufenden Kunden (haben im Betrachtungszeitraum gekauft)	602	602	632
davon Neukunden (erstmalig gekauft / seit mind. 3 Jahren erneut gekauft)	56	32	93
Kundenverlust (aus (*), die im Betrachtungszeitraum nicht gekauft haben)	108	-	43
Reaktivierte Kunden (haben innerhalb von 3 Jahren wieder gekauft)	-	24	-
Kunden am Ende der Periode (aus (*) minus Kundenverlust)	546	570	539
Kundenbindungsrate	83,5%	100,0%	92,6%
Durchschnittliche Kundenbindungsdauer	6,1 Jahre	unendlich	13,5 Jahre
Testen Sie hier, um wie viele Jahre sich die ø Dauer der Kundenbeziehungen durch zusätzliche Kundenbindungsmaßnahmen erhöhen lässt!			
Eine Steigerung der Kundenbindungsrate um **2%** steigert die ø Dauer einer Kundenbeziehung auf			**18,6 Jahre**

Abbildung 27: Beispiel für die Berechnung der Kundenbindungsquote

Eine Kundenbindungsrate von 80 Prozent hat zur Konsequenz, dass der Kundenstamm innerhalb von vier Jahren um über 50 Prozent schrumpft, wenn der Vertrieb nicht in der Lage war, Neukunden zu akquirieren oder Kunden zurückzugewinnen. Diese Zahlen verdeutlichen auch, wie groß der Einfluss der Kundenbindungsrate auf das Unternehmensergebnis ist. Folgende Aussagen aus der Vertriebspraxis vieler Unternehmen belegen das:

- Langjährig treue Kunden sind weniger preissensitiv.
- Die Produktivität des Außendienstes steigt mit zunehmender Kundenbindungsdauer.
- Die Verwaltungskosten in der Angebots- und Auftragsbearbeitung sinken mit zunehmender Kundenbindungsrate.

Wachstum wird nicht nur aus der Neukundenakquisition generiert, sondern in einem hohen Maß auch aus einer konsequenten Kundenbindungspolitik und aus systematischen Rückgewinnungsaktivitäten. Je nach Branche variieren die Werte für die Neukundenakquisition sehr stark. So können die Akquisitionskosten leicht einen fünf- bis siebenmal höheren

Wert als die Betreuungskosten für einen Stammkunden erreichen. Die Auswirkungen auf das Unternehmensergebnis sind gravierend. Die Kundenbindungsrate sollte somit als Kennzahl für die Bewertung der Vertriebsarbeit nicht fehlen. Aber Vorsicht: Die Kundenbindungsrate muss immer im Zusammenhang mit weiteren Kennzahlen gesehen werden. So können Sie durch konsequente Neukundengewinnung über einen längeren Zeitraum zwar die Zahl Ihrer Stammkunden erheblich erhöhen, Sie laufen aber Gefahr, dass sich Umsatz und Deckungsbeitrag nicht angemessen entwickeln. Erst ein ausgewogenes Verhältnis von Kundenbindungsrate und durchschnittlichem Umsatz oder Deckungsbeitrag je Kunde sichert eine gesunde Entwicklung der Kundenbasis. Gehen Sie für die Analyse in folgenden Schritten vor:

- *Schritt 1*: Nutzen Sie Ihre Kundendatenbank, aus der Sie die Anzahl der Kunden beziehungsweise den Verlauf über drei Jahre entnehmen können, als Basis.
- *Schritt 2:* Erstellen Sie eine Kundenliste mit Spalten über die vergangenen Jahre und erfassen Sie in den Spalten, ob die einzelnen Kunden gekauft haben. Tragen Sie 0 = kein Kauf in der Geschäftsperiode oder 1 = Kauf in der Geschäftsperiode ein.
- *Schritt 3*: Ermitteln Sie die Anzahl der Kunden, die in der jetzigen und vorherigen Periode durchgehend gekauft haben.
- *Schritt 4*: Ermitteln Sie die Anzahl aller Kunden, die in der Periode gekauft haben (auch Neukunden).
- *Schritt 5*: Ermitteln Sie die Anzahl der Kunden, die in der Periode erstmalig gekauft haben oder nach drei aufeinanderfolgenden Perioden ohne Kaufvorgänge wieder gekauft haben. Diese Kunden definieren Sie als Neukunden, weil nach einem Zeitraum von drei Jahren die meisten Kontakte der Mitarbeiter des eigenen Unternehmens zu den Mitarbeitern des Kundenunternehmens erst wieder neu aufgebaut werden müssen.

Als Ergebnis bekommen Sie die Anzahl der Kunden, die Sie durch Ihre Kundenbindung bis zum Ende der Periode als Stammkunden halten konnten. Als Kennzahl zur Bewertung Ihrer Kundenbindungsmaßnahmen erhalten Sie die Kundenbindungsrate in Prozent und die durchschnittliche Kundenbindungsdauer in Jahren.

Fazit

✔ Zukünftig wird der Innendienst einen aktiven Part im Kundenmanagement übernehmen. Es wird zum Alltag der Mitarbeiter gehören, strategisch oder operativ ausgerichtete Werkzeuge zu erlernen und einzusetzen.
✔ Das Vertriebswerkzeug »SWOT-Analyse« ist besonders gut geeignet, die »Stärken« und »Schwächen« des eigenen Unternehmens zu formulieren und »Chancen« und »Risiken« auf der Kundenseite zu identifizieren.
✔ Polaritätenprofile erleichtern den Mitarbeitern die Identifikation von Vertriebschancen und Wettbewerbsrisiken.
✔ Das Arbeiten mit Kundenbewertungssystemen setzt in der Regel einen Lernprozess in Gang. Die Mitarbeiter zwingen sich selbst zu klaren Aussagen und Bewertungskriterien und definieren ihre eigenen Messgrößen, an denen die Ergebnisse ihrer Arbeit beurteilt werden können.
✔ Der systematische Aufbau von Wissen über Wettbewerber ist äußerst wichtig. Der Innendienst wird zukünftig verstärkt Wettbewerbsanalysen durchführen.
✔ Die Kundenbindungsrate muss immer im Zusammenhang mit weiteren Kennzahlen gesehen werden. So können Sie durch konsequente Neukundengewinnung über einen längeren Zeitraum zwar die Zahl Ihrer Stammkunden erheblich erhöhen, aber Sie laufen Gefahr, dass sich Umsatz und Deckungsbeitrag nicht angemessen entwickeln.

Hinweis: Alle vorgestellten Werkzeuge befinden sich auf der CD »Vertriebsarbeit leicht gemacht«. Weitere Informationen dazu erhalten Sie unter info@apricot-partner.eu.

Praxisbeispiel: »Angebotsmanagement«

Sie haben im Kapitel »Arbeiten mit Kennzahlen« einige Hinweise zum Thema »Prozesskosten im Vertrieb« bekommen. Die Zeichen für die Zukunft sind eindeutig: Die Kunden in vielen Branchen werden den Lieferanten weniger Erträge zubilligen und gleichzeitig mehr Leistungen einfordern. Dies wird die Gewinnsituation nachhaltig beeinflussen. Die Reduktion von nicht zielführenden Tätigkeiten ist Grundvoraussetzung für den dauerhaften finanziellen Erfolg.
Im Prozesskostenmanagement wird der Vertriebsprozess in einzelne Bausteine unterteilt und hinsichtlich Leistungen und Gegenleistungen der Kunden beleuchtet. Ein weiterer Aspekt ist der Kundenwert, um einen Vertrieb nach dem Gießkannenprinzip zu vermeiden.

Ein großer Brocken innerhalb des Vertriebsprozesses ist das Angebotsmanagement. Die Erfolgsquote »Angebot zu Auftrag« beträgt in vielen Unternehmen 8 bis 12 Prozent. Gerade der verkaufsaktive Innendienst ist entscheidend am Angebotsmanagement beteiligt. Er verfasst einen Großteil der Angebote und kann konsequent nachfassen.

Führungskräfte und Vertriebsmitarbeiter sind sich meist nicht bewusst, welchen organisatorischen Aufwand Angebote verursachen, wie hoch die Erfolgsquote ist und welche Kosten durch nicht erfolgreiche Angebote entstehen. So läuft heute nicht selten der Angebotsprozess ab:

- Eine Anfrage kommt in das Unternehmen und wird entweder vom Außendienst oder vom Innendienst entgegengenommen.
- Es wird entweder ein Standardangebot erarbeitet oder der Kunde wird durch den Außendienst besucht.
- Bei der Kundenbearbeitung herrscht meist ein zu geringer Austausch zwischen den Beteiligten im eigenen Hause.
- Bei Erfolg reklamiert jeder diesen für sich, bei Misserfolg gibt es Schuldzuweisungen auf den jeweils anderen.

Das folgende Beispiel zeigt, wie der verkaufsaktive Innendienst die Erfolgsquote nachhaltig steigern kann:

Ein Unternehmen der Gebrauchsgüterbranche benannte den verkaufsaktiven Innendienst zum Treiber des Angebotsmanagements. In einem ersten Schritt wurden nun die Kosten des Angebotsmanagements mit folgenden Fragestellungen erhoben:

- Welche Funktionen des eigenen Unternehmens sind am Angebotsprozess – von der Nachfragegenerierung bis hin zur aktiven Nachverfolgung – beteiligt?
- Wie viele Personen arbeiten innerhalb des Angebotsprozesses in den verschiedenen Funktionen?
- Wie hoch ist die zeitliche Belastung pro Jahr bezüglich Angebotsprozess pro Person?
- Wie hoch sind die anteiligen PKW-Kosten der beteiligten Personen?
- Wie hoch sind die anteiligen Arbeitsplatzkosten pro Person?
- Welche sonstigen Kosten fallen während des Angebotsprozesses an?

Das Unternehmen errechnete auf dieser Basis die Gesamtsumme pro Jahr. Im nächsten Schritt wurden die Gesamtzahl der Angebote und die Zahl der erfolgreichen Angebote ermittelt. Die Kosten je Angebot wurden dadurch transparent. Da aber die erfolgreichen Angebote die Kosten der nicht erfolgreichen Angebote tragen müssen, wurden diese Kosten auf die Erfolgsbringer umgelegt und die Gesamtkosten der nicht erfolgreichen Angebote ermittelt.

Die Bewertung der Kundenbindungsquote

Mitarbeiter im Angebotsmanagement	Zeit-anteil (%)	Jahres-gehalt (brutto)	Lohn-nebenkosten	Arbeitsplatz	Fahrzeug	Sonstige Umlagen	Gesamt	Anteil
Vertriebsleiter Karl Mayer	10%	80.000	16.800	12.000	18.000	5.000	131.800	13.180
Außendienst Ernst Klein	15%	60.000	12.600	12.000	12.000	5.000	101.600	15.240
Außendienst Kurt Müller	15%	60.000	12.600	12.000	12.000	5.000	101.600	15.240
Außendienst Herbert Vogel	15%	60.000	12.600	12.000	12.000	5.000	101.600	15.240
Außendienst Petra Haufe	15%	60.000	12.600	12.000	12.000	5.000	101.600	15.240
Außendienst Kerstin Klapp	15%	60.000	12.600	12.000	12.000	5.000	101.600	15.240
Innendienst Paul Hut	25%	42.000	8.820	10.000	-	5.000	65.820	16.455
Innendienst Karl Schwalbe	25%	42.000	8.820	10.000	-	5.000	65.820	16.455
Innendienst Claudia Roth	25%	42.000	8.820	10.000	-	5.000	65.820	16.455
Kalkulation Christian Laube	30%	36.000	7.560	10.000	-	5.000	58.560	17.568
Kalkulation Bernd Presser	35%	36.000	7.560	10.000	-	5.000	58.560	20.496

		Ihre jährlichen Kosten für Angebotsmanagement betragen: 176.809
Anzahl Angebote pro Jahr	1256	Durchschnittlich kostet Ihnen ein Angebot: 141
Erfolgreiche Angebote pro Jahr	223	Umgelegt auf die erfolgreichen Angebote kostet ein Angebot: 793
Erfolgsquote	17,8%	Erfolglose Angebote kosten Ihnen im Jahr: 145.417

Abbildung 28: Beispiel für die Berechnung der Erfolgsquote »Angebot zu Auftrag«

Das beschriebene Unternehmen war sehr erschrocken über den Kostenblock, der bis dahin nie so bewusst wahrgenommen worden war. Als Konsequenz wurde das Prozedere geändert:

- Kundenanfragen gelangen heute zuerst in den verkaufsaktiven Innendienst.
- Dort werden als Erstes im direkten Kundenkontakt Wünsche und Erwartungen erfragt.
- Danach entscheidet der Innendienst über die weitere Bearbeitungsform. Entweder wird der Außendienst eingeschaltet mit der Vorgabe, bis zu einem vereinbarten Zeitpunkt die Kunden aufzusuchen und anschließend zu berichten; oder ein Spezialteam für das Angebotsmanagement nimmt sich der Angelegenheit an und verfolgt den Angebotsprozess unter Einbindung anderer kundennaher Bereiche bis zum Schluss.
- Alle Informationen werden im CRM-System hinterlegt, sodass alle Beteiligten auf dem gleichen Wissensstand sind.
- In den meisten Fällen erfolgt eine Abstimmung der Angebotsstrategie zwischen Innen- und Außendienst.
- Innen- und Außendienst werden für den Angebotserfolg variabel belohnt. Damit bleiben Erfolg und Misserfolg auf der gleichen Ebene.

Das Ergebnis: Das Unternehmen hatte unter den alten Bedingungen eine Erfolgsquote von 12 bis 15 Prozent, nach der Umstellung nach zwei Jahren eine Erfolgsquote von 28 bis 32 Prozent. Dies gelang nicht nur durch ein konsequenteres Nachfassen, sondern auch durch eine effizientere Angebotsbearbeitung. In einem Screening-Prozess wird heute vor jeder Angebotserstellung die Erfolgswahrscheinlichkeit festgestellt:

- Strukturierung der Angebote: Erfassung der Kundenwünsche und erste Überprüfung der Auftragswahrscheinlichkeit.
- Überprüfung der Ressourcenbindung und eventueller Abgleich mit Elementen der eigenen Vertriebsstrategie.
- Überprüfung der Wertigkeit durch Analyse des Aufwands und des Kundenwerts.
- Auswahl von wertigen Anfragen und freundliche Abwehr von ungewünschten Interessenten.
- Konsequente Angebotsverfolgung.

Sie werden nun vielleicht sagen: Dies ist ein Einzelfall, das kann ich mir für mein Unternehmen in meinem hart umkämpften Markt nicht erlauben. Doch prüfen Sie einmal selbst, welche internen Ressourcen und Kosten Ihr Unternehmen für nicht erfolgreiche Angebote einsetzt. Überlegen Sie dann, ob es nicht sinnvoller ist, auch einmal Nein zu sagen und die frei gewordenen Ressourcen einem konsequenten Angebotsprozess zur Verfügung zu stellen.

Das Unternehmen in diesem Praxisbeispiel kann sich eine Umkehr nicht mehr vorstellen. Im Gegenteil, es erhöht die Produktivität dieser und anderer Prozesse kontinuierlich und erhält damit mehr Spielraum und Flexibilität im harten Preiskampf durch Senkung der eigenen Kosten.

Fazit

✔ Das Angebotsmanagement ist ein wichtiger Erfolgstreiber des Unternehmens.
✔ Der verkaufsaktive Innendienst ist besonders dafür geeignet, das Angebotsmanagement zu steuern.
✔ Der Innendienst benötigt ausreichende Kompetenzen, das Angebotsmanagement zu betreiben.
✔ Das Angebotsmanagement entscheidet erheblich über die Produktivität der Vertriebsarbeit.

20 Aufbau eines aktiven Telefonverkaufs

Ein aktiver Telefonverkauf hat zum Ziel, für Kunden jederzeit erreichbar zu sein, Produkte und Dienstleistungen auf hohem Niveau verkaufen zu können und sich im Service gegenüber dem Wettbewerb aus Kundensicht zu differenzieren. Das heißt, der Innendienstverkäufer ist ebenso gut ausgebildet wie sein Kollege im Außendienst. Wenn Sie einen aktiven Telefonverkauf aufbauen, prüfen Sie zunächst, welche Fähigkeiten heute bei den ausgesuchten Innendienstmitarbeitern vorhanden sind und welche zukünftig erforderlich werden. Themen wie Gesprächstechniken, Zeit- und Selbstmanagement, Arbeiten in Teams und Umgang mit der Kommunikationstechnik werden sicherlich auf der Agenda stehen.

Bei der Installation eines Telefonverkaufs wird häufig zu schnell vorgegangen. Es ist aber wichtig, die Mitarbeiter dabei mitzunehmen. Finden Sie eine Balance zwischen Ihren Vorstellungen und den Fähigkeiten und Möglichkeiten der Mitarbeiter. Setzen Sie Meilensteine und vereinbaren Sie Bandbreiten, um sich Flexibilität in der Umsetzung zu erhalten. Machen Sie trotzdem jederzeit klar, dass die Umsetzung keine Beliebigkeit ist.

Der aktive Telefonverkauf bearbeitet in der Regel eigenständig einen Kunden- oder Marktbereich und wird an den Ergebnissen gemessen. Die Innendienstmitarbeiter müssen lernen, zielorientiert vorzugehen und den Vertriebsprozess in Einzelschritten zu steuern – zum Beispiel die Gewinnung eines Neukunden:

- Neues Produkt telefonisch ankündigen und möglichen Bedarf klären.
- Unterlagen – Broschüren, technische Informationen et cetera – zusenden.
- Feedback bei den Kunden einholen und Mehrwertkonzept unterbreiten.
- Bei Interesse Angebot unterbreiten.
- Konsequente Angebotsverfolgung.
- Erreichung eines ersten Auftrags.
- Feedback über die Kundenzufriedenheit mit der Auftragsabwicklung einholen.
- Neue Leistungen anbieten.

Wann ist ein eigenständiger Telefonverkauf geeignet für ein Unternehmen? Grundvoraussetzung ist natürlich, dass Ihr Unternehmen über ausreichende Personalressourcen verfügt. Bei kleineren Unternehmen wird es meist so bleiben wie bisher – jeder Mitarbeiter kümmert sich um alles. Weiterhin ist der Reifegrad des Unternehmens wichtig für die Entscheidung, einen eigenständigen Telefonverkauf zu installieren. Unternehmen in der Expansionsphase neigen mehr dazu, alle Mitarbeiter gleichermaßen »an die Front« zu schicken; Unternehmen in der Konsolidierungs- oder Reifephase erkennen eher die Vorteile eines eigenständigen Bereichs.

Sie haben im Kapitel »Werkzeuge des verkaufsaktiven Innendienstes« Hinweise auf Kundenbewertungssysteme erhalten. Wenn Sie einen eigenständigen Telefonverkauf installieren, nutzen Sie ein derartiges Werkzeug, um klare Verantwortlichkeiten und Kompetenzen zuzuordnen. Legen Sie fest, welchen Mehrwert sich Ihr Unternehmen aus dem Telefonverkauf erwartet und mit welchen Kennzahlen Sie den Erfolg messen werden. Hier einige Beispiele:

- Umsatzsteigerung um x Prozent pro Jahr;
- Anteil des Telefonkundenumsatzes am Gesamtumsatz von x Prozent pro Jahr;
- Anteil des Telefonkundenumsatzes am Ertrag von x Prozent pro Jahr;
- Erhöhung der Kundenbindungsquote bei definierten Kundengruppen;
- Produktverkaufsentwicklung bei definierten Kundengruppen.

20.1 Die Telefonverkäufer qualifizieren

Sie haben heute schon gute Mitarbeiter. Doch wissen Sie, welche Fähigkeiten sonst noch in den Mitarbeitern schlummern? Trainings nach dem Gießkannenprinzip sind nicht hilfreich und verzehren unnötige Ressourcen. Sie werden feststellen, dass fachliches Wissen bei den Mitarbeitern oftmals umfangreich vorhanden ist, es aber an der mentalen Stärke fehlt, dieses auch gezielt einzusetzen. Die Mitarbeiter »kämpfen« mit schwierigen Kundensituationen – Reklamationsmanagement, das Fragen nach dem Auftrag, das Nein-Sagen bei überzogenen Kundenforderungen et cetera – und trauen sich nicht, ihr Wissen auch anzuwenden. Qualifizierungsziele gehen daher auch eher in Richtung

- Stärkung der fachlichen *und* mentalen Kompetenz,
- Verkaufen als Motivation erleben,
- Souveränität im Kundenumgang,

- professionelle Organisation und
- zielorientiertes Arbeiten im Team.

Entscheiden Sie, ob der Telefonverkauf unabhängig vom Außendienst gestaltet werden soll oder als vernetztes Team Innen- und Außendienst. Nachstehend ein Implementierungsplan für eine Teamversion:

1. Clustern Sie die Kunden und legen Sie fest, welche Kunden durch den Außendienst, den Innendienst oder durch beide Bereiche im Team zukünftig bearbeitet werden.
2. Legen Sie die Innendienstgebiete fest und vermitteln Sie, dass »one face to the customer« abgelöst wird durch »one team to the customer«.
3. Überprüfen Sie die derzeitigen Außendienstgebiete, ob diese mit den Innendienstgebieten ubereinstimmen. Nehmen Sie bei zu großen Abweichungen Korrekturen vor.
4. Legen Sie die Innendienst- und Außendienstgebiete fest und vereinbaren Sie die Spielregeln zwischen den Beteiligten.
5. Vereinbaren Sie für beide Vertriebsbereiche Kennzahlen, an denen die Einzel- und Teamerfolge gemessen werden können.
6. Stellen Sie sicher, dass alle Kunden eines Teamgebiets einheitlich gut betreut werden.
7. Ernennen Sie für den Telefonverkauf einen Team-Coach (keinen hierarchischen Vorgesetzten), der als Pate des Vorgesetzten im Team fungiert und dafür sorgt, dass das Team sich selbst organisiert.
8. Unterstützen Sie, dass sich das Telefonverkaufsteam regelmäßig zu einem Erfahrungsaustausch trifft.
9. Lassen Sie sich von den Teammitgliedern beraten, welche Qualifizierungsmaßnahmen dem Team helfen, die Effizienz weiter zu steigern.
10. Achten Sie jederzeit auf die Eigenmotivation der Teammitglieder.

Vereinbaren Sie mit den Innendienstmitarbeitern Teamziele im Einklang mit den Außendienstzielen und prüfen Sie, ob eventuelle Teambelohnungen bei besonders guten Leistungen sinnvoll sind. Lassen Sie die Mitarbeiter selbstständig arbeiten, der Telefonverkauf kann sich selbst über klare Kennzahlen und Zieldefinitionen steuern. Beispielkennzahlen finden Sie in den Kapiteln »Die Arbeitsbelastung im Innendienst messen« und »Arbeiten mit Kennzahlen«.

20.2 Elektronische Unterstützung des Telefonverkaufs

Die Mitarbeiter benötigen für ihre Tätigkeiten eine schnelle Hardware und eine leistungsfähige Vertriebssoftware. Nichts ist störender für einen Mitarbeiter im Telefonverkauf, als wenn sich die Masken auf seinem Rechner sehr langsam aufbauen oder er sich erst durch verschiedene Programme durcharbeiten muss, um wichtige Informationen zu gewinnen.

Heutige Vertriebsinformationen vernetzen, wie im Kapitel 22 »Die Kommunikation zwischen Innen- und Außendienst« beschrieben, alle kundeninternen Bereiche. Der Telefonverkauf benötigt eine Markttransparenz auf Kundenebene, er muss auf Adresspools aller Zielgruppen zugreifen, Aufgaben und Aktionen für das Vertriebsteam steuern und Auswertungen vornehmen können.

ACD-Telefonanlagen (Automatic Call-Distribution) sind wünschenswert, damit der Kunde bei Belegung eines Mitarbeiters sofort an einen anderen Kollegen weitergeleitet wird. Dies erhöht die Erreichbarkeit und reduziert die Kosten durch eine effizientere Auslastung der Ressourcen. Und es ergeben sich Chancen für einen höheren Umsatz durch Verbesserung der Serviceleistungen. ACD-Telefonanlagen bieten die Möglichkeit, Kennzahlen für das Telefonverhalten der Mitarbeiter zu bilden. Beispiele für solche Kennzahlen sind der Erreichbarkeitsfaktor, die Zahl der Anrufe in der Warteschleife, die Anzahl ankommender oder abgehender Gespräche oder die durchschnittliche Zeit bis zur Beantwortung eines Anrufes. Weitere Kennzahlen für Telefonaktivitäten sind:

- *Lost-Call-Rate:* Verhältnis nicht zustande gekommener Anrufe zu allen eingehenden Gesprächen.
- *Inbound-Rate:* Anzahl der eingehenden Gespräche (Sicherstellung telefonischer Erreichbarkeit).
- *Outbound-Rate:* Anzahl der ausgehenden Gespräche (Telefonaktionen, Telefonkundenbetreuung, Terminvereinbarungen für den Außendienst et cetera).
- *Aktivitäts-Rate:* Verhältnis ausgehender aktiver Telefonate zu Gesamtgesprächen.

Sie werden schnell feststellen, dass aufgrund verbesserter Transparenz die Lost-Call-Rate und die Zahl der Kundenbeschwerden wegen Nichterreichbarkeit zurückgehen. Gleichzeitig werden mit hoher Wahrscheinlichkeit die ausgehenden proaktiven Telefonate zunehmen.

Bei Telefonaktionen für zeitlich begrenzte Sonderaktivitäten vermitteln Sie den Mitarbeitern den Zweck der Aktion, welche Kunden im Fokus stehen und welcher Zeitrahmen geplant ist. Stellen Sie sicher, dass die Aktionsunterlagen vollständig sind und ein Gesprächsleitfaden vorhanden ist. Die Mitarbeiter benötigen außerdem die wesentlichen Produkt-, Wettbewerbs- und Marktdaten. Analysieren Sie im Team nach der Telefonaktion die Ergebnisse und lernen Sie daraus für zukünftige Telefonaktionen.

Der Telefonverkauf pflegt einen engen Kontakt mit Kunden und Außendienst. Als Schnittstelle ist er sehr gut in der Lage, Markt- und Kundeninformationen zu sammeln und einzupflegen. Die Ermittlung von Markt- und Kundenpotenzialen ist deshalb ein wichtiges Arbeitsfeld des Telefonverkaufs.

Fazit

- ✔ Ein aktiver Telefonverkauf hat zum Ziel, für Kunden jederzeit erreichbar zu sein, Produkte und Dienstleistungen auf hohem Niveau verkaufen zu können und sich im Service gegenüber dem Wettbewerb aus Kundensicht zu differenzieren.
- ✔ Der aktive Telefonverkauf bearbeitet in der Regel eigenständig einen Kunden- oder Marktbereich und wird an den Ergebnissen gemessen.
- ✔ Entscheiden Sie, ob der Telefonverkauf unabhängig vom Außendienst gestaltet werden soll oder im Team mit dem Außendienst.
- ✔ Vereinbaren Sie mit den Innendienstmitarbeitern Teamziele im Einklang mit den Außendienstzielen und prüfen Sie, ob eventuelle Teambelohnungen bei besonders guten Leistungen sinnvoll sind.
- ✔ ACD-Telefonanlagen (Automatic Call-Distribution) sind wünschenswert, damit der Kunde bei Belegung eines Mitarbeiters sofort an einen anderen Kollegen weitergeleitet wird.
- ✔ Die Ermittlung von Markt- und Kundenpotenzialen ist ein wichtiges Arbeitsfeld des Telefonverkaufs.

21 Kundenbeziehungen konsequent stärken

Der verkaufsaktive Innendienst als wichtiger Baustein eines Multi-Channel-Vertriebs trägt in erheblichem Maße dazu bei, dass Kundenbeziehungen stabil verlaufen. Schauen Sie sich nachstehend die Chancen und Risiken in Kundenbeziehungen an:

Kunden als loyale Partner und Multiplikatoren

- *Chance:* Gemeinsames Wachstum.
- *Risiko:* Gewohnheit reduziert das Bemühen um die Kunden.

Treue Kunden

- *Chance:* Entwicklung zu loyalen Partnern und Multiplikatoren.
- *Risiko:* Kunden bleiben aus Bequemlichkeit ohne Interesse an einem Ausbau der Beziehung.

Zufriedene Kunden

- *Chance:* Entwicklung zu treuen Kunden.
- *Risiko:* Keine dauerhafte Bindung und Abwanderung bei einem besseren Angebot.

Unzufriedene Kunden

- *Chance:* Entwicklung zu einem zufriedenen Kunden.
- *Risiko:* Abwanderung und Negativ-Werbung bei anderen Kunden.

Abgewanderte Kunden

- *Chance:* Rückgewinnung des Kunden.
- *Risiko:* Umsatzverlust, steigende Kosten für Neukundengewinnung, Negativ-Werbung bei anderen Kunden und Stärkung des Wettbewerbs.

Es ist die Aufgabe der Innendienstmitarbeiter, den Kunden zu vermitteln, dass ihnen die Bedürfnisse der Kunden wichtig sind. Die Zusammenarbeit mit dem eigenen Unternehmen so einfach wie möglich zu gestalten steht im Vordergrund. Jede Kundenbeziehung beginnt schon lange vor dem Kauf und endet nicht mit dem Kauf. Der Innendienst ist involviert in das Neukundenmanagement – Gewinnung potenzieller Kunden, das Zufriedenheitsmanagement –, Steigerung der Kundenzufriedenheit, Empfehlungsmarketing, Reklamationsmanagement et cetera und in das Rückgewinnungsmanagement – Rückgewinnung verlorener Kunden.

21.1 Der Innendienst als Kundenbindungsmanager

Dem Innendienst stehen viele Maßnahmen zur Verfügung, das Kundenmanagement aktiv zu steuern, zum Beispiel durch eine kontinuierliche Kundenansprache, durch das proaktive Angebot von Beratungs-, Service- und Dienstleistungen, durch ein kundenorientiertes Reklamationsmanagement, anhand der Durchführung von Kundenbefragungen oder durch die Pflege und verkaufsaktive Nutzung der Kundendaten.

Die Bedürfnisse der Kunden stehen im Fokus. Wie kann der Innendienst dazu beitragen, die Ziele der Kunden durch Mehrwertangebote zu steigern? Grundlage dieser Ausrichtung ist ein profundes Wissen um die Wünsche und Bedürfnisse der Kunden. Vier Bausteine helfen dabei:

1. Konsequente Kundenkommunikation durch Kundenbefragungen (schriftlich, telefonisch), Kundenforen, Kundendialoge und Teilnahme an wichtigen Verhandlungen vor Ort.
2. Marktbeobachtung durch Trendanalysen und Kundendatenmanagement.
3. Erfahrung und Intuition.
4. Ständige Kommunikation mit anderen internen kundennahen Bereichen.

Der Innendienst kann gezielt herausfinden, was die Kunden erwarten oder womit man sie positiv überraschen kann. Welche Serviceleistungen zum Beispiel erfüllen Erwartungen oder Trends? Welche Angebotsleistungen unterbreiten wichtige Wettbewerber? Es ist wichtig, diese Informationen in die Organisation zu geben, um zu überprüfen, welche Ressourcen bereitgestellt werden müssen oder können. Der Innendienst kann anschließend mitwirken, sinnvolle und interessante Serviceleistungen zu kreieren, anzubieten und anschließende Erfolgskontrollen durchzuführen.

21.2 Der Innendienst als Reklamationsmanager

Kundenzufriedenheit reicht heute nicht mehr aus, Kunden dauerhaft zu binden. Kunden haben oftmals auch keine Vorstellung von der Zukunft. Kundenzufriedenheit ist eine Vergangenheitsbetrachtung. Den Kunden Ideen von der Zukunft zu geben ist daher erfolgstreibend. Warum ist also Reklamationsmanagement ein Blick in die Zukunft? Nun, kein Unternehmen kann für sich behaupten, absolut mängelfreie Produkte oder Dienstleistungen anzubieten. Wo gehobelt wird, fallen auch Späne. Und wenn eine Vergangenheitsleistung nicht befriedigend war, möchten die Kunden ohne Umschweife wissen, wie die Zukunftsalternative aussieht. Reklamationsmanagement betrifft das ganze Unternehmen, denn es geht um den Abbau von Fehlerquellen und die Entwicklung von Zukunftslösungen zur Vermeidung neuerlicher Reklamationen. Der Innendienst kann besonders dazu beitragen durch die Erstellung von Beschwerdereports, die Begleitung von internen Service- und Qualitätschecks, die Durchführung von Kundenbefragungen nach einer Reklamationsabwicklung sowie die Weitergabe von eigenen Beobachtungen und internen Datenauswertungen.

Es ist wichtig, dass die Innendienstmitarbeiter das Reklamationsmanagement als eine Chance und nicht als Bedrohung ansehen. Nehmen Sie deshalb eine entsprechende Schulung vor und stellen Sie sicher, dass die Mitarbeiter ihr Wissen und ihre Methodenkompetenz kontinuierlich ausbauen, um mit diesen manchmal schwierigen Situationen positiv umgehen zu können. Unterstützend wirken hierbei kundenorientierte Prozessabläufe oder IT-Systeme.

Schlüsselfaktoren für ein erfolgreiches Reklamationsmanagement sind:

- eine schnelle Lösung der Kundenprobleme und eine anschließende Kundenbefragung zur Zufriedenheit mit der Abwicklung,
- striktes Einhalten von Zusagen,
- Freiräume für die Innendienstmitarbeiter, Beschwerden sinnvoll zu lösen,
- die Befähigung der Mitarbeiter, mit unzufriedenen Kunden richtig umzugehen,
- kontinuierliche Weiterentwicklung des Kundenverständnisses,
- die Installation von unterstützenden Systemen zur professionellen Beschwerdeauswertung.

Nur 2 bis 4 Prozent aller Kunden beschweren sich. Bis zu 82 Prozent der Kunden, deren Beschwerden schnell und freundlich gelöst wurden, machen weiterhin mit den jeweiligen Unternehmen Geschäfte. Aber 90

Prozent der Kunden, die sich nicht beschweren, obwohl sie einen Grund dazu gehabt hätten, kaufen nie wieder bei dem Unternehmen. Kunden, die reklamieren, wollen noch kaufen. Jede Reklamation ist eine Chance für Verbesserung. Beschwerden, die im Sinne des Kunden gelöst wurden, bergen Begeisterungspotenzial. Kunden, deren Beschwerden schnell und unbürokratisch gelöst wurden, sind potenzielle Empfehlungsträger und werden zu loyalen Partnern und Ratgebern. Schnelle, flexible und individuelle Beschwerdelösungen sind ein deutliches Signal für Kundenfreundlichkeit und Wertschätzung. Jeder unzufriedene Beschwerdekunde bietet dagegen potenziellen Umsatz für Ihren Wettbewerb.

Kunden, deren Beschwerden nicht zufriedenstellend gelöst wurden, erzählen dies gern und oft weiter. Es ist meist besser, statt Zeit mit der Suche nach Schuldigen und Verursachern zu verlieren, die Entwicklung von Lösungen voranzutreiben. Statten Sie die Innendienstmitarbeiter mit weitreichenden Lösungskompetenzen aus und ermuntern Sie sie, Fehler als wertvolle Chancen für Erfolg und Verbesserungen anzunehmen. Die Art und Weise, wie die Mitarbeiter Beschwerden lösen, ist ein sichtbares Zeichen für deren innerste Gedanken und Einstellungen!

21.3 Service-Exzellenz im Innendienst

Kunden bewerten immer die gesamten Leistungen Ihres Unternehmens. Mehr noch, sie neigen dazu, sich auf das schwächste Glied des Service zu konzentrieren und dessen Mängel auf ihr Gesamturteil zu übertragen. Die häufigsten Servicefehler sind

- zu geringe Kenntnisse über die Kaufmotivationen der Kunden,
- fehlendes oder falsches Serviceverständnis im Innendienstteam,
- zu große Wettbewerbsorientierung bei der Gestaltung von Serviceleistungen und
- mangelnde Information von Kunde und Mitarbeiter über die Serviceleistungen.

Legen Sie deshalb die Serviceziele mit dem Innendienstteam fest und bestimmen Sie Kundengruppen nach deren individuellen Bedürfnissen und Erwartungen. Definieren Sie anschließend das Angebot Ihrer Serviceleistungen und vergeben Sie Kompetenzen und Verantwortlichkeiten für die Umsetzung. Nehmen Sie regelmäßige Erfolgs- und Akzeptanzkontrollen vor und hinterfragen Sie Erfahrungen und Trends, um die Serviceleistungen ständig aktuell zu halten.

Service-Exzellenz im Innendienst

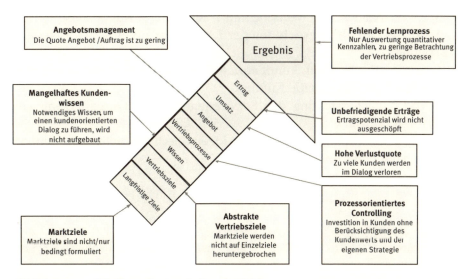

Abbildung 29: Häufig auftretende Servicefehler

Der Managementberater Michael J. Kami sagt zu Recht: »Wir haben eine Servicegesellschaft ohne Service. Das stellt eine hervorragende Gelegenheit dar, die Konkurrenz um 10 Prozent zu schlagen.« Die Herausforderung für den Innendienst ist die konsequente Bereitschaft, den Kunden als Qualitätsmaßstab zu akzeptieren, die eigene Leistung auf den Prüfstand zu stellen sowie Freude und Begeisterung für Qualität, Leistung und gemeinsame Erfolge zu entwickeln. Dieser Gedanke muss sich wie ein roter Faden durch den verkaufsaktiven Innendienst der Zukunft ziehen und mit vielen kleinen und großen Maßnahmen und Aktionen ständig am Leben gehalten werden. Diese Maßnahmen und Aktionen gilt es zu systematisieren und ständig zu aktualisieren.

Exzellenter Service ist keine neue Forderung, sondern eine von vielen Unternehmen noch immer nicht realisierte Anforderung. Sie wird nur erfüllt, wenn die Mitarbeiter die Kunden genau kennen und bereit sind, in deren Gedankenwelt einzutauchen. Service-Exzellenz wird für viele Vertriebsorganisationen zukünftig der einzige Differenzierungsfaktor am Markt sein und kann nur von fachlich und menschlich kompetenten Mitarbeitern erbracht werden. Service-Exzellenz ist eine große Herausforderung und Chance für das gesamte Unternehmen und insbesondere für die Innendienstmitarbeiter. Binden Sie das Innendienstteam in den folgenden Prozess mit ein:

- *Schritt 1:* Definition potenzieller Kunden mit einem Kundenbewertungssystem

- *Schritt 2:* Analyse der Wünsche und Träume dieser Kunden
- *Schritt 3:* Gezielte Ausrichtung der Leistungen auf diese Wünsche und Träume
- *Schritt 4:* Entwicklung kundenorientierter Serviceleistungen und proaktive Vermittlung an die Kunden
- *Schritt 5*: Sicherstellung der Servicequalität und Durchführung von Erfolgskontrollen
- *Schritt 6:* Gewinnung neuer Serviceideen durch die tägliche Kommunikation mit den Kunden

Fazit

✔ Der verkaufsaktive Innendienst als wichtiger Baustein eines Multi-Channel-Vertriebs trägt in erheblichem Maße dazu bei, dass Kundenbeziehungen stabil verlaufen.
✔ Es ist die Aufgabe der Innendienstmitarbeiter, den Kunden zu vermitteln, dass ihnen die Bedürfnisse der Kunden wichtig sind.
✔ Der Innendienst kann gezielt herausfinden, was die Kunden erwarten oder womit man sie positiv überraschen kann.
✔ Kundenzufriedenheit reicht heute nicht mehr aus, Kunden dauerhaft zu binden.
✔ Jede Reklamation ist eine Chance für Verbesserung. Beschwerden, die im Sinne des Kunden gelöst wurden, bergen Begeisterungspotenzial.
✔ Die Anforderung, den Kunden einen exzellenten Service zu bieten, wird nur erfüllt, wenn die Mitarbeiter die Kunden genau kennen und bereit sind, in deren Gedankenwelt einzutauchen.

22 Die Kommunikation zwischen Innen- und Außendienst

Wenn das Abteilungsdenken zwischen Innen- und Außendienst aufgelöst wird, kann ein Power-Team entstehen. Grundlagen dafür sind eine klare Zuordnung der Kompetenzen und Zuständigkeiten; die Definition eindeutiger Ablaufprozesse – gleichermaßen verständlich für Kunden und Mitarbeiter; die Etablierung unterstützender IT-Systeme und die Schaffung einer kundenorientierten Organisationsform.

Unabhängig von der Betreuungsform durch den Innen- oder Außendienst erwarten die Kunden eine schnelle telefonische Erreichbarkeit sowie eine zügige Auftragsbearbeitung und Nachbearbeitung. Außerdem hören die Kunden ungern den »Sanitätersprüch«: »Ich verbinde.« Das bedeutet, dass die Schnittstellen zwischen Außendienst und internen Abteilungen im Sinne der Kundenwunscherfüllung funktionieren müssen. Die Unterstützung durch IT-Systeme ist hierbei unabdingbar, um Preispflege, Kundendaten, Projektbetreuung, E-Commerce et cetera professionell durchzuführen. Die Systemverfügbarkeit zur Sicherstellung des administrativen Vertriebs muss gewährleistet sein, damit sich die Vertriebsmitarbeiter auf ihre verkaufsaktive Arbeit konzentrieren können.

Weiterhin ist ein regelmäßiger persönlicher Informationsaustausch zielführend und unerlässlich. Dieser kann zum Beispiel in den folgenden Formen systematisiert werden:

- *Verkaufsleitersitzungen:* Leiter Außendienst und Innendienstleiter.
- *Vertriebstreffen:* Leiter Außendienst, Außendienst und Innendienst.
- *Mitreise zu Kunden:* Außendienst und Innendienst gemeinsam.

Power-Teams entstehen nicht durch zusätzliche Hierarchien, sondern durch Commitment und Arbeiten am gleichen Ziel. Der Innendienst kann zum Beispiel Vertretungen für Außendienstkollegen bei Krankheit oder Urlaub übernehmen und auch die anderen Betreuungsformen von Kunden können einvernehmlich abgestimmt werden.

Die Internettechnologie hat die Vertriebswelt verändert. Können Sie sich noch eine Welt ohne Handy, Blackberry et cetera vorstellen? Was bedeutet das für Ihre aktive Vertriebsarbeit? Ich habe in dem Kapitel »Das

Mitarbeiterprofil des verkaufsaktiven Innendienstes« den Vorschlag unterbreitet, den Innendienst in einen administrativen und einen verkaufsaktiven Bereich zu unterteilen, und ich habe gleichzeitig auf die Notwendigkeit hingewiesen, dass der administrative Part stetig automatisiert und standardisiert wird.

Um die Vertriebsmitarbeiter von administrativen Aufgaben zu entlasten, ist es sinnvoll, ein Extranet – eine elektronische Kundenplattform – zu nutzen. Extranet-Systeme bieten viele Vorteile, beispielsweise eine weltweite permanente Erreichbarkeit (365 Tage, 24 Stunden), eine Beschleunigung der Bestell- und Versandprozesse oder Online-Abfragen bezüglich Warenverfügbarkeit, Auftragsübersicht oder Rückstandslisten. Heutige Extranet-Systeme sind dialogfähig und erhöhen das Vertrauen der Kunden, da sie auf originäre Daten und Informationen zurückgreifen können.

22.1 Der Einsatz von Extranet-Systemen

Die Innendienstmitarbeiter werden durch den Einsatz von Extranet-Systemen von administrativen Tätigkeiten entlastet und haben mehr Zeit für die wesentlichen verkaufsaktiven Aufgaben – Kundenberatungen, Offerierung von Serviceleistungen, Neukundengewinnung et cetera. Durch das elektronische Angebot verschaffen sich Unternehmen Wettbewerbsvorteile und Alleinstellungsmerkmale aus Kundensicht. Hier ein Beispiel:

> Wenn Sie heute auf die offene Internetseite von Amazon gehen, bekommen Sie nach Stichworteingabe eine umfassende Übersicht aller derzeit verfügbaren Buchtitel. Mit wenigen Klicks können Sie den Bestell- und Bezahlvorgang abschließen und Sie erhalten innerhalb kurzer Zeit eine Auftragsbestätigung per E-Mail. Der Versand wird Ihnen ebenfalls per E-Mail angekündigt. Dieser Prozess läuft bei Amazon automatisiert, Mitarbeiter sind für den Kundenkommunikationsprozess nur bedingt notwendig.

Das Prinzip ist nicht für jede Branche und jedes Unternehmen geeignet. Doch selbst in der Investitionsgüterindustrie wünschen sich Kunden eine »fast and easy« Betreuung für Standardinformationen. Blaupunkt hatte 2003 über 7.000 B2B-Nutzer weltweit und mehr als 150.000 Log-ins ins Extranet-System pro Jahr. Circa 50.000 Aufträge mit 180.000 Positionen gingen schon damals online ein. Diese Datenmengen sind heute sicherlich noch höher.

Aber nicht nur Kunden greifen auf ein Extranet zu, sondern auch der Außendienst. Er erfasst Aufträge bei den Kunden über mobile Datensysteme und speist die Daten in das Extranet ein, er kann sich Produkt- und Preisinformationen herunterladen oder Kundendaten auf der elektronischen Plattform hinterlegen. Wo früher umfangreiche Telefonate zwischen Innendienst und Außendienst notwendig waren, sichert jetzt die Datenverfügbarkeit und Datenverarbeitung die operativen Prozesse ab und schafft Freiraum für verkaufsaktive Tätigkeiten. Shop-Systeme bei Konsum- und Gebrauchsgüterherstellern runden das elektronische Angebot ab. Aber auch Hersteller von Investitionsgütern haben die Chancen, die sich aus dem Extranet ergeben, erkannt und bauen ähnliche Systemlösungen auf.

Durch innovative Hard- und Softwarelösungen werden Innen- und Außendienst aktiv unterstützt. Ziele einer IT-gestützten Vernetzung sind unter anderem die Erhöhung der Eigenverantwortung, die Eigenverantwortlichkeit der Mitarbeiter für den Vertriebsprozess, die Optimierung von Umsatz und Ertrag durch Datentransparenz sowie täglich aktualisierte Daten.

Mobile Geräte befähigen den Außendienst, Aufträge selbst zu erfassen und zu übermitteln. Außerdem kann er ohne Rückfragen im Innendienst den Auftragsstatus, die Warenverfügbarkeit oder den Reklamationsstatus ermitteln. All das entlastet den Innendienst.

22.2 »Steuerung« des Außendienstes durch den Innendienst

Eine Steuerung des Außendienstes durch den Innendienst ist sicherlich ein gewöhnungsbedürftiges Thema für den Außendienst. Wenn beispielsweise der Innendienst Touren für den Außendienst plant, kommt selten Freude bei den Außendienstmitarbeitern auf, die Angst vor zu viel Transparenz ist groß. Aber was spricht eigentlich dagegen? Wenn ich in Seminaren mit Innendienstleitern dieses Thema bespreche, schauen sie mich immer ungläubig an. Sie können es sich ebenfalls kaum vorstellen. Die Rollenbilder sind halt sehr ausgeprägt – hier der selbstbestimmende Macher, dort der erfüllende Abwickler.

Auf der Plattform eines Extranets ist es problemlos möglich, Tourenplanungen unter Berücksichtigung von Übernachtungen, Besuchsdauer, Fahrstrecken und individuellen Kundeneinstellungen durch den Innendienst vorzunehmen. Der Innendienst kann Termine für den Außendienst vereinbaren, Kundenbesuche vorbereiten oder vorab Kundenkennzahlen wie Absatz, Umsatz oder Deckungsbeitrag ermitteln und dem Außendienst elektronisch überspielen. Der Innendienst kann Monatsplanungen bis hin zu Detailaktivitäten in Abstimmung mit den Außendienstkollegen durchführen. Ein Unternehmen der Befestigungsbranche steuert beispielsweise die Tourenplanung des Außendienstes durch den Innendienst seit einem Jahr. Der Ergebnis: Die Verweildauer der Außendienstmitarbeiter in ihren Heimbüros hat sich erheblich verkürzt. Die Innendienstmitarbeiter erreichen durchschnittlich 1,5 Besuche mehr pro Tag als zu der Zeit, als der Außendienst seine Touren selbst plante.

Auch das Berichtswesen kann optimiert werden. Alle Berichte und Kundeninformationen können auf elektronischen Plattformen hinterlegt werden. Damit haben alle Kundenverantwortlichen und andere kundennahe Bereiche Zugriff auf die kundenrelevanten Daten und Informationen. Analysen können durch den Innendienst durchgeführt werden und er kann darauf basierend Vorschläge für die Kundenbearbeitung unterbreiten oder selbst aktiv werden und die Kommunikation mit den Kunden verstärken.

Ein weiterer Ansatz ist das Zeitmanagement. Der Innendienst hat zum Beispiel Zugriff auf den Terminkalender der Außendienstmitarbeiter. So kann er bei Kundenanfragen schnell reagieren und im Sinne der Tourenplanung und Wichtigkeit des persönlichen Kundenkontakts Termine ohne Rücksprache vereinbaren.

Extranet und Intranet (ausschließlich interne Kommunikationslösungen) werden die Zusammenarbeit zwischen Innen- und Außendienst in den kommenden Jahren revolutionieren. Ein Spaßfaktor wird dies für manchen Mitarbeiter nicht sein, denn die Verabschiedung von gewohnten Rollen fällt immer schwer.

Fazit

✔ Wenn das Abteilungsdenken zwischen Innen- und Außendienst aufgelöst wird, kann ein Power-Team entstehen.
✔ Unabhängig von der Betreuungsform durch den Innen- oder Außendienst erwarten die Kunden eine schnelle telefonische Erreichbarkeit sowie eine zügige Auftragsbearbeitung und Nachbearbeitung.
✔ Power-Teams brauchen keine zusätzlichen Hierarchien, sondern sie entstehen durch Commitment und Arbeiten am gleichen Ziel.
✔ Um die Vertriebsmitarbeiter von administrativen Aufgaben zu entlasten, ist es sinnvoll, ein Extranet – eine elektronische Kundenplattform – zu nutzen.
✔ Die Innendienstmitarbeiter werden durch den Einsatz von Extranet-Systemen von administrativen Tätigkeiten entlastet und haben mehr Zeit für die wesentlichen verkaufsaktiven Aufgaben.
✔ Auf der Plattform eines Extranets ist es problemlos möglich, Tourenplanungen unter Berücksichtigung von Übernachtungen, Besuchsdauer, Fahrstrecken und individuellen Kundeneinstellungen durch den Innendienst vorzunehmen.
✔ Extranet und Intranet werden die Zusammenarbeit zwischen Innen- und Außendienst in den kommenden Jahren revolutionieren.

23 Die Umsetzung einer Neuausrichtung des Innendienstes

Die Markterfordernisse und Kundenanforderungen verlangen einen verkaufsaktiven Innendienst. In den letzten Jahren wurde an vielen Stellschrauben gedreht, doch zu umfassenden Neuorientierungen in der Vertriebsarbeit konnten sich nur wenige Unternehmen aufraffen.

Bei den jetzigen Strukturen – der Außendienst als Kundenverantwortlicher und der Innendienst als Abwickler – wird es schwierig werden, die aktuellen Herausforderungen aktiv zu lösen. Deshalb ist es notwendig, einen verkaufsaktiven Innendienst für definierte Aufgaben und Kunden einzuführen. Die Grundlage der Organisationsentwicklung »Die Prozesse bestimmen die Strukturen« muss ergänzt werden um »Der Markt bestimmt die Prozesse«. Funktionsfähige Prozesse allein reichen nicht mehr aus, vielmehr treiben die Kunden heute die Wertschöpfungsketten der Anbieter.

23.1 Mitarbeiter in den Umsetzungsprozess einbinden

Zur Sicherstellung der Unternehmenszukunft bedarf es einer übergeordneten Koordination aller Vertriebsaktivitäten. Einzelbereiche sind zwar eigenverantwortlich, tragen aber mit ihren Einzelleistungen zum Gesamtergebnis bei. Ohne einen intensiven Informationsaustausch zwischen allen Vertriebsverantwortlichen wird die gemeinsame Zielsetzung schnell aus den Augen verloren. Durch Interaktion und Kommunikation reifen die Teammitglieder und stellen die bisherigen Hierarchiemodelle zur Diskussion.

Die gelebte Vertriebskultur und die Bereitschaft zur Veränderung werden darüber entscheiden, ob eine gemeinsam getragene Neuausrichtung des Innen- und Außendienstes greifen wird. Die folgenden Faktoren sind Gradmesser für das Gelingen.

- *Die Bereitschaft zur Kommunikation:* In welchem Rahmen findet die Kommunikation statt? Steht bei wichtigen Anlässen die persönliche

Ansprache im Vordergrund oder ersetzt die elektronische Kommunikation das Miteinander?
- *Die Fähigkeit zum Teamgeist:* Wird der Netzwerkgedanke zwischen Innen- und Außendienst und anderen kundennahen Bereichen gestärkt? Wird der WIR-Gedanke gelebt oder sind ICH und Wettbewerbsdenken gewünscht?
- *Die Bildung eines Handlungsrahmens:* Sind die Unternehmensziele und konkreten Aufgaben zur Zielerreichung so klar und motivierend, dass sie den Mitarbeitern Orientierung und Sinngebung vermitteln? Werden die Mitarbeiter konsequent in die Weiterentwicklung der Handlungsrahmen eingebunden?
- *Die Stärkung der Änderungsbereitschaft:* Nehmen die Führungsverantwortlichen die Ängste und Vorbehalte der Mitarbeiter während der Neuausrichtung ernst? Sind sie bereit, die Mitarbeiter als Partner mit auf eine Zeitreise zu nehmen?
- *Die Akzeptanz kreativer Unruhe:* Gehört es zur Vertriebskultur, sich jeden Tag zu fragen: »Was können wir aus Kundensicht noch besser machen?« Werden kritische Mitarbeiter im Sinne der Zielerreichung belohnt oder ausgesondert?
- *Die Förderung der positiven Streitkultur:* Wird eine positive Streitkultur gefördert oder abgewürgt? Geht es beim Streit um den »richtigen« Weg der Zielerreichung um Gewinner-Gewinner-Spiele oder um Gewinner-Verlierer-Spiele?
- *Die Förderung von Vertrauen und Respekt:* Werden bewusst Konflikte zugelassen und als Energiepotenzial genutzt oder wird seichtes Harmonieverständnis gefördert?

Nicht das Erkennen der Wichtigkeit einer Neuausrichtung von Innen- und Außendienst ist entscheidend, sondern die zügige Umsetzung. Systeme und Werkzeuge sind notwendig, doch ohne eine kundenorientierte Denkhaltung der Mitarbeiter und deren Bereitschaft zur Neuorientierung nützen auch die besten Systeme nichts. Die Führungsverantwortlichen für den Innendienst werden in dem zukünftigen Neuausrichtungsprozess sehr wichtige Aufgaben übernehmen – aus den verschiedensten Gründen:

- Sie müssen den Mitarbeitern mögliche Hürden, die nicht in ihrem Entscheidungsradius liegen, aus dem Wege räumen, damit sich die Mitarbeiter auf die Kunden konzentrieren können.
- Sie sind die Fahnenträger für Ziele, in denen sich die Mitarbeiter sachlich und emotional wiederfinden.

- Sie binden die Mitarbeiter in den Weiterentwicklungsprozess ein und machen sie zu Beteiligten.
- Sie entwickeln individuelle Qualifizierungspläne, um die Fähigkeiten der Mitarbeiter zu stärken.
- Sie qualifizieren die Mitarbeiter »on the Job« und werden dadurch zu Sparringspartnern und zum Coach der Mitarbeiter.
- Sie überlegen immer wieder gemeinsam mit dem Team, mit welchen Ideen der Innendienst weiter nach vorn gebracht werden kann.
- Sie sorgen dafür, dass die Kommunikation zwischen allen am Kundenprozess beteiligten Personen und Bereichen reibungslos funktioniert.
- Sie unterdrücken keine vorhandenen Konflikte, sondern ziehen aus diesen die Energie für die Entwicklung.

Über die zukunftige Performance des verkaufsaktiven Innendienstes wird zuallererst das Wollen und Können der Mitarbeiter entscheiden. Lassen Sie sich von drei Begriffen, die gern von Beratern, Trainern und Autoren genutzt werden, nicht blenden: »Emotionale Intelligenz«, »Sozialkompetenz« und »Schlüsselqualifikation«. Fragen Sie verschiedene Personen und Sie erhalten die unterschiedlichsten Vorstellungen von diesen Begriffen. Holger Rust hat mit seinen Studenten von der Uni Hannover 2002 Stellenanzeigen empirisch ausgewertet. Heraus kamen 107 verschiedene Formulierungen und Umschreibungen zu diesen drei Begriffen. Ich persönlich glaube, dass die Mitarbeiter vieler Innendienstorganisationen gut sind und die neuen Aufgaben durchaus bewältigen können, dass sie sich aber oftmals nicht trauen (was verständlich ist bei dem langjährigen Rollenbild) und ihre Fähigkeiten nicht austrainiert wurden.

Menschen sind in hohem Maße emotionsgetrieben. Begeistern Sie deshalb die Innendienstmitarbeiter durch Ziele, die begeistern. Vermeiden Sie zweideutige oder widersprüchliche Nachrichten und gewinnen Sie das Team für die Umsetzung. Verbinden Sie Vergangenheitserfahrungen mit Zukunftsideen, entwickeln Sie gemeinsam mit den Mitarbeitern neue Ideen auf Basis altbewährter Konzepte. Der Innendienst wird künftig zu einem bewussten Netzwerker, unbewusst ist er es schon heute in vielen Organisationen.

23.2 Das Scheitern einer Neuorientierung vermeiden

Schnelle »Rezepte« zur Neuausrichtung des Innendienstes sind mit Vorsicht zu genießen. Verhindern Sie einen Blindflug und erarbeiten Sie zuerst die Ziele für die kommenden Jahre unter Berücksichtigung der internen Möglichkeiten und Ressourcen sowie der externen Marktbedingungen. Es kann nicht oft genug wiederholt werden: Binden Sie das Team in den Denk- und Gestaltungsprozess ein. Denn: Ohne Konsens sind Probleme in der Umsetzung programmiert. Das Team muss auf die Umsetzung vorbereitet werden, damit Widerstände minimiert werden. Sie benötigen eine überwiegende Akzeptanz der Neuausrichtung, um möglichst selten Ihre Autorität oder Macht einsetzen zu müssen.

Wer sich als Führungsverantwortlicher als Problemlöser präsentiert, aber den Mitarbeitern nicht ausreichend Zeit für den gedanklichen Reifeprozess einräumt, der darf sich über eine stockende Neuorientierung nicht wundern. Wer die Umsetzung zügig voranbringen will, darf nicht gegen die Mitarbeiter arbeiten, sondern muss mit dem Team zusammenarbeiten. »Wenn du schnell ans Ziel kommen möchtest, gehe langsam«, sagt der Zeitmanagement-Experte Lothar J. Seiwert. Die Neuausrichtung des Innendienstes ist eine dauerhafte Aufgabe und eignet sich nicht zur Selbstprofilierung. Denken Sie immer daran, die da »unten« verfügen im Zweifelsfall über die Macht. Sie können den Weg top-down gehen, doch wundern Sie sich dann nicht, wenn die Mitarbeiter Ihnen im Tagesgeschäft zeigen, dass die Neuorientierung gerade in Ihrer Organisation nicht funktioniert. Hierzu ein Beispiel aus meiner Berufspraxis:

> Als Holding-Geschäftsführer war ich nach dem Vieraugenprinzip Mitgeschäftsführer in einem Unternehmen. Bei meinen monatlichen Präsenzen ging ich durch alle Abteilungen, begrüßte die Mitarbeiter an ihrem Arbeitsplatz und ermunterte sie, neue Ideen vorzutragen. Nachdem die Mitarbeiter merkten, dass ihre Ideen aufgenommen und teilweise auch umgesetzt wurden, wurden sie immer mutiger. Die Crux an diesem Prozess war, dass ein Führungsverantwortlicher seine Stellung angekratzt sah. Er war es aus der Vergangenheit heraus gewohnt, dass nur er Ideen nach oben »verkaufte«. Ich versuchte, ihm klar zu machen, dass es um das Unternehmen ging und weniger um seine persönliche Stellung und dass er froh sein konnte, innovative und mutige Mitarbeiter zu führen. Zuerst verstand er dies nicht, doch nachdem er begriffen hatte, dass seine Position nicht gefährdet war, änderte er sein Verhalten grundlegend.

Die Mitarbeiter haben meist ein sehr feines Gespür für die Notwendigkeit von Veränderungen. Wir werfen ihnen oft zu schnell vor, dass sie nicht veränderungsbereit seien und die Verantwortung scheuten. Für ein solches Verhalten gibt es jedoch zahlreiche Gründe, deren Hinterfragung sich durchaus lohnen kann:

- Den Mitarbeitern werden Informationen vorenthalten und sie diskutieren daher in einem psychologischen Nebel.
- Es wird den Mitarbeitern nur ungenügend vermittelt, was passiert, wenn nicht gehandelt wird. Deshalb besitzen sie manchmal ein zu geringes Problembewusstsein.
- Führungsverantwortliche bauschen manchmal ungeordnete Tatsachen zu bedrohlichen Problemen auf, um durch Angst eine schnellere Verhaltensänderung zu erreichen. Sie merken allerdings nicht, dass die Mitarbeiter aus ihrem Kenntnisstand heraus eine andere Sichtweise haben.
- Mitarbeiter werden durch unnötige Hektik unter Druck gesetzt. Angst vor unbekanntem Terrain erzeugt dann eine Ja-aber-Kultur.
- Mitarbeiter können mit begründeten Appellen nur wenig anfangen und versuchen deshalb auf dem Verhandlungswege, die Ist-Situation zu bewahren.
- Die Mitarbeiter fühlen sich nicht fit für neue Aufgaben.
- Die Mitarbeiter verfügen nicht über ausreichend Detailwissen bezüglich neuer Aufgaben und lehnen daher die Verantwortung offen oder versteckt ab.

Ich persönlich glaube, dass die meisten Mitarbeiter strebsam, verantwortungs- und veränderungsbereit sind. Wenn Sie als Führungsverantwortlicher ohne Einbeziehung der Mitarbeiterteams Entscheidungen über die Neuorientierung treffen, dürfen Sie sich anschließend nicht über eine Jammerkultur beklagen. Wenn Sie dagegen ausschließlich die Selbstverantwortlichkeit des Teams in den Vordergrund stellen ohne die Vereinbarung von Spiel- und Verhaltensregeln, dann erhalten Sie oftmals ein Laisser-faire.

Wo keine Offenheit herrscht, entwickelt sich kein Vertrauen. Wo kein Vertrauen herrscht, werden Wagnisse vermieden. Wo keine Bereitschaft zu Wagnissen vorhanden ist, werden Neuorientierungen blockiert oder behindert. Führungskräfte, die sich selbst aus der Verantwortung stehlen und unangenehme Aufgaben delegieren, erzeugen Widerstand.

23.3 Werkzeuge des Veränderungsprozesses

Unabhängig davon, welche Werkzeuge Sie einsetzen: Ohne Transfer in die Köpfe der Beteiligten werden Konzepte und Strategien wenig erfolgreich sein. Die Persönlichkeitsvielfalt ist gerade im Innendienst besonders ausgeprägt. Gleichmacherische Konzepte treffen deshalb kaum die Erwartungshaltung der Mitarbeiter. Wer sich als Führungsverantwortlicher nicht in die Gedankenwelten der Mitarbeiter einfühlt, kann deren Positionen nicht verstehen. Aktives Zuhören bedeutet Hören mit der Seele, nicht mit den Ohren. Die Verabredung zu gemeinsamem Handeln, die Bereitschaft zu Kompromissen oder das Ringen um gemeinsame Positionen erfolgt hauptsächlich über Vertrauen und Respekt. Wenn Sie Mitarbeiter zu Verhaltensänderungen bewegen wollen, müssen diese das Vertrauen haben, dass sie Ihrer Führung folgen können und dass die Änderungen keinen grundsätzlichen Nachteil für sie bringen.

Strukturieren Sie den Innendienst immer vom Markt her, auf den Markt hin. Orientieren Sie sich an den Markt- und Kundenbedürfnissen und weniger an den internen Vorgaben. Nehmen Sie die Ansichten Ihrer wichtigen Kunden ernst, denn sie sind die Treiber ihrer Wertschöpfungskette. Fragen Sie unter anderem:

- Was fordern die Kunden generell morgen?
- Welche Leistungen wünschen sich die Kunden im Einzelnen?
- Welche Leistungen von heute werden von den Kunden mitgenommen, sind ihnen aber nicht wichtig?
- Welche Ablaufprozesse müssen weiterentwickelt werden, um Kundenanforderungen zu befriedigen?
- Welche Dienst- und Serviceleistungen müssen zusätzlich erbracht oder modifiziert werden und von welchen können/müssen wir uns trennen?

Überprüfen Sie Funktionen, Prozesse und Systeme des Innendienstes, um festzustellen, inwieweit sie effizient und effektiv zum Mehrwert für Kunden und Eigenorganisation beitragen. Ermuntern Sie das Team, die Fakten schonungslos auf den Tisch zu legen, auch wenn die »Gefahr« einer Verabschiedung von lieb gewordenen Abläufen und Eigenarten droht. Verdeutlichen Sie jederzeit, dass Ihnen ist das Teamergebnis wichtig ist und es sich nicht um eine Alibiveranstaltung handelt. Weisen Sie darauf hin, dass das Ziel nicht ein 100-Prozent-Erfolg in Einzellösungen ist, sondern die Neuausrichtung des Innendienstes im Fokus steht. Heben Sie hervor, dass durch die Teamarbeit die Vertriebsleistung optimiert und das Zusammenwachsen des Teams gefördert werden soll. Zu guter Letzt: Zeigen Sie, dass Teamarbeit im Innendienst die Chance bietet, die Kollegen besser zu verstehen und damit das Vertrauen und den Respekt zu steigern.

Noch einmal zur Verdeutlichung: Sie können über die besten Werkzeuge verfügen, ohne die Bereitschaft der Teams und der einzelnen Mitarbeiter werden Sie den Umsetzungsprozess nur unzureichend auf den Weg bringen. Nutzen Sie die Kompetenzen und das Commitment der Mitarbeiter. Nachfolgend einige Werkzeuge, die sich für den Umsetzungsprozess anbieten, wobei jeweils verschiedene Vorteile und Nachteile zu beachten sind:

Durchführung von Workshops

- *Vorteile:* Hohe Akzeptanz der Teamergebnisse; mehr Verteilungsmöglichkeiten von Verantwortlichkeiten; Einbindung eines größeren Teams.
- *Nachteile:* Zeitliche Bindung der Mitarbeiter; hoher Aufwand für die Nachbereitung der Teamergebnisse; nicht ausreichende Moderationserfahrung bei interner Leitung.

Durchführung von Einzelbefragungen

- *Vorteile:* Besonders bei anonymisierten Befragungen hohe Offenheit; unklare Antworten werden durch Nachfragen differenzierter; Ergänzungsfragen runden das Befragungsergebnis ab.
- *Nachteile:* Befragte versuchen manchmal, auf diesem Weg Eigeninteressen zu postulieren; Befragte stimmen sich vorher ab und konzentrieren sich auf einzelne Schwerpunkte; es können nur wenige Interviews pro Tag durchgeführt werden.

Teambefragung

- *Vorteile:* Gruppendynamische Prozesse werden sichtbar; Argumente und Gegenrede schaffen eine lebendige Atmosphäre; der größte gemeinsame Nenner mit den Beteiligten kann herausgefunden werden.
- *Nachteile:* Wenige Führungspersonen reißen die Teambefragung an sich; einzelne Teilnehmer nehmen eine abwartende Haltung ein; die Teambefragung spiegelt nicht ganz die Machtstruktur der Gruppe wider.

Multiple-Choice-Befragung

- *Vorteile:* Schnelle Befragung möglich; Behandlung einer größeren Themenpalette durchführbar; problemlose Datenerfassung; transparente Information der Teilnehmer.
- *Nachteile:* Die Interpretation der Daten hängt von Personen und individuellen Zielsetzungen ab; Fragen werden nicht immer verstanden und deshalb aus nicht gewünschten Blickwinkeln beantwortet; die abgegebenen Antworten entsprechen nicht immer der tatsächlichen Meinung, man versteckt sich hinter der vermuteten Meinung des Managements.

Mit welcher Vorgehensweise Sie auch immer die Mitarbeiter einbinden, bedanken Sie sich in jedem Fall fürs Mitmachen und kündigen Sie an, wann und wie Sie die Mitarbeiter über Ihre Entscheidungen informieren werden. Teilen Sie Ihre anschließenden Antworten in drei Bereiche auf:

Themenblock 1 können und wollen wir weiterentwickeln. Themenblock 2 können wir heute noch nicht in der erforderlichen Qualität erfüllen, wir wollen die Qualität allerdings bis zum Zeitpunkt X erreichen. Themenblock 3 können und wollen wir aus auszuführenden Gründen nicht erreichen.

23.4 Durch Workshops die Neuorientierung unterstützen

Vor dem Start eines Workshops haben Sie es in der Regel mit einer Vielzahl teils sehr kontroverser Meinungen zu tun. Änderungsbereitschaft setzt voraus, dass eine Thematik als veränderungswürdig anerkannt wird. Workshops können gruppendynamische Prozesse einleiten. Losgelöst vom Alltag, ohne starre Agenda und unter Vernachlässigung von hierarchischen Ansprüchen lassen sich schwierige und strategisch wichtige Fragen einfacher klären.

Workshops sind aufwendige Aktivitäten, deshalb bedarf es einer sorgfältigen Planung. Prüfen Sie vor einem Workshop:

- Welcher Handlungsspielraum wird dem Workshop-Team eingeräumt?
- Welche Themen sollen/sollen nicht beleuchtet werden?
- Welche anderen Unternehmensbereiche werden von dem Thema noch tangiert?
- In welcher Zusammensetzung soll der Workshop stattfinden?
- Welche persönlichen Interessen verfolgen die Workshop-Teilnehmer voraussichtlich?
- In welcher Form wird der Workshop moderiert?

Führen Sie im Vorfeld eines geplanten Workshops Gespräche mit einzelnen Mitarbeitern, um die Zielsetzung möglichst exakt zu definieren. Beachten Sie die folgenden Punkte bei der Vorbereitung eines Workshops:

- Bilden Sie eine kleine Planungsgruppe, die sich Gedanken über Ziel, Prozedere, Organisation, Durchführung und Nachbereitung des Workshops macht. Legen Sie gemeinsam mit der Planungsgruppe die Ziele und Inhalte des Workshops fest.

- Begrenzen Sie die Teilnehmerzahl. Es bietet sich an, dass das Innendienstteam die Workshop-Teilnehmer selbst auswählt. Greifen Sie nur ein, wenn kein Einvernehmen erreicht werden kann.
- Analysieren Sie die Interessenlagen der vorgesehenen Teilnehmer, um deren Motivation in Ihre Gestaltungsüberlegungen für den Workshop einzubeziehen.
- Bestimmen Sie die Methodik und die Workshop-Abläufe, um je nach Voraussetzung und Ziel die geeignete Plattform anzubieten.
- Informieren Sie die Workshop-Teilnehmer mit der Einladung über das Thema und die Ziele des Workshops. Bei Sachthemen ist eine Vorbereitung der Teilnehmer sinnvoll, bei emotionalen Themen ist eher davon abzuraten.
- Fixieren Sie die Dauer des Workshops, lassen Sie aber ausreichend Puffer für unvorhergesehene Diskussionspunkte. Besprechen Sie am Vorabend mit dem Team die Spielregeln, die Vorgehensweise und die Zielsetzung. Sie haben dann ausreichend Zeit für eine kurze Diskussion und belasten nicht zu Beginn die Atmosphäre mit eventuellen Einwänden.
- Verteilen Sie die unterschiedlichen organisatorischen Aufgaben innerhalb des Teams, zum Beispiel wer Protokoll führt, wer für die Organisation zuständig ist et cetera.
- Klären Sie im Team, wie und in welcher Form die hierarchische Ordnung beachtet oder aufgelöst wird.
- Vermeiden Sie es, den Teilnehmern zu viele Vorschläge zu unterbreiten. Regen Sie vielmehr das Team dazu an, selbst Ideen zu entwickeln, und geben Sie überwiegend nur Hilfe zur Selbsthilfe. Greifen Sie sowohl inhaltliche als auch emotionale Fakten auf, um die Sachthemen zu klären und die Vertriebskultur zu stärken. Bleiben Sie bei Themen des Innendienstes, um Hinweise auf andere Unternehmensbereiche und damit Rückdelegation von Verantwortung zu vermeiden.
- Greifen Sie ein, wenn sich Teilnehmer zulasten anderer profilieren wollen.

Berücksichtigen Sie bei der *Durchführung* des Workshops die folgenden Punkte:

- Geben Sie einen Überblick über die Vorgespräche und erläutern Sie, warum das Workshop-Konzept mit dieser Agenda entstanden ist.
- Klären Sie zu Beginn des Workshops noch einmal die Erwartungshaltungen der Teilnehmer.

- Geben Sie dem Team eine Auftauphase, indem sich die Mitglieder per Einzelarbeit Gedanken über den Status quo machen und diese dann entweder vortragen oder an Flipcharts visualisieren, oder hinterfragen Sie im Plenum die Meinungen. Welche Methoden Sie anwenden, hängt vom Thema, von der Situation und der Zusammensetzung der Teilnehmer ab.
- Nehmen Sie anschließend zusammen eine Analyse vor, filtern Sie die gemeinsamen Positionen heraus und definieren Sie die Punkte, bei denen eine gravierende Abweichung in den Meinungen herrscht.
- Klären Sie diese Punkte und führen Sie eine Mehrheitsmeinung des Teams herbei. Achten Sie darauf, dass Teilnehmer, die sich nicht der Mehrheitsmeinung anschließen können, sich nicht aus dem Workshop innerlich verabschieden oder als Miesmacher auftreten. Verdeutlichen Sie, dass es nicht um Gewinnen oder Verlieren geht, sondern um eine gemeinsame Position, die auch Kompromisse verlangt.
- Nutzen Sie die Paar-Vergleichs-Matrix als starkes Werkzeug der Meinungsbildung (diese wird nachstehend beschrieben).
- Beschreiben Sie die Ausgangssituation durch Sammlung von Daten und Fakten und analysieren Sie Probleme und deren Ursachen. Versuchen Sie, so tief wie möglich hinter die Kulissen zu schauen, um Gesamtzusammenhänge zu erkennen.
- Erörtern Sie im Team, wer der Gewinner der bisherigen Situation ist und wer der Verlierer. Finden Sie heraus, wer bereit ist, die Neuausrichtung aktiv mitzugestalten, und wer eher aus welchen Gründen blockieren wird.
- Erarbeiten Sie gemeinsam ein Veränderungskonzept und einen daraus abgeleiteten Umsetzungsplan.
- Diskutieren Sie Eventualentscheidungen, sollten die Vorhaben nicht wie geplant greifen.
- Nehmen Sie eine letzte Prüfung vor, ob das Wesentliche berücksichtigt wurde.

An einem Beispiel wird deutlich, dass die Transfer-Workshop-Methode (TWS-Methode) Veränderungsprozesse zielorientiert unterstützen kann. So kann ein Beispiel-Workshop zum Thema »Neuausrichtung des Innendienstes« aussehen:

- *Schritt 1:* Bildung eines Workshop-Teams
  Ziel: Erarbeitung eines Strategiekonzepts zur Neuausrichtung des Innendienstes.

- Methode: Ideensammlung im Plenum, Gruppenarbeiten, Gestaltung von Steuerungswerkzeugen.
- *Schritt 2:* Einsatz der Metaplan-Technik
  Ziele: Wissen und Kreativität der Workshop-Teilnehmer abrufen, Konsens herbeiführen.
- Methode: durch Einsatz unterschiedlicher Moderationstechniken Sammlung von Ideenkarten; Brainstorming.
  Zeitbedarf: Planen Sie für die Kreativphase bis zu einem halben Tag ein.
- *Schritt 3:* Selektion der Karten
  Aufgabe: Bildung von Themengruppen und Zuordnung der einzelnen Karten.
  Methode: Verdichtung zu maximal 10 kritischen strategischen Einzelzielen. Achten Sie darauf, dass alle Teammitglieder an diesem Prozess beteiligt sind und keine Gewinner oder Verlierer geschaffen werden.
- *Schritt 4:* Bestimmung der Rangfolge
  Aufgabe: Festlegung der Prioritätenfolge. Nicht jedes der anstehenden Themen wird zum jetzigen Zeitpunkt von gleicher Wichtigkeit oder Dringlichkeit sein.
  Methode: Auswahl von drei bis vier strategischen Einzelzielen. Als Auswahlmethoden bieten sich an:
  - *Abstimmung der Teilnehmer* – Vorteil: schnelles und eindeutiges Verfahren; Nachteil: Widerspiegelung der Machtstrukturen der Teilnehmer im Abstimmungsergebnis.
  - *Punktvergabe nach einem Scoring-Verfahren* – Vorteil: Die Teilnehmer können Scoring-Kriterien selbst bestimmen; Nachteil: dominierende Teilnehmer setzen die Maßstäbe.
  - *Paar-Vergleich-Matrix (eine sehr praxisnahe Auswahlmethode):* Dabei werden jeweils zwei strategische Einzelziele nach Wichtigkeit und Dringlichkeit gegenübergestellt. Es wird gefragt: »Was ist wichtiger für die Neuausrichtung des Innendienstes, der kritische Erfolgsfaktor 1 oder 2?« Danach folgt die Frage: »Was ist dringlicher für die Neuausrichtung des Innendienstes, der kritische Erfolgsfaktor 1 oder 2?« Starten Sie mit dem strategischen Einzelziel 1 und bewerten Sie 1 gegen 2, 1 gegen 3, 1 gegen 4, 1 gegen 5 et cetera. Dann fahren Sie mit dem strategischen Einzelziel 2 fort und bewerten 2 gegen 3, 2 gegen 4, 2 gegen 5, 2 gegen 6 et cetera. Im jeweiligen Kästchen wird das als wichtiger und dringlicher bewertete strategische Einzelziel angekreuzt. Am Ende des Prozesses werden die Punkte jedes strategischen Einzelziels addiert. Einzelziele mit der höchsten Punktzahl müssen diejenigen sein, denen die größte

Priorität einzuräumen ist. Dabei kann es durchaus einen Unterschied in der Bewertung von »Wichtigkeit« und »Dringlichkeit« geben. Nicht alles, was wichtig ist, ist gleichzeitig auch dringlich – und umgekehrt. Die Gruppe entscheidet über die Rangfolge. Die Priorität liegt allerdings immer auf der Wichtigkeit und dann erst auf der Dringlichkeit. Die Paar-Vergleich-Matrix verlangt einen sehr erfahrenen und neutralen Moderator. Die Teilnehmer verteidigen ihre Karten und Positionen. Eine demokratische Abstimmung darf nicht stattfinden. Es wird so lange diskutiert, bis sich alle dem Ergebnis verpflichtet fühlen. Im Diskussionsprozess kommt es häufig dazu, dass die Kernaussage des strategischen Einzelziels geändert wird, die Karten umgehängt oder noch zu ergänzende Karten hinzugefügt werden.

- *Schritt 5:* Bearbeitung
  Aufgabe: Feingliederung der strategischen Einzelziele nach verschiedenen Kriterien.
  Methode: Entwurf eines separaten Formulars für jedes strategische Einzelziel; Unterscheidung nach Stärken, Marktchancen, Markttrends, Netzwerk und strategischen Einzelzielen.
  Hilfe: Übernahme der Daten aus vorherigen Analysen.
- *Schritt 6:* Überprüfung und Absicherung
  Aufgabe: Überprüfung der Unternehmensressourcen auf die kritischen Erfolgsfaktoren.

Tipp: Es ist sinnvoll, während des gesamten Workshop-Prozesses von Zeit zu Zeit einen Review einzulegen und zu fragen: Liegen wir mit dem angepackten Thema richtig? Sind wir mit dem Zwischenergebnis zufrieden? Fühlen wir uns in dieser Arbeitsatmosphäre wohl?

Die Durchführung von Workshops ist die Vorbereitung auf den wichtigsten Part: die Umsetzung. Es muss geklärt werden, wer welche Verantwortlichkeiten übernimmt, wie der nachfolgende Zeitrahmen aussieht und wie das Ergebnis des Workshops innerhalb des restlichen Teams und bei anderen Unternehmensbereichen kommuniziert wird. Der sichtbare Transfer in die Praxis schafft eine neue Motivation des Teams, die Veränderung aktiv mitzutragen und neue Ideen anzupacken. Achten Sie darauf, dass der Umsetzungszeitrahmen mit dem Tagesgeschäft in Einklang gebracht werden kann. Sorgen Sie aber auch dafür, dass die Umsetzung nicht durch fehlendes Engagement blockiert wird.

Fazit

✔ Zur Sicherstellung der Unternehmenszukunft bedarf es einer übergeordneten Koordination aller Vertriebsaktivitäten.
✔ Die gelebte Vertriebskultur und die Bereitschaft zur Veränderung werden darüber entscheiden, ob eine gemeinsam getragene Neuausrichtung des Innen- und Außendienstes realisiert werden kann.
✔ Nicht das Erkennen der Wichtigkeit der Neuausrichtung von Innen- und Außendienst ist entscheidend, sondern die zügige Umsetzung.
✔ Menschen sind in hohem Maße emotionsgetrieben. Begeistern Sie deshalb die Innendienstmitarbeiter durch Ziele, die begeistern.
✔ Wer sich als Führungsverantwortlicher als Problemlöser präsentiert, dabei aber den Mitarbeitern nicht ausreichend Zeit für den gedanklichen Reifeprozess einräumt, darf sich über eine stockende Neuorientierung nicht wundern.
✔ Unabhängig, welche Werkzeuge Sie einsetzen: Ohne Transfer in die Köpfe der Beteiligten werden Konzepte und Strategien wenig erfolgreich sein.
✔ Sie können über die besten Werkzeuge verfügen, ohne die Einbindung der Teams und Mitarbeiter werden Sie den Umsetzungsprozess nur sehr schwer auf den Weg bringen.
✔ Die Durchführung von Workshops ist die Vorbereitung auf den wichtigsten Part: die Umsetzung einer geplanten Neuorganisation im Innendienst.

Praxisbeispiel: Neuausrichtung einer Innendienstorganisation

Ein Unternehmen der Investitionsgüterindustrie hatte wichtige Grundsatzentscheidungen getroffen:

- Reduktion der Außendienst-Ressource mit dem Ziel, sich auf die wertigen B-Kunden zu konzentrieren.
- Aufbau eines Key-Account-Managements mit dem Ziel, eine hochqualitative Betreuung der Top-Kunden zu gewährleisten.
- Verstärkung der Automatisierung und Standardisierung in der Administration durch Einsatz neuer Software.
- Aufbau eines verkaufsaktiven Innendienstes.

Die Vertriebsorganisation führte eine Kundenbefragung durch, um herauszufinden, welche Wünsche und Anforderungen die Kunden an das Unternehmen hatten, und nahm einen Abgleich zwischen den Wünschen und der Ist-Wahrnehmung zum Zeitpunkt der Umfrage vor. Auf dieser Grundlage wurden die Anforderungen an die verschiedenen Vertriebsaktivitäten identifiziert.

Zu diesem Zeitpunkt unterhielt das Unternehmen verschiedene Niederlassungen, in denen Kundenberatung, Disposition, Telefonverkauf und Administration regional durchgeführt wurden. Die grundsätzliche Entscheidung fiel zugunsten einer zentralen internen Organisation aus, getrennt nach Administration – Disposition und Auftragsverwaltung – und Verkaufsaktivität – Kundenberatung und Telefonverkauf. Für den Telefonverkauf wurden die folgenden Ziele definiert: Einsatz modernster Kommunikationstechnik, einheitliche bundesweite Kundenbetreuung, mehr Flexibilität bei Krankheit und Urlaub, mehr Kompetenz durch zentrale Schulungen, Kundenberatung und Vertrieb an einem Standort, permanenter Erfahrungsaustausch untereinander, schnelle Umsetzung von Aktivitäten, bundesweite zentrale Steuerung der Techniker, einheitliche Ausrichtung der Bereiche Marktbearbeitung, Reklamationsbearbeitung, Garantie und Kulanzentscheidungen, höherer Erreichbarkeitsgrad.

Die Umsetzungserfahrung war zu Beginn sehr »schmerzhaft« und es waren nicht wenige Mitarbeiter, die in den ersten Monaten zweifelten, ob die Neuausrichtung den gewünschten Erfolg bringen würde.

Zu Beginn trat eine Verschlechterung der Gesamtsituation ein. Gewohnte Prozesse brachen weg, neue Vorgehensweisen liefen zu Beginn sehr schleppend. Altgediente Mitarbeiter hatten trotz erheblicher Schulungsinvestitionen Probleme, verkaufsaktiv auf Kunden zuzugehen, Cross-Selling zu betreiben und aktiv zusätzliche Leistungen anzubieten. Die Fluktuation zu Beginn des Veränderungsprozesses war sehr hoch: Nach zwei Jahren hatten fast 50 Prozent der alten Innendienstmitarbeiter das Unternehmen verlassen und neue Mitarbeiter wurden eingestellt und eingearbeitet. Die Integration der neuen Mitarbeiter war zu Beginn sehr aufwendig.

Nach einem Jahr stabilisierte sich der Prozess und nach zwei Jahren zeigten sich die Erfolge der Umstellung. Eine Umfrage zwei Jahre nach der Neuausrichtung bei den gleichen Kunden führte zum folgenden Ergebnis:

- 95 Prozent der Kunden waren sehr zufrieden mit der telefonischen Erreichbarkeit.
- 96 Prozent waren sehr zufrieden mit der Freundlichkeit am Telefon.
- 92 Prozent waren sehr zufrieden mit der Reaktionsgeschwindigkeit der Mitarbeiter.
- 94 Prozent waren sehr zufrieden mit dem individuellen Eingehen auf die Kundenwünsche.
- 94 Prozent waren sehr zufrieden mit der fachlichen Beratung.
- 95 Prozent waren sehr zufrieden mit der Vollständigkeit von Antworten.

Alles in allem konnte also eine sehr hohe Akzeptanz bei den Kunden verzeichnet werden.

Es war das Ziel des Unternehmens, alle Mitarbeiter auf dem Weg der Veränderung mitzunehmen. Als gut geführtes Unternehmen mit einem ausgeprägten Werteanspruch wurden allen Mitarbeitern Qualifizierungsangebote unterbreitet, allerdings wurde auch jede Chance mit einem Verfallsdatum versehen. Das Unternehmen fixierte terminlich jedes Ziel und legte genau fest, bis wann welcher Status erreicht werden musste. Es zögerte auch nicht, konsequent zu handeln, wenn die Umsetzung, aus welchem Grunde auch immer, gefährdet war. Trotz aller Anstrengungen und Akzeptanz von vertretbaren Kompromissen gelang es nicht, alle Mitarbeiter bei dem Veränderungsprozess mitzunehmen.

Dieses Unternehmen ist konsequent den Weg der Veränderung gegangen. Es hat sich durch manchmal sehr unbequeme Zeiten nicht beirren lassen, sondern es hat zielstrebig alle Hindernisse identifiziert und die Hürden aus dem Wege geräumt. Dieses Unternehmen gehört heute in einem hart umkämpften Markt zu den Unternehmen mit der höchsten Zuwachsrate.

Die Umsetzung einer Neuausrichtung des Innendienstes

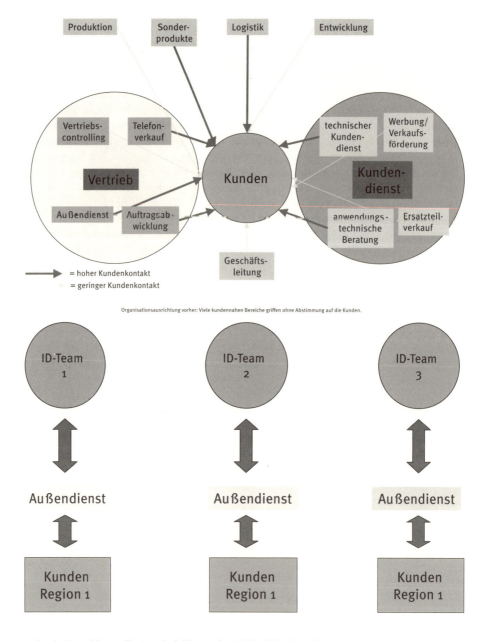

Abbildung 30: Organisationsausrichtung im Vorher-nachher-Vergleich

24 Lohnen sich Veränderungen?

Verantwortliche, die sich gegenüber Veränderungen oder Neuerungen sträuben, gehören grundsätzlich nicht auf Führungspositionen. Diese dienen nicht der Verteidigung von Eigeninteressen oder der Durchführung von Machtspielen. Wer sich Sorge darüber macht, dass er nicht von Veränderungen profitiert oder dass durch Neuausrichtungen Ressourcen aus seinem Bereich abgezogen werden, schadet nachhaltig seinem Unternehmen.

Jede Veränderung oder Neuausrichtung birgt Risiken. Selbst die »besten« Ideen können die betrieblichen Prozesse so stark stören, dass der Aufwand das Ergebnis nicht lohnt. Außerdem lauert bei der Umgestaltung von Geschäftsprozessen mit dem Ziel, »schlanker« und effizienter zu werden, die Gefahr, dass Veränderungsziele nicht erreicht werden und Unternehmen sich von Mitarbeitern trennen, die noch positiv zum Vertriebserfolg beitragen können.

24.1 Sollen Trends umgesetzt werden?

Veränderungsprozesse sind vielfach auch Modeerscheinungen, angeschoben von Beratern und öffentlich diskutierten Trends. Führungen möchten »state of the art« sein, vergessen aber manchmal zu hinterfragen, ob der »Stallgeruch« des eigenen Unternehmens zu den Veränderungstrends passt. Der CSC-Index-*State-of-Reengeneering*-Bericht aus dem Jahre 1994 zeigte, dass nur 30 Prozent der untersuchten Unternehmen ihre Ziele erreicht haben. Das Ergebnis wird heute kaum anders sein. Tom Davenport sagte zu Recht: »Veränderungen, weil sie gerade modern sind, vergessen die Menschen.« Bevor Sie größere Veränderungen vornehmen, stellen Sie sich deshalb die folgenden Fragen:

- *Was soll nach den Veränderungen besser sein als in den jetzigen Prozessen?* Laufen nicht heute schon ähnliche Prozesse im Innendienst, allerdings nicht offiziell? Gibt es Unternehmen, die diese Veränderungen umgesetzt haben, und welche Erfahrungen wurden dort gemacht? Sind die Ausgangslage und die internen Prozesse der Referenzunternehmen vergleichbar mit denen Ihres Unternehmens? Besteht die

Möglichkeit, dass Sie Veränderungen entweder schrittweise oder als Test in einem Innendienstbereich umsetzen können?
- *Wird der Aufwand den zu erwartenden Erfolg wirklich lohnen?* Reicht das Budget aus, um die Veränderungen zu finanzieren? Ist genug Zeit unter Berücksichtigung des Tagesgeschäfts vorhanden, um die Veränderungen umzusetzen?
- *Sind die Veränderungen grundlegend oder nur marginal und damit unter Umständen vernachlässigbar?* Welchen konkreten Nutzen wird das Unternehmen durch die Veränderung erzielen? Werden die Veränderungsideen von den Innendienstmitarbeitern unterstützt? Welche Auswirkungen werden die Veränderungen auf das Kundenmanagement und die Kunden haben?
- *Welche Mitarbeiter ziehen aus den Veränderungen einen persönlichen Nutzen?* Welche Mitarbeiter werden zu Gewinnern oder Verlierern? Welche Machtpositionen innerhalb des Innendienstteams werden sich verschieben? Sind die Fähigkeiten der Mitarbeiter ausreichend, um die zukünftigen Aufgaben zu erfüllen?
- *Ist die Führungskultur konsequent genug, die Veränderungen auch durchzuführen?* Reicht die interne Unterstützung durch das Management aus? Wird konsequent mit Veränderungsverweigerern umgegangen? Können ausreichend Mitstreiter aus anderen Unternehmensbereichen für die Neuerungen begeistert werden?
- *Ist die Einstellung der Innendienstmitarbeiter »reif« genug für den Veränderungsprozess?* Welche Erfahrungen haben die Mitarbeiter in der Vergangenheit mit Veränderungen gemacht? Halten die Mitarbeiter die Neuerungen nur für Mode oder sind sie engagiert dabei? Werden die Veränderungen so dosiert eingeführt, dass die Mitarbeiter folgen können? Ist unter Umständen ein vorangehender Veränderungsprozess noch nicht abgeschlossen und werden dadurch die Mitarbeiter überfordert?
- *Sind die Mitarbeiter bereit, neue Fähigkeiten zu erlernen beziehungsweise ihren jetzigen Wissensstand auf den Prüfstand zu stellen?* Sind die Mitarbeiter begierig, Neues zu lernen, oder sind sie eher lernresistent? Gehen die Mitarbeiter grundsätzlich mit neuen Ideen positiv um und betrachten sie diese als Erweiterung ihres Blickfeldes? Werden Einwände und Gegenargumente als positiver Beitrag erlebt oder eher als Belastung?
- *Ist es möglich, den Veränderungsprozess zu stoppen oder in andere Bahnen zu lenken?* Gibt es Kennzahlen, um festzustellen, ob der Veränderungsprozess erfolgreich ist? Gibt es bei weniger erfolgreichen Veränderungsumsetzungen einen Eventualplan? Gibt es ein Prozedere,

falls ein Veränderungsprozess gestoppt werden muss? Wie wird sichergestellt, dass die Kommunikation innerhalb des Innendienstteams dazu beiträgt, Stolperfallen rechtzeitig zu identifizieren und wenn möglich zu entschärfen?

Jede neue Methode hat Stärken und Schwächen. Prüfen Sie deshalb immer wieder, ob eine neue Methode, selbst wenn sie besser erscheint, den Aufwand rechtfertigt und welcher Preis für die angestrebten Verbesserungen bezahlt werden muss. Viele Führungsverantwortliche unterschätzen die Kosten und den Gewinn aus den Verbesserungen. Es erscheint leicht, Erfolgsstorys anderer Unternehmen zu übernehmen. Wir sehen häufig nur den Erfolg, analysieren aber nicht den überwiegend vorkommenden Misserfolg. Damit kopieren wir nicht nur die Erfolge, sondern auch die Misserfolge. Eine Führungskraft hat mir am Anfang meiner Arbeitslaufbahn einmal gesagt: »Biesel, Sie müssen Dinge kapieren und nicht kopieren.«

Überlegen Sie vor Einführung einer Veränderung, ob Ihre Machtbasis im eigenen Haus stark genug ist. Sie brauchen viele Unterstützer und Mitarbeiter, die sich für das Projekt begeistern. Sie benötigen als Führungskraft im Innendienst Kooperation und Sponsoring, um Erfolg zu haben. Identifizieren Sie vorab, welche Personen und Funktionen von den Veränderungen profitieren und wem Sie auf die Füße treten. Versichern Sie sich rechtzeitig eines mitspielenden Netzwerkes.

Die Veränderungen und Neuerungen können faktisch noch so gut begründet sein, umsetzen müssen sie Menschen. Die Informationsverarbeitung der Mitarbeiter ist begrenzt, ebenso die Vorstellungskraft. Neuerungen verursachen bei vielen Mitarbeitern erst einmal Angst, denn sie können die Konsequenzen aus der veränderten Vorgehensweise nicht abschätzen. Wer zu viele Veränderungsprozesse auf den Weg bringt, verwirrt die Mitarbeiter. Zu viele Optionen lähmen die Mitarbeiter in ihrem Handlungsdrang. Es ist deshalb sinnvoll, wenn möglich, Ziele in Meilensteine zu portionieren.

> **Praxisbeispiel: Meilensteine setzen**
>
> Ein Unternehmen der Stahlindustrie hatte einen Innendienst, der fast ausschließlich administrativ tätig war. An den Türschildern stand »Absatz« und nicht Vertrieb. Außerdem saßen die Mitarbeiter unterschiedlicher Innendienstteams in verschiedenen Gebäuden. Die Führungsverantwortlichen hatten entschieden, den Innendienst verkaufsaktiver zu gestalten und ihn als Profitcenter zu führen. Das Ziel sollte in drei Jahren erreicht werden. Es wäre problematisch gewesen, den Mitarbeitern zu Beginn das Endziel zu nennen. Sie hätten es nicht einschätzen können und hätten mit hoher Wahrscheinlichkeit mehr Risiken als Chancen gesehen. Aus diesem Grunde wurde der Umsetzungsprozess in Teilziele untergliedert und den Mitarbeitern wurden vor jedem neuen Teilziel die Ideen vermittelt. Während des Prozesses wurde gezielt in die Ausbildung – mental und fachlich – investiert, die räumliche Situation wurde verändert, ein CRM-System installiert et cetera. Der Reifegrad der Mitarbeiter wuchs mit den Teilzielen, sie wurden mutiger und akzeptierten schneller ehrgeizigere Ziele.
> Der Prozess wurde nach zwei Jahren, also lange vor der geplanten Zeit, abgeschlossen. Interessant dabei: Die Mitarbeiter gingen von sich aus auf die Führung zu und schlugen vor, eine variable Entlohnung im Innendienst einzuführen.

Sind Ihre Mitarbeiter fähig und willig, Neues zu lernen? Weisheit ist die Fähigkeit, wissend zu handeln und zu bezweifeln, was man weiß. Nur wenn Können und Wollen vorhanden sind, muss ein Dürfen erlaubt sein. Sie können noch so guter Absicht sein und in die Fähigkeiten Ihrer Mitarbeiter investieren, das Wollen ist der wichtigste Baustein für eine erfolgreiche Neuausrichtung. Wie gehen Sie mit Mitarbeitern um, die sich verweigern? Jeder Mitarbeiter hat eine Chance verdient, aber wie schon an früherer Stelle in diesem Buch verdeutlicht hat jede Chance auch ein Verfallsdatum. Mitarbeiter müssen die Ziele verstehen, nicht lieben oder akzeptieren. Ein Unternehmen ist keine Sozialstation, sondern verfolgt klare wirtschaftliche Interessen. Natürlich ist es fast unmöglich, gegen die Mitarbeiter den Veränderungsprozess erfolgreich zu gestalten. Aber wenn die Veränderungen aus Marktgründen unumgänglich erscheinen, kann das Motto nur lauten: Love it, change it or leave it. Ich rede hier nicht einem »hire and fire« das Wort. Ganz im Gegenteil. Das Ziel muss es immer sein, möglichst alle Mitarbeiter mit auf die Zeitreise zu nehmen. In kritischen Situationen kann es aber trotzdem notwendig werden, zu klaren Entscheidungen zu kommen.

Bauen Sie sich nach Möglichkeit Stopp-Schilder ein, um immer wieder zu prüfen, ob der eingeschlagene Weg in der Spur ist. So lässt sich ein eventueller Schaden begrenzen, der durch einen nicht konsequent umgesetzten Prozess oder Nicht-Berücksichtigung von neuen Erkenntnissen entstehen kann.

Vielleicht haben Sie sich schon einmal mit dem Konzept der *Verantwortungseskalation* auseinandergesetzt. Menschen schrecken davor zurück, nach einer Entscheidung Veränderungen zurückzunehmen, weil sie die öffentliche Darstellung von Misserfolg scheuen. Sie neigen eher dazu, noch zusätzliche Ressourcen einzusetzen und nicht aus früheren Entscheidungen zu lernen. Doch wer nicht zurückblickt, läuft Gefahr, in der Zukunft vor die Wand zu laufen.

Gerade dort, wo Verantwortliche Veränderung als Verpflichtung und Erfolgsdruck empfinden und dies vielleicht noch mit ihrer persönlichen Position im Unternehmen verbinden, werden Furcht und Unsicherheit aufgebaut. Das führt bei schleppenden Umsetzungsprozessen leicht zu Schuldzuweisungen und Bestrafungen und damit zu einem weiteren Drehen an der Eskalationsschraube.

24.2 Mut zu Veränderungen

Veränderungen sind immer langwierig. Viele Prozesse laufen eher zu schnell als zu langsam. Organisationsveränderungen sind immer dann anzuraten, wenn das Unternehmen wirtschaftlich sehr erfolgreich ist. Vorteile: Das Unternehmen verdient ausreichend Geld, um den Wandel zu finanzieren, und gleichzeitig ist genügend Zeit vorhanden, um die Mitarbeiter auf dem Weg des Wandels mitzunehmen. Je länger der optimale Zeitpunkt verpasst wird, desto größer wird der Veränderungs- und Umsetzungsdruck mit allen bis dahin beschriebenen Folgen. Um Veränderungen zügig umzusetzen, beherzigen Sie die folgenden drei Punkte.

1. *Fristen-Effekt:* Wenn Fristen zu lang gewählt werden, neigen Menschen dazu, sich erst kurz vor Ablauf der Frist mit den Zielen zu beschäftigen. Wählen Sie deshalb Meilensteine mit zeitnahen Terminen, um ein Hinausschieben zu vermeiden.
2. *Dringlichkeits-Effekt:* Wichtige und dringende Dinge werden nur selten verschoben. Wenn im Umsetzungsprozess vermittelt wird, dass das Tagesgeschäft Vorrang vor allem anderen hat, ist es nicht verwunderlich, wenn die Mitarbeiter andere Prioritäten setzen. Auch die Botschaft, dass Umsetzung Zeit braucht, vermittelt, dass die Angelegenheit wohl nicht so wichtig ist. So wird ein Energievakuum geschaffen. Stellen Sie deshalb klar, dass Veränderungen höchste Priorität haben, und sichern Sie den Umsetzungsprozess mit regelmäßigen Review-Terminen und Status-quo-Überprüfungen ab.
3. *Effekt der empfundenen Schwierigkeit*: Wenn überwiegend auf Schwierigkeiten und Risiken hingewiesen wird, wird die sich selbst erfüllende

Prophezeiung dazu führen, dass die Mitarbeiter nur noch über genau diese Schwierigkeiten und Risiken sprechen. Vermitteln Sie deshalb die Chancen durch die Veränderungen sowie die Lust auf Neues.

Der verkaufsaktive Innendienst der Zukunft wird sich in den kommenden Jahren kontinuierlich wandeln, es wird keinen Stillstand geben. Sie können die besten Mitarbeiter haben – wenn Systeme und Prozesse nichts taugen, haben die Mitarbeiter nur begrenzte Chancen, die Weiterentwicklung nach vorn zu treiben. Ich habe es immer wieder erlebt, dass Veränderungsprozesse ihre Eigendynamik entwickelten und Mitarbeiter teilweise weiter waren als die Führungsverantwortlichen. Ein Innendienstleiter hat mich einmal nach einem Workshop, in dem die Innendienstmitarbeiter tolle zukunftsweisende Ideen zusammengetragen hatten, angeraunzt: »Biesel, Sie sollten meine Leute schulen und nicht aufhetzen.«

Wann ist ein Veränderungsprozess besonders erfolgreich?

- Wenn die Mitarbeiter mit der Ist-Situation nicht zufrieden sind (Schmerzvermeidung).
- Wenn die Mitarbeiter Spaß daran haben, sich für verstandene und akzeptierte Ziele zu engagieren (Lustgewinnung).
- Wenn den Mitarbeitern seitens der Führung Mut gemacht wird, den Weg der Veränderung zu gehen, auch wenn es hier und dort einmal hakt.
- Wenn die Mitarbeiter akzeptieren, dass Veränderungen notwendig sind und dass Unwägbarkeiten und Chaos beim Veränderungsspiel dazugehören.

Was können Sie tun, um die Veränderung zu beschleunigen?

- Decken Sie Dinge auf, die den Mitarbeitern keinen Spaß machen, und erzeugen Sie dadurch bewusst Unzufriedenheit. Mitarbeiter legen sich immer dann besonders ins Zeug, wenn sie glauben, dass die Organisation in Gefahr ist. Verhindern Sie aber, dass die Mitarbeiter die Flucht ergreifen. Dosieren Sie deshalb den Grad der Wahrnehmung bezüglich der Unzufriedenheit und spornen Sie das Team an, über Methoden nachzudenken, die bessere Prozesse versprechen.
- Schaffen Sie flexible Ziele und verbinden Sie den Status quo mit den Zukunftsaussichten. Wenn die Mitarbeiter verstehen, woher sie kommen, fällt es ihnen leicht zu artikulieren, wohin sie zu gehen gedenken.
- Kommunizieren Sie dauerhaft den Zweck und das Ziel der Veränderung. Sagen Sie den Mitarbeitern, was genau sie leisten oder nicht

leisten müssen. Machen Sie die Aufgaben dringlich und wichtig und konzentrieren Sie sich auf die Kernthemen, um eine rasche Veränderung zu erzielen.
- Vermitteln Sie den Mitarbeitern in Schriftform die Hintergründe für Neuerungen und welchen Beitrag sie leisten müssen.
- Drücken Sie mit Ihrer Körpersprache, Ihrer Mimik, Gestik und Wortwahl aus, dass Sie an den Erfolg glauben. Lassen Sie es trotzdem zu, dass die Mitarbeiter Angst und Sorgen in Bezug auf die Veränderungen haben. Wägen Sie mit den Mitarbeitern Chancen und Risiken ab und stellen Sie sich als Fahnenträger des Wandels an die Spitze der Bewegung. Mitarbeiter wünschen sich starke Führungspersönlichkeiten.
- Akzeptieren Sie, dass nicht alle Teilziele sofort erreicht werden und manchmal die Organisation im Chaos zu versinken droht. Bleiben Sie ruhig, vermeiden Sie Schuldzuweisungen und Bestrafungen. Nehmen Sie in kritischen Situationen die Zügel in die Hand und geben Sie damit den Mitarbeitern Halt und Zuversicht. Mitarbeiter haben Angst vor Versagen. Da hilft es auch nicht, sie auf Unwägbarkeiten vorzubereiten.
- Vermitteln Sie, dass sich Spielregeln in sich schnell wandelnden Märkten immer wieder verändern. Sie können mit Ihrem Team zwar Risiken minimieren, aber Sie können diese nicht gänzlich abbauen. Stärken Sie die Mitarbeiter mental, sodass sie Risiken akzeptieren und als Chancen verstehen.

Wenn Sie Ihre reaktive Innendienstorganisation umwandeln in ein verkaufsaktives Kundenmanagement, lassen Sie keine Zweifel an dem Vorhaben zu und vermitteln Sie dauerhaft, dass Sie persönlich für den Erfolg stehen. Wenn es zu Störungen kommt, beseitigen Sie diese sofort.

Fazit

- ✔ Wer sich Sorgen darüber macht, dass er nicht von Veränderungen profitiert oder dass durch Neuausrichtungen Ressourcen aus seinem Bereich abgezogen werden, schadet nachhaltig seinem Unternehmen.
- ✔ Veränderungsprozesse sind vielfach auch Modeerscheinungen, die nicht jedes Unternehmen umsetzen muss.
- ✔ Jede neue Methode hat Stärken und Schwächen, keine Medaille ohne zwei Seiten.
- ✔ Wir sehen häufig nur den Erfolg, analysieren aber nicht den überwiegend vorkommenden Misserfolg. Damit kopieren wir nicht nur die Erfolge, sondern auch die Misserfolge.
- ✔ Mitarbeiter müssen die Ziele verstehen, nicht lieben oder akzeptieren. Ein Unternehmen ist keine Sozialstation, sondern verfolgt klare wirtschaftliche Interessen.
- ✔ Gerade dort, wo Verantwortliche Veränderungen als Verpflichtung und Erfolgsdruck empfinden und dies vielleicht noch mit ihrer persönlichen Position im Unternehmen verbinden, wird Furcht und Unsicherheit aufgebaut.
- ✔ Wenn Sie Ihre reaktive Innendienstorganisation umwandeln in ein verkaufsaktives Kundenmanagement, lassen Sie keine Zweifel an dem Vorhaben zu und vermitteln Sie dauerhaft, dass Sie persönlich für den Erfolg stehen.

Ausblick

Der verkaufsaktive Innendienst wird kommen. Entweder Unternehmen handeln – oder sie werden behandelt. Vom Markt, von den Kunden. Vertriebsorganisationen gehören auf den Prüfstand, Vertrieb nach dem Gießkannenprinzip ist nicht mehr bezahlbar. Der in den meisten Branchen herrschende Verdrängungswettbewerb verlangt eine Neuorientierung der Vertriebsressourcen. Und zwar rigoros, ohne Rücksicht auf vergangene Meriten. Es geht nicht darum, ob die Vergangenheit gut oder schlecht war, sondern wie die Zukunft gestaltet werden muss.

Die Top-Kunden werden die Konzentrationsprozesse auf wichtige Lieferanten zulasten der C-Lieferanten fortsetzen. Die Erhöhung der Produktivität und die Steigerung der Effizienz stehen im Vordergrund. Mit einer Veränderung beim Außendienst allein sind diese Ziele nur schwerlich zu erreichen, der Innendienst wird dabei einen erheblichen Beitrag leisten können und müssen. Unternehmen benötigen eine wettbewerbsüberlegene Außen- *und* Innendienstorganisation. Das verlangt nach einem Abbau der Arbeitsteilung im Vertrieb und einem Aufbau kundenorientierter Prozesse und Dienstleistungen. Der jahrelang gepflegte Wettbewerb zwischen Innen- und Außendienst ist nicht mehr zeitgemäß.

Die Forderungen nach einer Verbesserung der Kosten-Nutzen-Relation bei gleichzeitiger Optimierung der Kundenorientierung mit einer höheren Kontaktfrequenz im Vertrieb werden stärker. Sie werden nur erfüllbar sein, wenn eigenverantwortliche Innen- und Außendienstteams sich gemäß dem Goethe-Zitat »Wenn einer träumt, bleibt es ein Traum; wenn viele träumen, ist es der Anfang einer Wirklichkeit« einem gemeinsamen Ziel verschreiben. Teamarbeit ist kein Selbstzweck, sondern dient dem Kundenwunsch, kompetent und schnell, von wem auch immer, bedient zu werden.

Um einen verkaufsaktiven Innendienst umzusetzen, bedarf es einer Nutzung der heute schon vorhandenen Mitarbeiterkompetenzen und des konsequenten Ausbaus neuer Fähigkeiten. Der Innendienst der Zukunft braucht »andere« Mitarbeiter, sowohl fachlich als auch mental. Nicht zu vernachlässigen sind aber ebenso zeitgemäße Ablaufprozesse und Systeme.

Die Neuausrichtung des Innendienstes bringt Widerstände mit sich. Ängste vor Neuem, Sorgen bezüglich eines möglichen Mitarbeiterabbaus und Aufgabe von gewohntem Arbeiten sind normal und gehören zum Veränderungsprozess dazu. Der Innendienstmitarbeiter der Zukunft wird mehr Kompetenzen erhalten, aber auch Verantwortung übernehmen müssen. Nicht jeder Mitarbeiter wird mit diesem Druck umgehen können, nicht jeder Mitarbeiter wird sich für einen verkaufsaktiven Innendienst eignen. Das Rollenverständnis des Innendienstes verändert sich. Er ist nicht mehr Vertrieb zweiter Klasse, »Stapelbearbeiter«, sondern Kundenmanager. Er arbeitet mit dem Außendienst im Team und übernimmt eigenverantwortlich neue Tätigkeitsbereiche.

Auch die Aufgaben des Innendienstleiters werden sich zukünftig verändern. Er ist nicht länger der Obersachbearbeiter, sondern Führungsverantwortlicher. Er wird zu einem Change Manager, einem operativen Strategen und Coach. Der Innendienstleiter erarbeitet unter Einbindung des Teams zukunftsweisende Ziele und sorgt für deren Umsetzung. Er steuert und kontrolliert, ist Trainer »on the Job« und Motivgeber. Seine Aufgabe ist es, die Zusammenarbeit mit den Kunden zu organisieren – ob Pflege der Kundendaten, Angebotsmanagement, proaktive Kundenansprache oder Umsetzung von Kundenbindungsprogrammen. Der Innendienstleiter ist der verantwortliche Schnittstellenmanager zwischen den Kunden und der eigenen Organisation. Er wird tätig als:

- *Lösungsmanager:* der interne Weiterentwicklungstreiber.
- *Koordinationsmanager:* seine Aufgabe: die Bündelung der internen Aktivitäten
- *Kundenkommunikationsmanager:* der Koordinator des Kundenmanagements
- *Beziehungsmanager:* der Motivgeber für interne und externe Kunden
- *Finanzmanager:* der Projektmanager zur Erreichung der Finanzziele

Um diese herausfordernden Aufgaben erfüllen zu können, bedarf es gestandener Persönlichkeiten. Nicht mehr das Sachwissen ist entscheidend (muss vorausgesetzt werden), sondern die Führungsfähigkeiten, ein Team für ehrgeizige Ziele zu begeistern.

Der Außendienst wird auch zukünftig noch eine wichtige Rolle in der Vertriebsarbeit spielen, aber nicht mehr durch quantitative Präsenz, sondern durch qualitative Aufgabenerfüllung. Er wird zunehmend heutige Aufgaben nicht mehr durchführen – entweder durch Übertragung an den Innendienst oder durch Standardisierung und Automatisierung von Prozessen.

Der Innendienst geht in eine herausfordernde Zukunft. Eine spannende Zeit, in der sich die Spreu vom Weizen trennen wird. Eine Zeit, in der Gewinnermentalität über Verlierergejammer siegen wird. Sie gehören hoffentlich zur ersten Gruppe. Den Erfolgreichen wünsche ich viel Spaß an einem dauerhaften Wandel im Innendienst.

Register

ACD-Telefonanlagen 232
Administrationsphase 32
Aktivitäts-Rate 232
Alterungsphase 20

Balanced Socrecard 103 ff.
Belohnung 172
Besuchsbedarfsanalyse 186
Besuchskostenanalyse 188
Boomzeiten 13

Coaching 95 ff.

Dringlichkeits-Effekt 265
Dürfen-Können-Wollen-Modell 131

Einzelbefragung 251
Establishment-Phase 31
Expansionsphase 28

Faktor Geld 18
Faktor Komplexität 18
Faktor Prozesskosten 17
Faktor Zeit 17
Fristen-Effekt 265
Führungsprinzipien 85

Gründungsphase 27

Inbound-Rate 232
Ingoing-Wert 215
Innendienst 116
Innendienstprozesse 185
Intelligenz, kognitive 72
Intelligenz, praktische 72

Kennzahlen 196
Kommunikationsziele 155
Konsolidierungsphase 29
Konsolidierungszeiten 15
Kundeninformationen, allgemeine 198
Kundenwert-Matrix 218
Kundenziele 155

Lost-Call-Rate 232
Lustgewinnung 111

Managementdisziplinen 21, 22
Mangel 111
Mitarbeiter, aktionsgetriebener 118

Mitarbeiter, kontaktorientierter 118
Mitarbeiter, systematischer 117
Mitarbeiter-Power 67
Multi-Channel-Vertrieb 45
Multiple-Choice-Befragung 251
Neuroassoziationen 110

Outbound-Rate 232
Outgoing-Wert 214

Produkt-Power 67
Produktziele 155
Prozess, verkaufsaktiver 121

Reifephase 30
Ressourcenziele 155
Rollenkonflikt 57

Schmerzvermeidung 111
Selektionszeiten 14
Servicefehler 239
Sinngebung 56
Startphase 27

Talent 72
Team 142, 143
Teamarbeit 50
Teambefragung 251
Teamziele 155
Transfer-Workshop-Methode 254

Veränderungsprozess 132
Vergütungssystem, variables 175
Verkaufsprozess, administrativer 122
Vertriebsziele 37

Wachstumsphase 20
WeEGA-System 62
Weisheit 74
Wertvorstellungen 85
Wettbewerbsziele 155
Workshop 251

Ziel, Leistungsselektion 169
Ziel, Motivation 168
Ziel, positive Botschaften 168
Zielvereinbarung 148

Autoreninformation

Hartmut H. Biesel (h.biesel@apricot-partner.eu) ist geschäftsführender Gesellschafter der Apricot Unternehmensberatung GmbH und beschäftigt sich mit den Themen Neuausrichtung von Vertriebsorganisationen, Entwicklung und Umsetzung von Vertriebsstrategien und Optimierung des Markt- und Kundenmanagements.

Hartmut H. Biesel begann seine Karriere 1975, direkt nach dem Studium, im Vertrieb und arbeitete dort die ersten Jahre im Außendienst, als Gebietsverkaufsleiter und Regionalverkaufsleiter. In den Folgejahren war er verantwortlicher Marketing- und Vertriebsleiter sowie Geschäftsführer bei Unternehmen im In- und Ausland.

Seit 1997 stellt Hartmut H. Biesel seine Kenntnisse aus der langjährigen Berufserfahrung – von Außendienst bis Management – Unternehmen zur Verfügung, die ihre Marketing- und Vertriebsaktivitäten optimieren wollen. Von der umfassenden Begleitung eines Turnaround bis zu Coaching- und Qualifizierungsangeboten bietet er umsetzungsorientierte Leistungen.

Durch den Paradigmenwandel im Vertrieb nimmt die Neuausrichtung des Innendiensts – von der Abwicklung zu einem verkaufsaktiven Bereich – inzwischen einen Schwerpunkt im Beratungs- und Qualifizierungsportfolio des Autors ein.

Hartmut H. Biesel ist Mitglied in diversen Organisationen, unter anderem Gründungsmitglied der EF-KAM European Foundation for Key Account Management.